"十二五"职业教育国家规划教材
经全国职业教育教材审定委员会审定
高职高专汽车检测与维修技术专业项目驱动教材

汽车发动机维修实训

第2版

主　编　黄俊平
副主编　孙广珍　王　芳
参　编　丁新隆　梁常禄
　　　　赵　宏　陈　钟
主　审　林为群

机械工业出版社

本书是“十二五”职业教育国家规划教材，经全国职业教育教材审定委员会审定。

本书的主要内容包括汽车维修常用及专用工具、量具，发动机总体结构，发动机维护基本知识，拆装发动机总成、附件，检修机体组，拆检曲柄连杆机构和配气机构，检修冷却系、润滑系、燃油供给系，检验与调整点火正时，认知柴油发动机供给系统，检修柴油供给系统，安装及调试发动机总成等。

本书可作为高等职业院校汽车检测与维修技术及相关专业的教材，也可作为汽车专业职业技术培训教材、汽车维修及工程人员的参考书。

本书配有电子课件，凡使用本书作为教材的教师可登录机械工业出版社教育服务网 www.cmpedu.com 注册后下载。咨询邮箱：cmpgaozhi@sina.com。咨询电话：010-88379375。

图书在版编目（CIP）数据

汽车发动机维修实训/黄俊平主编．—2版．—北京：机械工业出版社，2016.4（2019.1重印）

“十二五”职业教育国家规划教材　经全国职业教育教材审定委员会审定　高职高专汽车检测与维修技术专业项目驱动教材

ISBN 978－7－111－53419－8

Ⅰ.①汽…　Ⅱ.①黄…　Ⅲ.①汽车－发动机－车辆修理－高等职业教育－教材　Ⅳ.①U472.43

中国版本图书馆 CIP 数据核字（2016）第066063号

机械工业出版社（北京市百万庄大街22号　邮政编码100037）
策划编辑：葛晓慧　责任编辑：葛晓慧　蓝伙金
封面设计：马精明　责任校对：任秀丽
责任印制：常天培
北京京丰印刷厂印刷
2019年1月第2版·第2次印刷
184mm×260mm·13印张·318千字
1 901—3 800册
标准书号：ISBN 978－7－111－53419－8
定价：35.00元

凡购本书，如有缺页、倒页、脱页，由本社发行部调换

电话服务	网络服务
服务咨询热线：010－88379833	机 工 官 网：www.cmpbook.com
读者购书热线：010－88379649	机 工 官 博：weibo.com/cmp1952
	教育服务网：www.cmpedu.com
封面无防伪标均为盗版	金 书 网：www.golden-book.com

普通高等教育“十一五”规划教材
高职高专汽车检测与维修技术专业项目驱动教材
编　委　会

序

汽车工业是我国国民经济的支柱产业之一，汽车检测与维修是汽车工业产业链中的重要组成部分。汽车工业发展到现在，汽车检测与维修技术已成为影响汽车整车发展的重要因素。由于近年来汽车新技术、新结构、新材料和新工艺的不断涌现，特别是智能化电子控制技术在汽车上的大量应用，使得汽车售后服务领域的科技含量越来越高，同时，对汽车维修的从业人员也提出了较高的要求。

几年来天津交通职业学院紧密依托行业和企业，以现代汽车维修企业的岗位能力需求作为人才培养方案的重要目标，对专业课程体系及教学内容作了较为深层次的改革，并突出了技能训练和顶岗实训的教学环节。为社会和企业培养了大批高素质的技术人才，受到广大用人单位的高度评价。

为适应当前汽车检测与维修技术专业高职高专教育教学改革和教材建设的需要，培养以就业为导向的具备职业化特征的高等技术应用型人才，由天津市教委高职高专处组织，机械工业出版社与天津交通职业学院及相关企业共同合作开发了“高职高专汽车检测与维修技术专业项目驱动教材”，很好地解决了学校技能实训与现场操作对接的问题，以期推动和加快汽车检测与维修专业教学改革，探索一条培养从事汽车检测与维修的高等技术应用型人才的新路子，适应汽车检测与维修行业大发展的需要。

先期出版的汽车检测与维修技术专业的4本教材《汽车发动机维修实训》《汽车底盘维修实训》《汽车发动机电控系统维修实训》《汽车空调维修实训》，采用项目驱动式编写方式，突出高职教学的实用性和可操作性，打破了传统基础课教材自身知识框架的封闭性，注重知识层次的递进，在具体内容上突出实际运用知识的能力，实训内容源于企业生产实际，在教学的过程中解决生产问题，因而具有实用性和前瞻性，与就业市场结合得更加紧密，在教材的编写上具有一定创新性。

本系列教材的内容源于汽车维修企业生产岗位，通俗易懂、可操作性强，能使在校学生了解企业生产实际，缩短顶岗实习的时间，为就业和创业打下坚实的基础。

汽车检测与维修技术专业项目驱动教材
编委会

前 言

现代汽车技术经过100多年的发展，已经使汽车成为集机械、电子、材料、化工、电子等多种科技的综合高科技的产物。世界上各大汽车制造商仍在不断地将各学科的最新技术成果应用于自己的汽车上。作为培养汽车维修技术人才的高等职业院校，应把握时代的脉搏，为汽车售后服务行业培养高素质技能型的人才。

本书在内容选择上，既要体现现代汽车最新技术的应用，又要注意基本知识和基本技能的养成。当前有一种倾向，似乎教材内容越时尚、教材中所选车型越高端就越能反映教材的先进性，越能反映教育者的水平。还有的学校不惜巨资购入大批高档的车辆和教学设备，在大大增加了教学成本的同时，也容易忽视了学生基本知识和技能的学习。其实，不论多么高端的现代汽车，其基本工作原理和基本机械结构框架都是相同的。高等职业教育汽车类专业的主要任务就是使学生熟练掌握汽车各系统的基本工作原理和各总成的基本结构，掌握基本维修技能，以便在今后的职业生涯中具备不断学习汽车新知识、新技术的能力，并能够运用这些知识和能力创造性地解决生产实际问题，为终身学习和创业发展打下牢固的基础。

本书在车型的选择上，以结构简单、典型的中低端轿车和微型客车为例，并且不拘泥于某种特定车型，而是以汽车各总成常见典型结构为例进行教学实训，以避免在车型的选择上盲目追求高端车型而给教学带来不必要的高成本。

本书在结构设计上，基于汽车维修生产过程中常见项目进行设计，以能力训练及基本技能训练为主线，通过教学使学生掌握汽车发动机各总成的基本结构和工作原理，掌握汽车发动机拆装、维修的一般方法和规律性的东西。

教学建议如下：

(1) 教学组织形式　每个教学班配备1名主讲教师，3名实训指导教师。以每个项目为一个教学单位，在主讲教师的具体组织下实施教学。实训环节在老师指导下由学生独立完成。各校可根据实际情况将每班学生分为4~8组进行分组教学，每名教师巡回指导1~2组学生进行实训。

(2) 教学过程　主讲教师应引导学生对各个项目相关的基础知识进行认真的学习，指导学生在拆装、调整的训练过程中学习汽车发动机的基本结构、原理和维修技术，掌握学习方法，养成良好的学习习惯，为今后不断自学打下坚实基础。

(3) 教学准备　教师课前应按照各项目的要求认真准备设备、工具及进行场地布置，以确保教学安全、有序地进行。

(4) 考核　采用形成性教育方式，在学生学习过程中随时进行考核。学生考核合格后即可进入下一项目的学习。

本书由天津交通职业学院黄俊平任主编，由孙广珍、王芳担任副主编。其中，项目一、二、三、四由黄俊平编写；项目五、六、七由梁常禄编写；项目八、九、十一、十二、十三、三十二由孙广珍编写；项目十四~二十由王芳编写；项目二十一~二十七由丁新隆编写；项目二十八、二十九由陈钟编写，项目十、三十、三十一由赵宏编写。天津交通职业学院林为群教授担任本书的主审。

本书在编写过程中参考了多本相关教材、著作和汽车维修资料，并就项目内容的选择和设计征求了部分企业汽车维修技术人员的意见，在此对参考文献的作者和企业相关人员表示衷心的感谢。

由于编者水平有限，书中难免存在疏漏和错误之处，尤其在“基于汽车维修生产过程的项目教学方法和教材结构的设计”中还有许多不妥之处，敬请各位读者批评指正。

编　者

目　录

项目一

汽车维修常用工具、量具

一、教学目的

1）了解汽车维修中常用工具、量具的种类。

2）了解汽车维修中常用工具、量具的用途。

3）掌握汽车维修中常用工具、量具正确的使用方法。

4）熟悉汽车维修中常用工具、量具的维护。

二、教学设备工具及量具

常用工具：套筒扳手、梅花扳手、鲤鱼钳、呆扳手、螺钉旋具、锤子等。

量具：塞尺、游标卡尺、千分尺。

三、课时

4 课时。

四、相关基础知识

1. 汽车维修常用工具介绍

汽车维修需要的工具很多。汽车拆装实习所用工具与汽车维修所用的工具大体相同。

（1）扳手　各类扳手几乎都是用来拆、装螺纹连接件（螺栓、螺母）的。由于螺纹连接件的具体结构及其所处的位置、受力大小等不同，故扳手的种类很多。常用的扳手有呆扳手、梅花扳手、两用扳手、套筒扳手等。

1）呆扳手。呆扳手的规格用开口宽度（mm）表示。同一支呆扳手的两端开口尺寸不等。汽车维修中常用 8 件一套的呆扳手，其开口尺寸为 7 ~ 24mm。呆扳手都是用来拆装紧固力矩不是很大的螺纹连接件的，不可当作锤子或冲杆使用。使用时，应选择开口尺寸合适的呆扳手插套在螺母或螺栓的棱头上，使宽面受拉力，窄面受压力，均匀用力向操作者身体方向拉扳，尽量不要向外推扳。不可选用开口尺寸稍大的扳手；不可猛然用力推、拉、扳转，以免滑脱碰伤或损坏机件。

2）梅花扳手。梅花扳手用于拆装紧固力矩较大的螺纹连接件。其杆身一般是直的（也有特殊场合作业用的弯杆身的），两端为正 12 角形圆环；均以正 12 角形两平行边的距离

（mm）表示其规格型号。汽车维修中多用8件一套的梅花扳手，其规格尺寸为5.5～27mm。使用时，一定要选择圆环尺寸合适的梅花扳手套住螺母或螺栓的棱头，均匀用力向操作者身体方向扳转。不可因圆环尺寸小而用锤头砸套，以免损坏工具或工件；也不可选择圆环尺寸稍大，以免滑转碰伤或损坏方棱。

图1-1中所示的两用扳手具有呆扳手和梅花扳手的特点，使用起来较为方便。

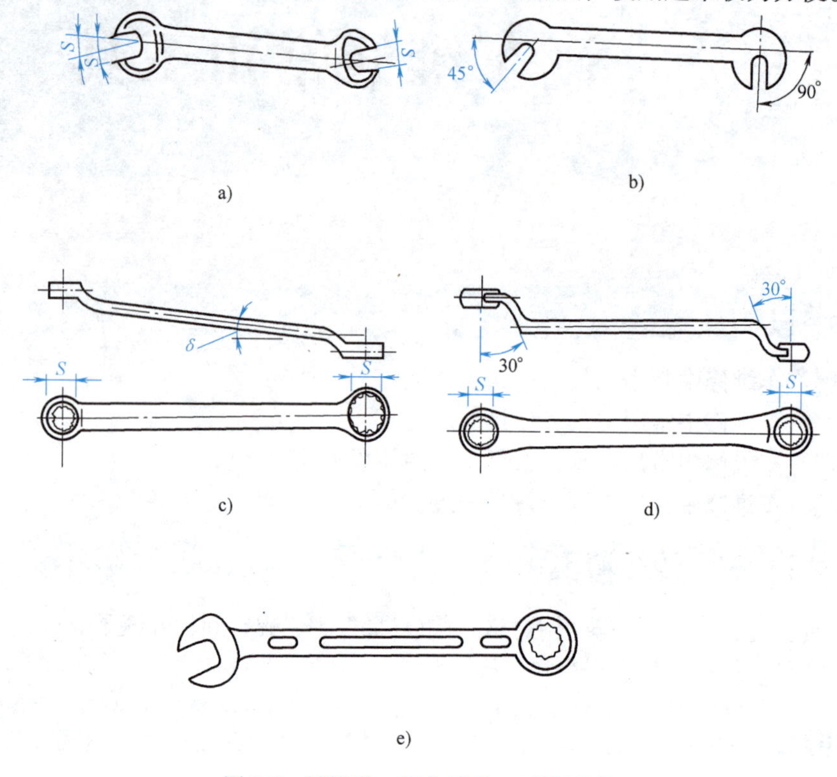

图1-1 呆扳手、梅花扳手、两用扳手

a)、b）呆扳手 c、d）梅花扳手 e）两用扳手

3）活扳手和管扳手。活扳手和管扳手如图1-2所示。活扳手的开口可在一定范围内调节，多用于不规则螺纹连接件的拆装作业。使用时，应使固定开口面受拉力、活动开口面受压力，不可反用。它比呆扳手体厚笨重，更易滑脱，尤应注意调整开口宽度切实符合螺纹连接件的棱头。不可用作锤子。在能使用开口或梅花扳手的情况下，一般不用活扳手。活扳手主要用于应急。活扳手的规格型号用柄长和开口最大宽度（mm）表示。汽车维修行业常用200×24（8吋）、375×46（15吋）和150×19（6吋）3种活动扳手。

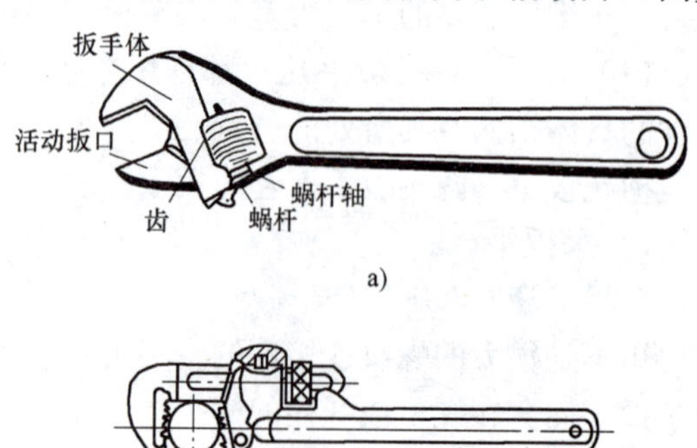

图1-2 活扳手和管扳手

a）活扳手 b）管扳手

管扳手一般用来拆装无方棱的螺纹连接件。其活动的开口处制有斜向相对的棱齿并经热处理，开口的形状及开口棱齿可将零件

钳住且有自锁作用，故也称之为管子钳。使用时，调整开口宽度钳住零件并有自锁作用时，再向有自锁作用的方向拉扳手柄。管扳手拆装过的零件表面几乎都有损伤，故应少用。不可将其作锤子、撬棍使用。管扳手的规格型号用扳手全长和开口最大有效开度（mm）表示。汽车维修行业常用 350×5 这种型号的管扳手。

4）套筒扳手。套筒扳手及配件如图 1-3 所示：

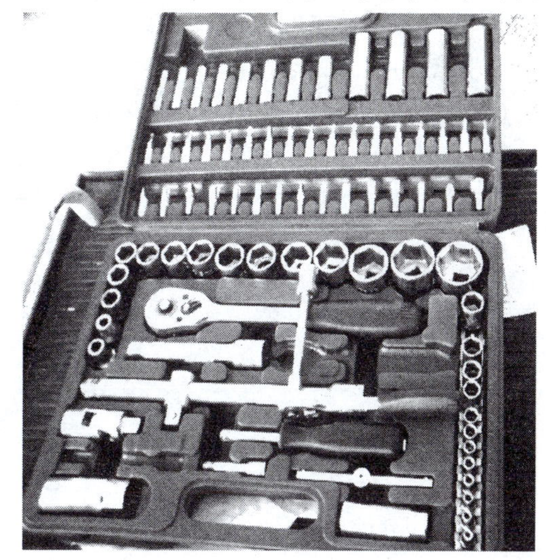

图 1-3　套筒扳手及配件

套筒扳手是一种组合型工具，由套筒和扳具两部分组成。使用时，由几件组成一把扳手。其套筒部分与梅花扳手的端头相似。套筒制成单件，可以拆下。可根据需要，选用不同规格的套筒和各种手柄进行组合。套筒扳手具有功能多、使用方便、安全可靠的特点，尤其在拆装部位空间狭小、凹下很深或不易接近等部位的螺栓、螺母时更为方便、实用。常用的套筒扳手有 13 件一套、17 件一套和 24 件一套等多种规格。

5）扭力扳手。扭力扳手分为定值式和预置式两种，如图 1-4a 所示。预置可调式扭力扳手如图 1-4b 所示，其力矩的预紧值是可调的，使用者可根据需要进行调整。使用扳手前，先将需要的实际拧紧力矩值预置到扳手上；当拧紧螺纹紧固件时，若实际力矩与预紧力矩值相等时，扳手发出“咔嗒”报警声，此时应立即停止扳动；释放后扳手自动为下一次操作自动设定预紧力矩值。扭力扳手手柄上有窗口，

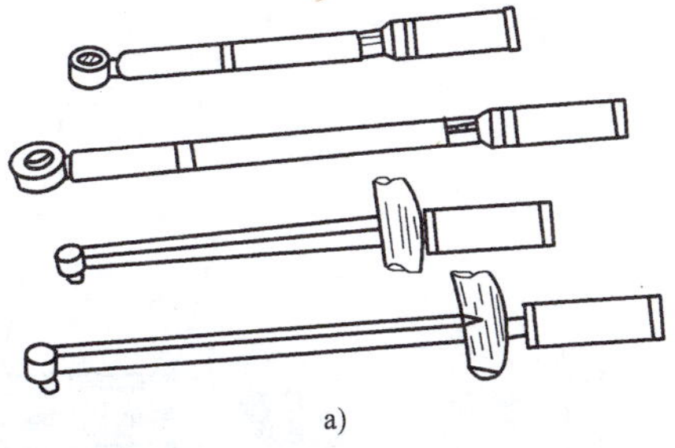

a)

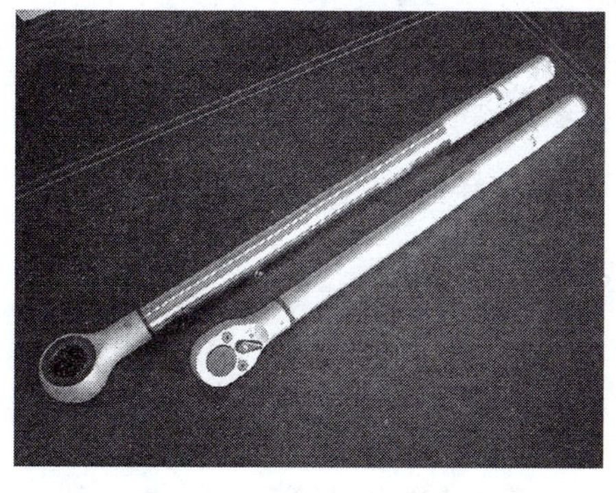

b)

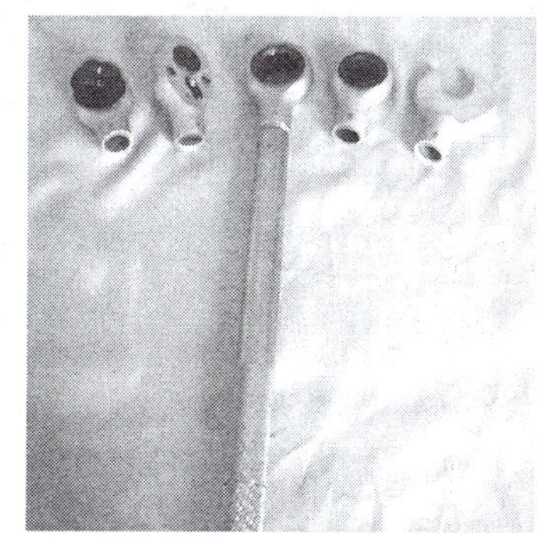

c)

图 1-4　扭力扳手

窗口内有标尺，标尺显示力矩值的大小，窗口边上有标准线。当标尺上的线与标准线对齐时，那点的力矩值代表当前的力矩预紧值。设定预紧力矩值的方法是：先松开扭力扳手尾部的尾盖，然后旋转扳手尾部手轮；管内标尺随之移动，将标尺的刻线与管壳窗口上的标准线对齐即可。头部尺寸可随用户需要而配置，如内六角、开口、一字、十字头、梅花头、标准头等，如图 1-4c 所示。

6）风动扳手和电动扳手。该两种扳手如图 1-5 所示。

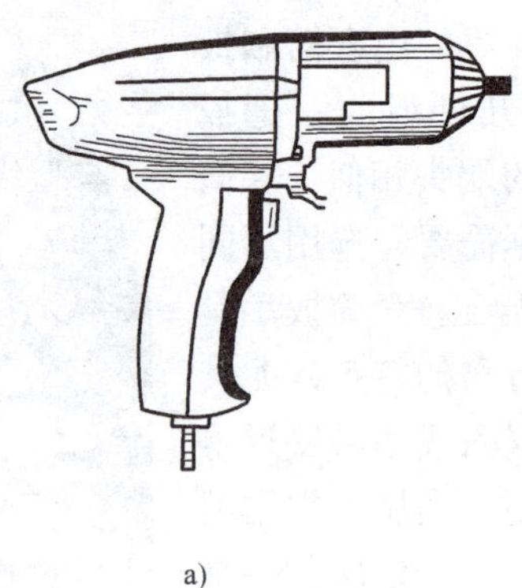

a)

b)

图 1-5 风动扳手和电动扳手

a）风动扳手 b）电动扳手

1—从动冲击块 2、10—滑动轴承 3—主动冲击块 4—钢珠 5—主动轴 6—弹簧 7、9—行星齿轮 8—内齿轮 11—外壳 12—转子 13—定子 14—铭牌 15—电刷 16—换向器 17—开关 18—电源插头

为了减轻工人的劳动强度和提高工作效率，我国汽车维修行业在 20 世纪六七十年代开始使用风动扳手和电动扳手。这两种工具必须与相应套筒合用才能完成拆装螺纹连接件的作

业。风动扳手用压缩空气作动力；电动扳手是用电作动力，其外形与手电钻或大手枪相似。在“枪柄的端头”接压缩空气管或电线；在“枪身”中装有起动、转动、冲击和换向机构。使用时，注意用手握牢“枪柄”，“枪头”上的套筒应垂直稳妥套住螺栓或螺母的棱头才可开动“扳机”—开关。这种工具需按规定及时维修、维护，尤其是电动扳手需定期清洗、检查冲击机构和换向器。

（2）螺钉旋具　螺钉旋具俗称起子，如图 1-6 所示。其功用是拆装端头带有凹槽的螺钉和小型螺栓。螺钉旋具的种类很多，偏置螺钉旋具通体是钢制的，其他各类螺钉旋具一般由旋杆和手柄两部分构成。旋杆由 45 特种钢材制成；手柄由木材或塑料制成。旋杆的锋口都进行热处理。锋口平直者为一字形螺钉旋具；锋口垂直交叉者为十字形螺钉旋具。旋杆穿通手柄的称为穿心螺钉旋具，可承受较大的扭力；旋杆不穿通手柄的称为普通螺钉旋具，承受扭力较小，但绝缘；旋杆粗壮的称夹心螺钉旋具，可承受的扭力大且允许用锤子适度击打柄端。

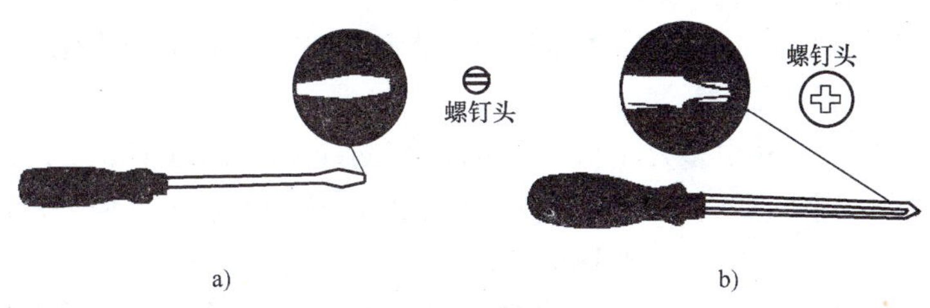

图 1-6　螺钉旋具

a）一字尖　b）十字尖

使用时，应选用锋口与工件凹槽适应的螺钉旋具，并擦净锋口与凹槽的油污以防滑脱；不要将工件拿在手上用螺钉旋具拆装，以免滑脱戳伤。操作时，用手掌心抵住柄端，用手指握住柄身，使螺钉旋具旋杆与工件凹槽底面垂直。拆卸操作时，初始抵力和扭力都大，工件扭转后两力均减小；装合操作过程中扭力应渐增，以便使工件牢固连接。不允许将螺钉旋具做撬棍或泥刀使用；除夹心螺钉旋具以外，不允许用锤子击打螺钉旋具柄端头；不允许用钳子、活扳手等夹住螺钉旋具的旋杆施加扭力。

（3）钳子

1）鲤鱼钳。鲤鱼钳是汽车维修行业应用最广泛的钳子。鲤鱼钳一般用 50 钢锻造，钳口处经热处理，钳柄外面滚花，通体镀锌或铬而成。细齿的平开口处夹持小工件，粗齿的凹开口处夹持较大的工件，可用其拆、装扭力较小的螺纹连接件；开口的根部制有剪刀刃口，用以剪切较细金属丝。一片钳体中间制有两个销孔，另一片钳体中间装一特制的销子，因而可使钳口张开角度变大，使用起来较为方便。鲤鱼钳的规格以钳子长度（mm）表示，只有 165mm 和 200mm 两种。汽车维修中常用的是 165mm 的。操作中不许将钳子用作撬棍、锤子。

2）尖嘴钳和弯嘴钳。这两种钳子头部细而长，能在较窄的空间中使用。汽车电气设备的维修作业常用这两种钳子。还有一种尖嘴钳和弯嘴钳，其头部两片张口都为圆锥形，是用来拆装各式挡圈的。

（4）锤子　锤子由锤头和锤柄两部分组成。锤头多用钢材锻造而成，用以敲击工件；也有锤头用铜、硬木或橡胶制成的所谓“软锤”，用以敲击不宜用钢质锤敲击的工件或薄板等。锤子的种类繁多，规格用锤头的质量（kg）表示。汽车修理中常用0.5、0.75kg的小型圆顶锤子，以及4kg的大锤（也称八角锤）和0.25kg的木锤。常用锤子如图1-7所示。

使用锤子的手法有3种：腕抖、肘挥、臂抡。腕抖是只用手腕的力量运锤，敲击力小，速度快、击点准确。肘挥是用小臂和腕的力量运锤，敲击力较大，击点不很准确。臂抡是用大臂、小臂和腕的力量运锤，敲击力大但使用不熟练往往击点不准。大锤用双手使用，用以击打需要重击的部位。

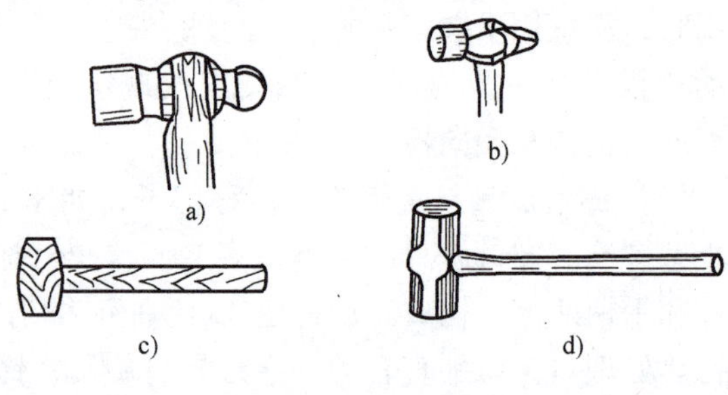

图1-7 锤子

a）圆顶锤子 b）尖顶检验锤 c）木质锤 d）橡胶锤

使用之前应将锤子和工件上的油污等擦净；确保锤头与手柄接合牢固。击打时，应使锤头平面与工件表面贴合，不准用锤头棱边击打工件，严防锤子或锤头脱出造成损伤。

2. 汽车维修常用量具及使用方法

（1）塞尺 塞尺是一种由多片不同厚度的标准钢片所组成的测量工具，钢片上标有其厚度值。塞尺主要用于测量两个接合面之间的间隙值。使用时，可以用一片进行测量，也可以由多片组合在一起进行测量，如图1-8a所示。

（2）游标卡尺 游标卡尺是一种能直接测量工件直径、宽度、长度或深度的量具，如图1-8b所示。游标卡尺按照测量功能的不同可以分为普通游标卡尺和深度游标卡尺，按照测量精度的不同可以分为0.10mm、0.20mm、0.05mm、0.02mm等几种。常用的游标卡尺的测量精度为0.02mm。

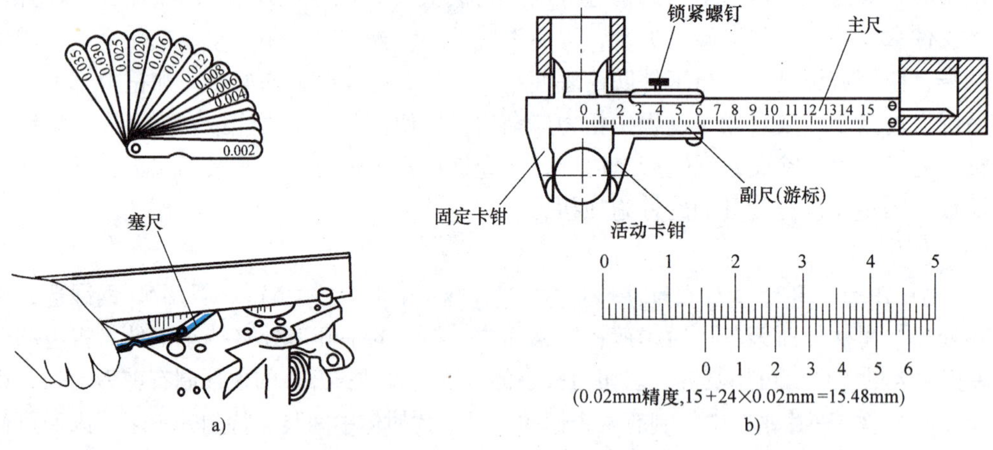

图1-8 塞尺和游标卡尺

a）塞尺 b）游标卡尺

（3）千分尺 千分尺又称为分厘卡尺，是一种用于测量加工精度要求较高的精密量具，其测量精度可达到0.01mm。千分尺按照测量范围的不同可分为0～25mm、25～50mm、50～75mm、75～100mm和100～125mm等多种不同规格，但每种千分尺的测量范围均为25mm。其结构如图1-9所示。

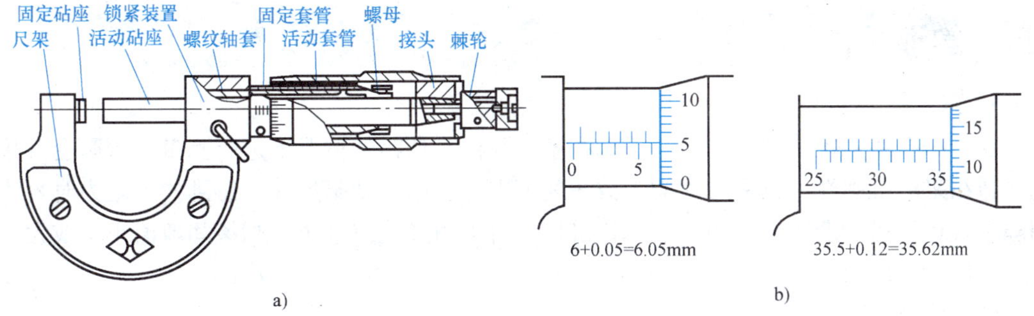

图 1-9　千分尺的结构及其读数方式

a）结构　b）读数方式

（4）百分表　百分表是一种比较性测量仪器，主要用于测量工件的尺寸误差和几何误差以及配合间隙等，如图 1-10 所示；其测量精度为 0.01mm。

（5）内径百分表　内径百分表又称为量缸表或内径量表，是一种用于测量孔径的比较性量具；在汽车维修中，主要用于测量发动机气缸和轴承座孔的圆度误差、圆柱度误差或零件磨损情况；其测量精度为 0.01mm。

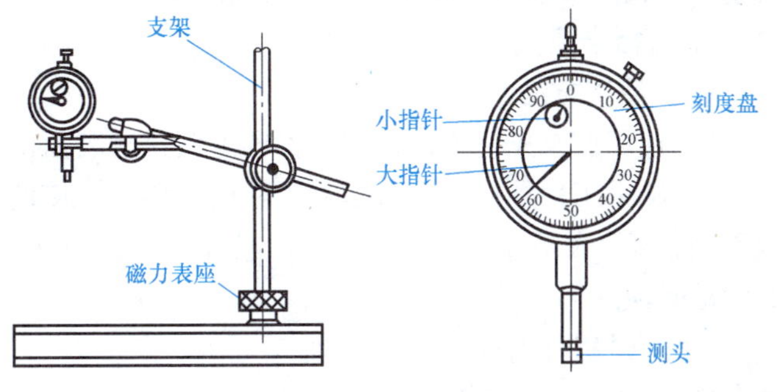

图 1-10　百分表及其应用

内径百分表由百分表、表杆、表杆座、活动测杆（量头）、支撑架和一套长度不等的接杆等组成，如图 1-11 所示。

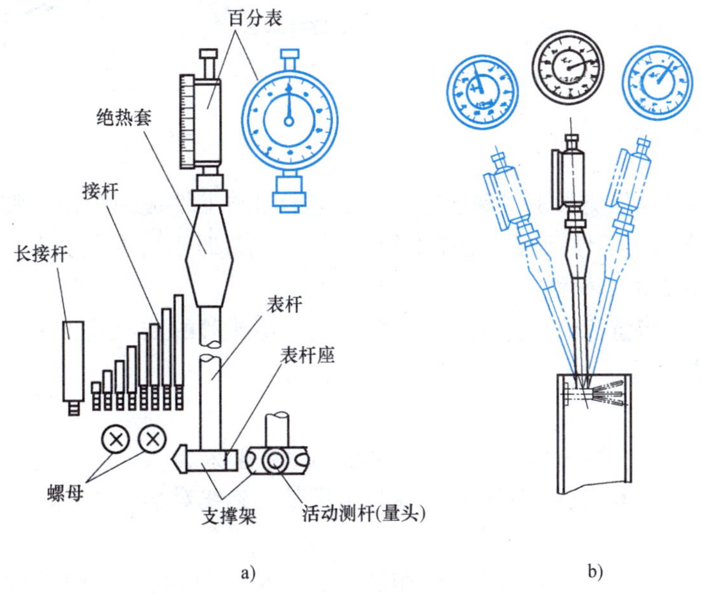

图 1-11　内径百分表及其应用

a）内径百分表　b）内径百分表应用实例

五、实训操作

1. 塞尺

用干净布将塞尺片擦拭干净，不能在塞尺片沾有油污的情况下进行测量，否则会直接影响测量结果的准确性。将塞尺片插入被测间隙中并来回拉动塞尺片，感到稍有阻力时表明该间隙值接近塞尺片上所标出的数值。如果拉动时阻力过大或过小，则该间隙值小于或大于塞尺片上所标出的数值。

使用注意事项：

1）在测量过程中，不允许剧烈弯折塞尺片，或用较大的力硬将塞尺片插入被检测间隙中，否则，将损坏塞尺片。

2）测量结束后，应将塞尺片擦拭干净，并涂上一层薄薄的润滑油或工业凡士林，然后将塞尺片收回夹框内，以防锈蚀、弯曲或变形。

2. 游标卡尺

（1）使用方法

1）使用前，先将工件被测表面和卡钳接触表面擦干净。

2）测量工件外径时，将活动卡钳向外移动，使两卡钳间距大于工件外径，然后再慢慢地移动副尺，使两卡钳与工件接触。使用中，切忌硬卡硬拉，以免影响游标卡尺的精度和读数的准确性。

3）测量工件内径时，将活动卡钳向内移动，使两卡钳间距小于工件内径，然后再缓慢地向外移动副尺，使两卡钳与工件接触，如图1-12a所示。

4）测量工件的内径和外径时，应使游标卡尺与工件垂直。测外径时，记下最小尺寸；测内径时，记下最大尺寸。

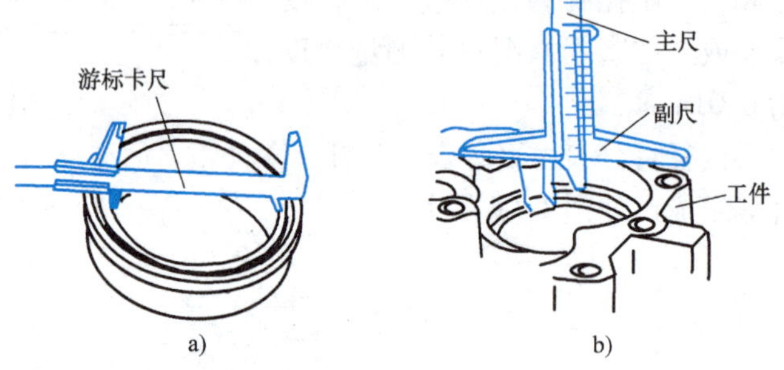

图1-12　游标卡尺的测量位置

5）用深度游标卡尺测量工件深度时，将固定卡钳与工件被测表面平整接触，然后缓慢地移动副尺，使卡钳与工件接触，如图1-12b所示。测量时用力不宜过大，以免硬压游标而影响测量精度和读数的准确性。

6）用完后，应将游标卡尺擦拭干净，并涂上一层薄薄的工业凡士林，然后放入卡尺盒内存放，切忌弯折、重压。

（2）读数方法

1）读出副尺零刻线所指示主尺上左边刻线的毫米整数。

2）观察副尺上零刻线右边第几条刻线与主尺某一刻线对准，将游标精度乘以副尺上的格数，即为毫米小数值。

3）将主尺上整数和副尺上的小数值相加即得被测工件的尺寸，如图1-8所示。

工件尺寸 = 主尺整数 + 游标卡尺精度 × 副尺格数

3. 千分尺

(1) 千分尺误差检查　先把千分尺砧端表面擦拭干净；旋转棘轮盘，使两个砧端夹住标准量规，直到棘轮发出2~3响“咔咔”声响，这时检查指示值。活动套筒前端应与固定套筒的零线对齐。活动套筒的零线与固定套筒的基线应对齐。若两者中有一个零线不能对齐，则该千分尺有误差，应检查调整后才能用于测量。

(2) 使用方法　将工件被测表面擦拭干净，并置于千分尺两砧端之间，使千分尺螺杆轴线与工件中心线垂直或平行。若歪斜着测量，则直接影响测量的准确性。旋转旋钮，使砧端与工件测量表面接近，然后改用旋转棘轮盘，直到棘轮发出“咔咔”声响时为止，这时的指示数值就是所测量到的工件尺寸。用完后，应将千分尺擦拭干净，保持清洁，并涂抹一层薄薄的工业凡士林，然后放入盒内保存。禁止重压、弯曲千分尺，且两砧端不得接触，以免影响千分尺精度。

(3) 读数方法　从固定套筒上露出的刻线读出工件的毫米整数和半毫米数；从活动套筒上由固定套筒纵向线所对准的刻线读出工件的小数部分（百分之几毫米），不足一格数（千分之几毫米）可用估算读法确定。将两次读数相加就是工件的测量尺寸，如图1-9所示。

4. 百分表

(1) 读数方法　百分表的表盘刻度一般分为100格，当量头每移动0.01mm时，大指针就偏转1格（表示0.01mm）；当大指针旋转1圈时，小指针偏转1格（表示1mm）。指针的偏转量就是被测零件（工件）的实际偏差或间隙值。

(2) 使用方法　先将百分表固定在表架（支架）上，以测杆端量头抵住被测工件表面，如图1-10b所示，并使量头产生一定的位移（即指针存在一个预偏转值）。移动被测工件或百分表支架座，观察百分表表盘上指针的偏转量，该偏转量即是被测物体的偏差尺寸或间隙值。

(3) 使用注意事项

1) 测杆轴线应与被测工件表面垂直，否则会影响测量精度。

2) 百分表用完后，应卸除所有的负荷，用干净的软布将表面擦拭干净，并在金属表面涂抹一层薄薄的工业凡士林，将百分表水平地放置盒内，严禁重压。

5. 内径百分表

1) 一只手拿住绝热套（图1-11b），另一只手尽量托住表杆下部，轻轻摆动表杆，使内径百分表测杆与气缸轴线垂直（可通过观察百分表指针摆动情况来判断，当表针指示到最小数值时，即表示测杆已垂直于气缸轴线）。

2) 内径百分表的读数方法与百分表的相同，读出百分表头指示数值。

3) 确定工件尺寸。如果百分表头的大指针正好指在“0”处，说明被测工件的孔径（缸径）与其校表尺寸相等；若以标准尺寸进行校表，则表示工件尺寸与标准尺寸相同。如果百分表头大指针顺时针方向转离“0”位，则表示工件尺寸小于标准尺寸；反之，则表示大于标准尺寸。通过对不同测量点的测量结果即可计算出圆度误差、圆柱度误差或工件的磨损情况。

六、考核要点与评分标准

汽车维修常用工具量具考核要点及评分标准见表1-1。

表 1-1 汽车维修常用工具量具考核要点及评分标准

序号	考核内容	配分	评分标准	考核记录	得分
1	正确说出该工具的用途	10	使用不当，1项扣5分		
2	正确使用工具	40	操作不熟练，1次扣2分；操作错误，1次扣10分		
3	正确说出该工具的使用注意事项	40	操作不熟练，1次扣3分；操作错误，1次扣5分		
4	整理工具、清理现场	10	违章每项扣2分		
	安全生产方面		因操作不当发生事故，记0分		
5	分数合计	100			

七、思考题

1. 汽车维修常用工具有哪些？如何正确使用？
2. 汽车维修常用量具有哪些？如何正确使用？

项目二
汽车维修专用工具、量具

一、教学目的

1）了解汽车维修中专用工具、量具的种类。

2）了解汽车维修中专用工具、量具的用途。

3）掌握汽车维修中专用工具、量具正确的使用方法。

4）熟悉汽车维修中专用工具、量具的维护。

二、教学设备工具及量具

活塞环拆装钳、气门弹簧拆装架、滑脂枪、千斤顶、专用套筒、专用扳手、气缸压力表、轮胎气压表、真空表等。

三、课时

4课时。

四、相关基础知识

汽车维修时，需要使用各种工具、量具，除了应用一些常见的普通工具、量具外，还必须使用一些维修专用工具、量具。下面对汽车维修过程中专用工具、量具逐一进行介绍，以便维修人员能正确、合理地使用专用工具、量具，进一步提高维修质量。

1. 汽车维修专用工具及使用方法

（1）专用扳手　专用扳手是一种用途较为单一的特殊扳手的通称，通常以其用途或结构特点来命名。每一种专用扳手又可以按照不同规格和尺寸进行分类。在使用专用扳手时，必须选用与零件相适应的扳手，以免扳手滑脱伤手或损坏零件。

1）活塞环拆装钳。活塞环拆装钳是一种专门用于拆装活塞环的工具，如图2-1所示。维修发动机时，必须使用活塞环拆装钳拆装活塞环。

2）气门弹簧拆装架。气门弹簧拆装架是一种专门用于拆装顶置气门弹簧的工具，如图2-2所示。

3）滑脂枪。滑脂枪又称为黄油枪，如图2-3所示，是一种专门用来加注润滑脂的工具。

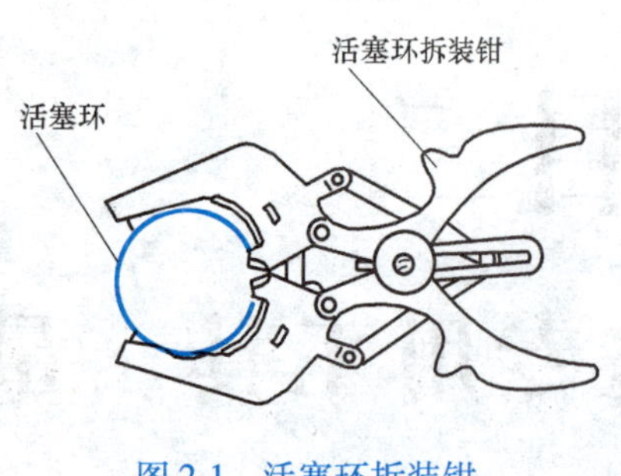

图 2-1　活塞环拆装钳

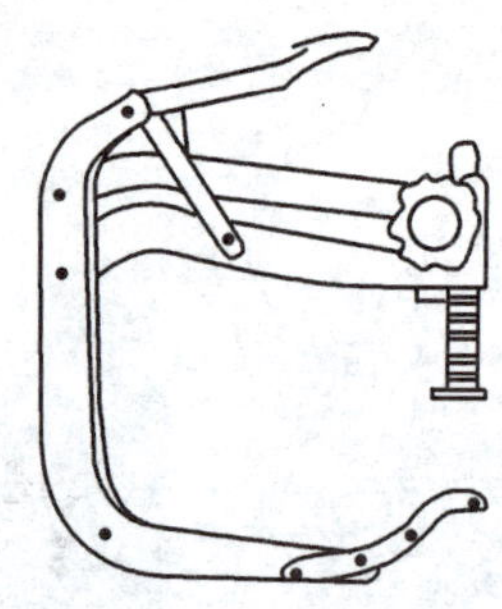
图 2-2　气门弹簧拆装架

4）千斤顶。千斤顶是一种最常用、最简单的起重工具，按照其工作原理的不同可以分为机械丝杆式和液压式，如图 2-4 所示；按照所能顶起质量的不同可以分为 3000kg、5000kg、900kg 等多种不同规格。目前，使用广泛的千斤顶是液压式千斤顶。

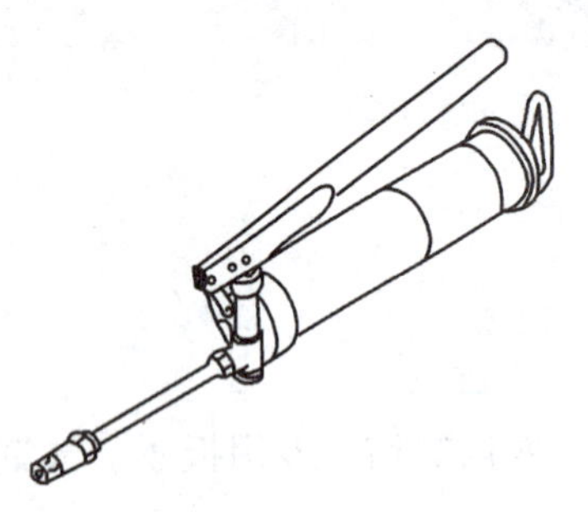
图 2-3　滑脂枪

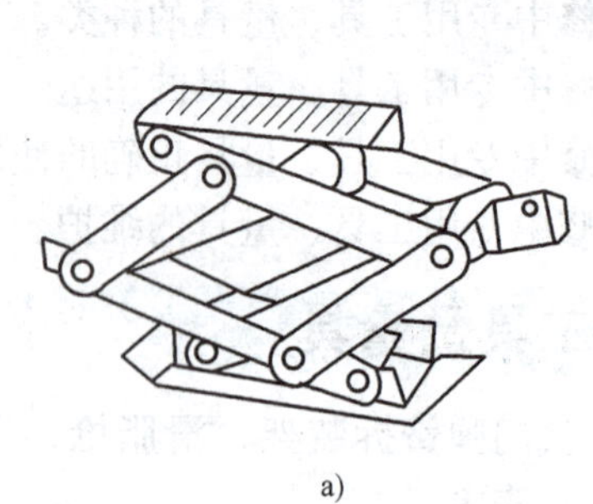

图 2-4　液压式千斤顶
a）机械丝杆式　b）液压式

5）工作灯。工作灯是一种随车的照明灯具，主要用于维护作业中的局部照明。工作灯可使用汽车电源作为电源，使用时将工作灯插头插入汽车工作灯插座内即可。可将工作灯悬于需照明的作业部位或用手持工作灯灯柄直接照射需照明的作业部位。

（2）桑塔纳 LX 型轿车维修组套工具

为了顺利进行维修作业，许多车型都配有相应的维修组套工具。在组套工具中既有常用工具，又有专用工具。维修过程中应尽可能采用相应车型的组套工具。桑塔纳 LX 型轿车 32 件组套工具的组成如下：

1）梅花套筒。如图 2-5 所示，在该组套工具中有 7 个梅花筒（11 ~ 18mm），属于常用工具。

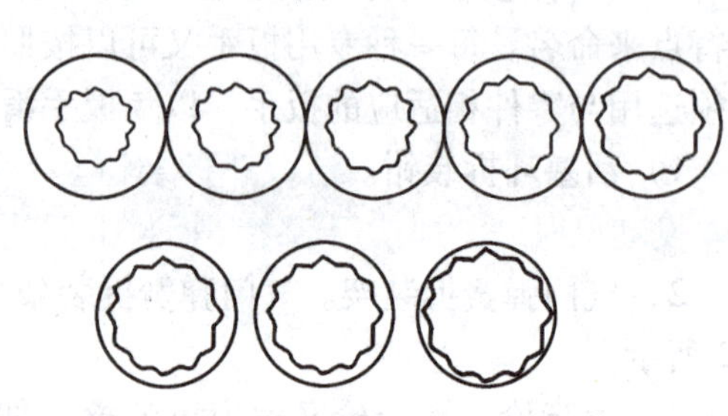
图 2-5　梅花套筒

2）六角扳杆。如图 2-6 所示，这些工具都属于专用工具；小梅花扳杆（HK990-8），用于拆装传动轴；六角扳杆（HK986-7），用于拆装前减振器；六角扳杆（HK2584-6），用于拆装前制动片等；长六角扳杆（HK2584-1），用于拆装进、排气歧管总成；长六角扳杆（HK986-5），用于拆装后制动蹄；大梅花扳杆（HK990-12），用于拆装气缸盖紧固螺栓。

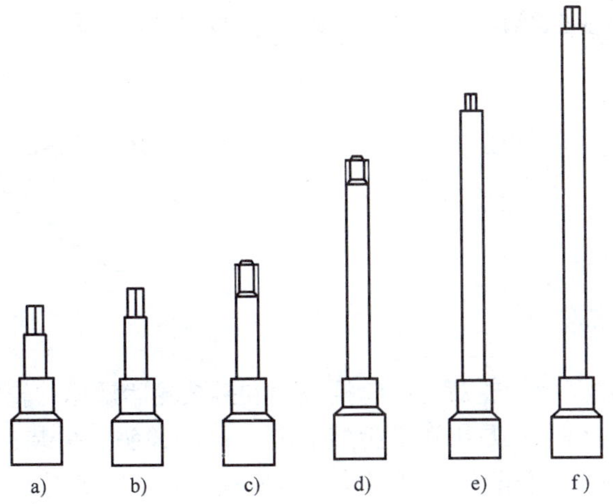

图 2-6 六角扳杆

a）HK2584-6 b）HK986-7 c）HK990-8 d）HK990-12 e）HK986-5 f）HK2584-1

3）接杆、接头。如图 2-7 所示，在桑塔纳 LX 型轿车的 32 件组套工具中，六方接头（HK985-17）用于拆装变速器放油螺塞，M14 螺母扳手接头（HK90-3）用于拆装前减振器；直接头（HK-T-19）用于棘轮扳手筒的连接；HK-T-01 是一只长接杆。

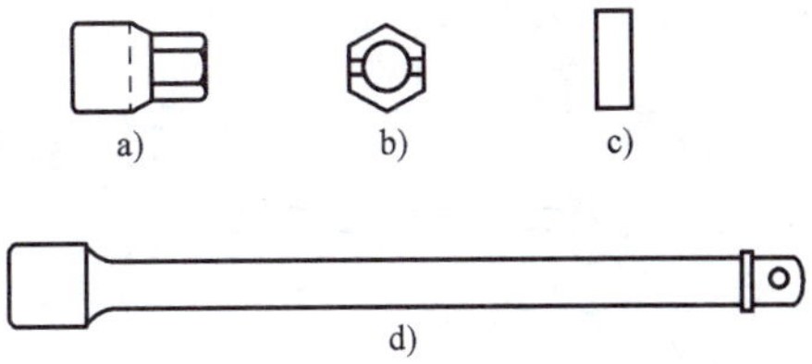

图 2-7 接杆和接头

a）HK985-17 b）HK90-3 c）HK-T-19 d）HK-T-01

4）扳手。如图 2-8 所示，在该组工具中有一件 7mm 的内六角扳手、一件 10×13 的呆扳手、两件两用扳手（13×13 和 15×15）和一件棘轮扳手，这些都是常用工具。

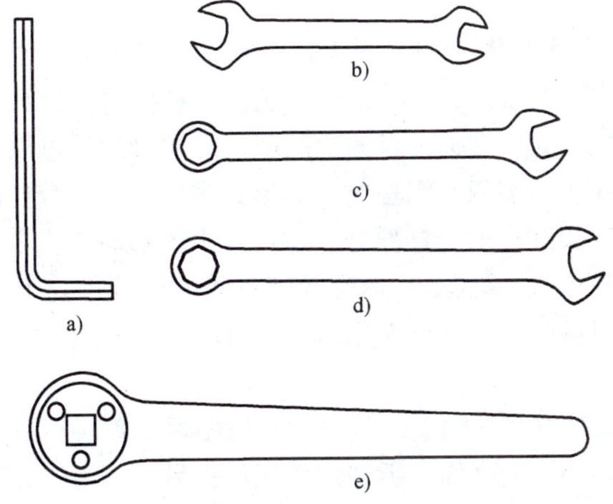

图 2-8 扳手

a）内六角扳手 b）呆扳手（10×13） c）两用扳手（13×13）
d）两用扳手（15×15） e）棘轮扳手

5）其他专用工具。

①图 2-9 所示为火花塞套筒，用于拆装火花塞。

②图 2-10 所示为机油滤清器专用扳手，用于拆装机油滤清器。

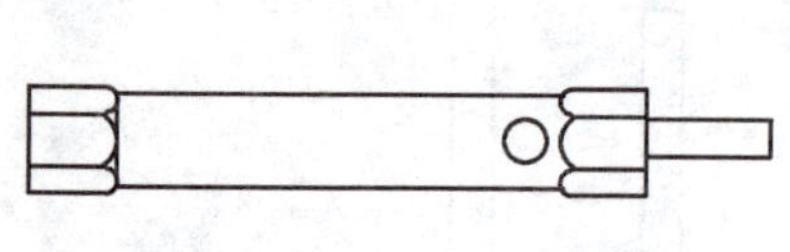

图 2-9 火花塞套筒

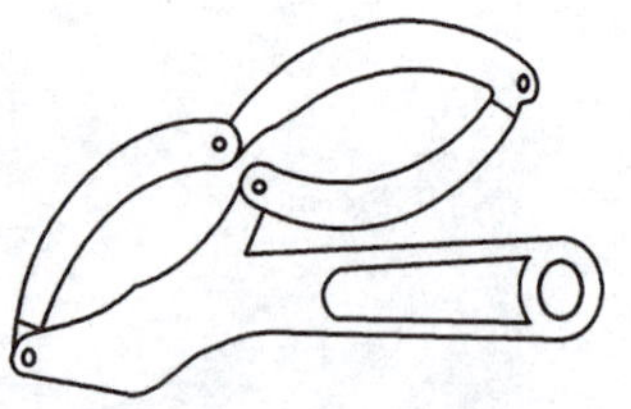

图 2-10 机油滤清器专用扳手

③图 2-11 所示为用于拆卸轮毂盖的轮帽扳手和拆装轮胎螺母的轮胎螺母扳手。

④如图 2-12 所示，该组工具中还有拆装后制动蹄的冲头、拆装油底壳固定螺栓的长接杆套筒、拆装离合器的心轴、两用螺钉旋具和拆装后减振器的专用工具等。

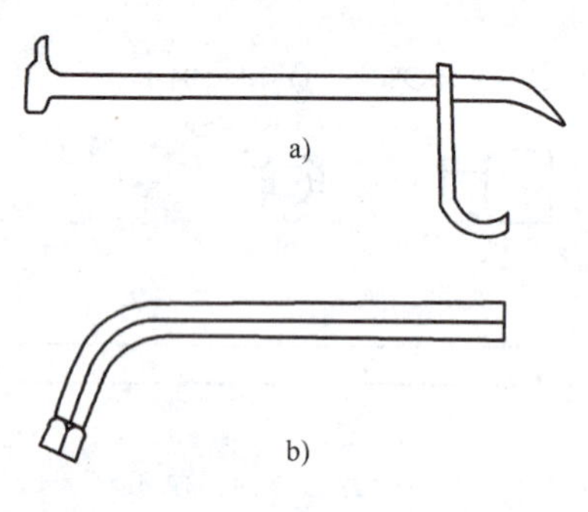

图 2-11 轮胎螺母扳手

a）轮帽扳手 b）轮胎螺母扳手

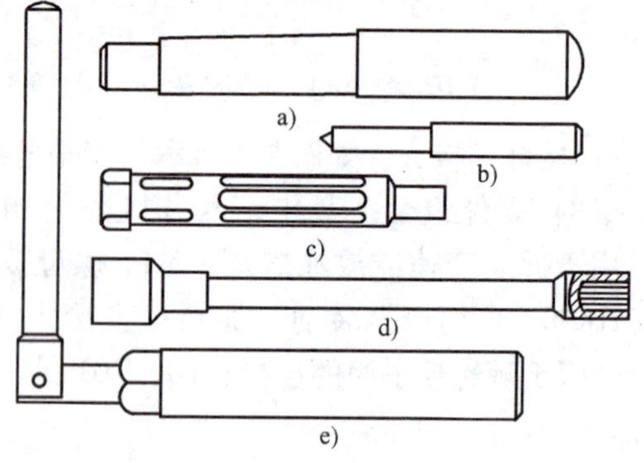

图 2-12 专用工具组

a）心轴 b）冲头 c）两用螺钉旋具

d）长接杆套筒 e）拆装后减振器专用工具

6）其他扳手。其他扳手如图 2-13、图 2-14、图 2-15 所示。

①沉头扳手也称为内六方扳手，它是用来拆装沉头螺栓的。这种扳手可用气门杆自制。

②锁紧扳手用来拆装圆周或端头带有凹槽的螺母。这种扳手可以自制。

③螺柱扳手是专门用来拆装双头螺柱的，其形式多样。多用带自锁作用的偏心轮、圆柱等在扳扭的过程中挤紧双头螺柱的光杆部分。这种扳手各修理单位多根据车型不同自制。

7）大型扳手。汽车的轮胎螺母、U 形螺栓螺母等的拆装作业十分费力，汽车维修企业多用专门的机动工具予以拆装。在缺乏专用机动工具时，可利用大型扳手并配以特制套筒予以拆装。

①轮胎螺母套筒。各种汽车的随车工具中均有轮胎螺母套筒和撬杆各一支。该套筒为一杆两端的整体结构：一端为六角套筒，拆装六角螺母；另一端为四方套筒，拆装后车轮的中间螺母；中间的杆身有两个圆孔，用以插入撬杆扳转套筒。

②U 型螺栓螺母扳手由扳杆、接杆和套筒构成。换配不同规格的套筒，可拆装不同车型的 U 形螺栓螺母；也可用其拆装其他紧固力矩很大的螺纹连接件。

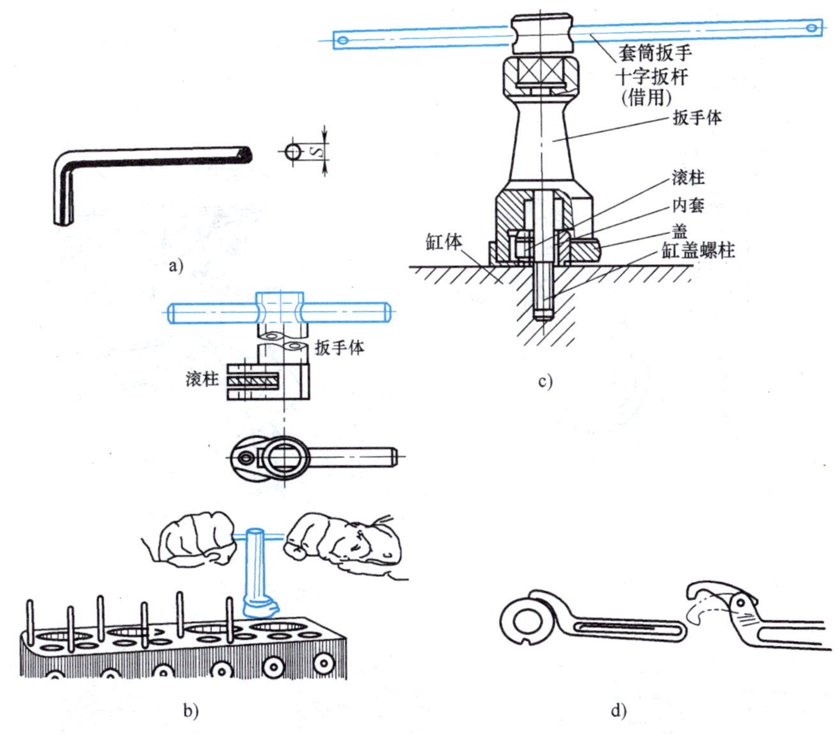

图 2-13　扳手

a）沉头扳手　b）偏心式螺柱扳手　c）滚柱式螺柱扳手　d）锁紧扳手

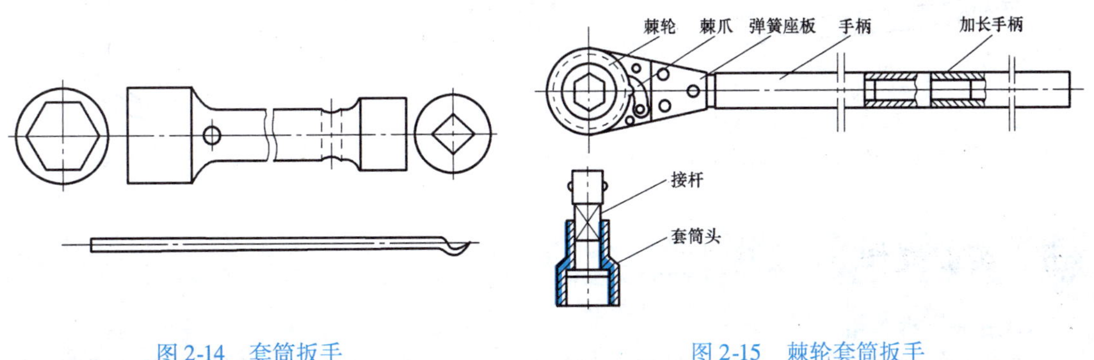

图 2-14　套筒扳手

图 2-15　棘轮套筒扳手

2. 专用量具

（1）气缸压力表　气缸压力表是一种专门用于检查气缸内气体压力的量具。根据气缸压力表测量范围的不同，可将其分为 0～1.4MPa（汽油机）和 0～4.9MPa（柴油机）两种；按其连接形式的不同，可将其分为推入式和螺纹接口式两种，如图 2-16 所示。

（2）轮胎气压表　轮胎气压表是专门用于测定轮胎气压的量具。常用的轮胎气压表有标杆式和指针式两种，如图 2-17 所示。

（3）进气歧管真空表　进气歧管真空表是一种用于测量发动机进气歧管内真空度的工具。进气歧管真空表刻度盘一般分为 100 格，测量范围为 0～100kPa，如图 2-18 所示。

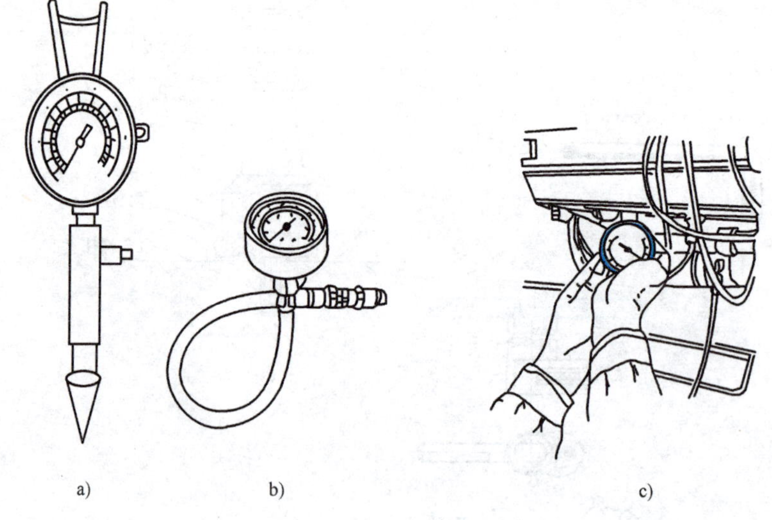

图 2-16 气缸压力表

a）推入式 b）螺纹接口式 c）测量气缸压力

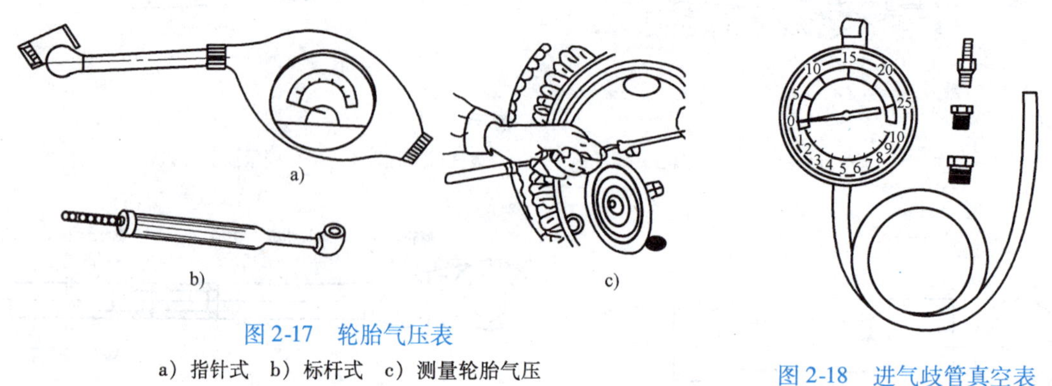

图 2-17 轮胎气压表

a）指针式 b）标杆式 c）测量轮胎气压

图 2-18 进气歧管真空表

五、实训操作

1. 活塞环拆装钳

使用活塞环拆装钳时，先将拆装钳上的环卡卡住活塞环开口，然后握住手把稍稍均匀地用力，使拆装钳手把慢慢地收缩，则环卡将活塞环徐徐地张开，使活塞环能从活塞环槽中取出或装入。

2. 气门弹簧拆装架

使用时，将拆装架托架抵住气门、压环对正气门弹簧座，然后压下手柄，使气门弹簧被压缩，这时取下气门弹簧锁销或锁片，再慢慢地松抬手柄，即可取出气门弹簧座、气门弹簧和气门等。

3. 滑脂枪

（1）装润滑脂

1）拉出拉杆使柱塞后移，拧下滑脂枪压力缸筒前盖。

2）将干净润滑脂分成团状，徐徐装入缸筒内，且使润滑脂团之间尽量相互贴紧，以便于缸筒内空气排出。

3）装回前盖，推回拉杆，则柱塞在弹簧作用下前移，使润滑脂处于压缩状态。

（2）方法

1）将滑脂枪接头对正被润滑的润滑脂嘴（滑脂嘴），直进直出，不能偏斜，以免影响润滑脂加注和减少润滑脂的浪费。

2）注油时，如注不进油，应立即停止，并查明堵塞的原因，排除后再进行注油。

3）注润滑脂时，不进油的主要原因有：

①滑脂枪缸筒内无润滑脂或压力缸筒内的润滑脂间有空气。

②滑脂枪压油阀堵塞或注油接头堵塞。

③滑脂枪弹簧疲劳过软而造成弹力不足，或弹簧折断而失效。

④柱塞磨损严重而导致漏油。

⑤润滑脂嘴被泥污堵塞而不能注入润滑脂。

4. 千斤顶

以液压式千斤顶为例介绍其使用方法：

1）顶起汽车前，应把千斤顶顶面擦拭干净，拧紧液压开关，然后把千斤顶放置在被顶部位的下部，并使千斤顶与被顶部位间相互垂直，以防千斤顶滑动而造成事故。

2）旋转顶面螺杆，改变千斤顶顶面与被顶部位的距离，使起顶高度符合汽车需要的顶置高度。

3）用三角形垫木将汽车着地车轮前后塞住，以防止汽车在起顶过程中发生滑溜事故。

4）用手上下压动千斤顶手柄，使被顶汽车逐渐升到一定高度，然后在车架下放入搁车凳（禁止用砖头等易碎物支垫汽车）。落车时，应先检查车下是否有障碍物，并确保操作人员的安全。

5）徐徐拧松液压开关，使汽车缓慢平稳地下降，架稳在搁车凳上。

5. 气缸压力表

1）起动发动机并运转到正常工作温度，旋下汽油机火花塞或柴油机喷油器。

2）汽油发动机必须将节气门和阻风门完全打开，把气缸压力表的锥形橡胶圈压紧在活塞座孔上。

3）柴油发动机必须采用螺纹接口式气缸压力表，将气缸压力表螺纹接口旋入喷油器座孔内。

4）用起动机带动曲轴旋转3～5s，使发动机转速保持在150～180r/min（汽油机）或500r/min（柴油机），这时气缸压力表所指示的压力值就是该气缸的气缸压力。

5）按下气缸压力表上的放气阀，则压力表指针回零。

6）在实际测量气缸压力时，每个气缸应重复测量2～3次，取最大压力值。

6. 轮胎气压表

1）将轮胎气压表测量端槽口与轮胎气门嘴对正压紧。

2）轮胎气压表指针发生偏转，其指示值即为该轮胎的充气压力；或者轮胎气压表标杆在气压作用下被推出，则标杆上所显示的数值即为该轮胎的充气压力。

3）测量完毕，应仔细检查轮胎气门芯是否有漏气；若有漏气，应予以排除。

7. 进气歧管真空表

1）将发动机运转到正常工作温度，并使发动机保持稳定怠速运转。

2）将真空表用一根胶管连接到进气歧管的真空连接管上。

3）观察真空表指针的指示值，改变发动机的转速并观察真空度的变化情况；根据真空度的数值变化，分析和判断发动机不同工况下的技术状况。

六、考核要点与评分标准

汽车维修专用工具量具考核要点及评分标准见表2-1。

表2-1　汽车维修专用工具量具考核要点及评分标准

序号	考核内容	配分	评分标准	考核记录	得分
1	正确说出该工具的用途	10	叙述不当，1项扣5分		
2	正确使用工具	40	操作不熟练，1次扣2分；操作错误，1次扣10分		
3	正确说出该工具的使用注意事项	40	操作不熟练，1次扣3分；操作错误，1次扣5分		
4	整理工具、清理现场	10	违章每项扣2分		
	安全生产方面		因操作不当发生事故，记0分		
5	分数合计	100			

七、思考题

1. 汽车维修专用工具有哪些？如何正确使用？
2. 汽车维修专用量具有哪些？如何正确使用？

项目三

发动机总体结构认知

一、教学目的

1）认识常见发动机各组成部分的外部形状。

2）了解发动机的整体构造和基本的工作过程。

3）熟悉发动机机体组各零部件的结构。

4）熟悉发动机各个零部件及其相对安装位置。

二、教学设备工具及量具

发动机整体总成、解体后的发动机各个总成。

三、课时

4课时。

四、相关基础知识

发动机是汽车的“心脏”，是由多个机构和系统组成的。现代汽车发动机的结构形式很多，即使是同一类型的发动机，其具体结构也不尽相同，但不论哪种类型的发动机，其基本结构都是相似的。

1. 汽油发动机的总体构造

汽油发动机简称汽油机，主要由“两大机构、五大系统”组成，如图3-1和图3-2所示。“两大机构”指曲柄连杆机构和配气机构；“五大系统”指燃料供给系统、冷却系统、润滑系统、点火系统和起动系统。

（1）曲柄连杆机构　曲柄连杆机构主要由气缸体、气缸盖、活塞、连杆、曲轴和飞轮等机件组成。它是发动机实现热能与机械能相互转换的核心机构。其功用是将燃料燃烧所放出的热能通过活塞、连杆、曲轴等零部件转变成机械能，进而驱动汽车行驶。

（2）配气机构　配气机构主要由气门、气门弹簧、凸轮轴、挺杆、凸轮轴传动机构等零部件组成。其功用是根据发动机的工作需要，适时地打开进气通道或排气通道，以便使可燃混合气（燃料与空气的混合物）及时地进入气缸，或使废气及时地从气缸内排出；而在发动机不需要进气或排气时，则利用气门将进气通道或排气通道关闭，以便保持气缸的密封。

（3）燃料供给系统　电控燃油喷射式燃料供给系统由空气供给系统、燃油供给系统和电子控制系统组成。其功用是根据发动机工况（工作状况）的需要，配制出合适的数量和浓度的可燃混合气并送入气缸。

（4）点火系统　点火系统的功用是根据发动机的工作需要，及时地点燃气缸内的混合气。点火系统包括供给低压电流的蓄电池和发电机、分电器、点火线圈以及火花塞等。

（5）冷却系统　发动机的冷却系统可分水冷式和风冷式两种。水冷式冷却系统通常由水套、水泵、散热器、风扇、节温器等组成；风冷式冷却系统主要由风扇、散热片组成。其功用是帮助发动机散热，以保证发动机在最适宜的温度下工作。

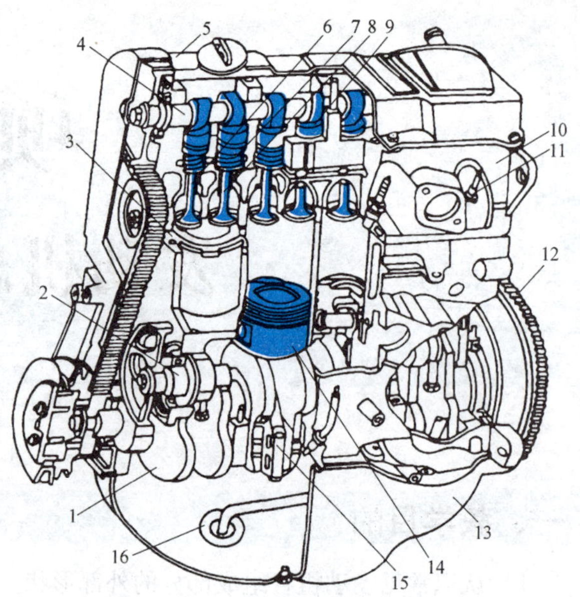

图 3-1　汽油机剖面图

1—曲轴　2—中间轴　3—气缸体　4—凸轮轴　5—凸轮轴罩盖　6—排气门　7—气门弹簧　8—进气门　9—气门挺杆　10—气缸　11—火花塞　12—飞轮　13—油底壳　14—活塞　15—连杆总成　16—集滤器

（6）润滑系统　润滑系统一般由机油泵、集滤器、限压阀、油道、机油滤清器等组成。其功用是向做相对运动的零件表面输送清洁的润滑油，以减小摩擦和磨损，并对摩擦表面进行清洗和冷却，起到润滑、冷却、洗涤、密封、防锈防腐和消除冲击载荷的作用。

（7）起动系统　起动系统包括起动机及其附属装置。其功用是使发动机由静止状态进入到正常工作状态。

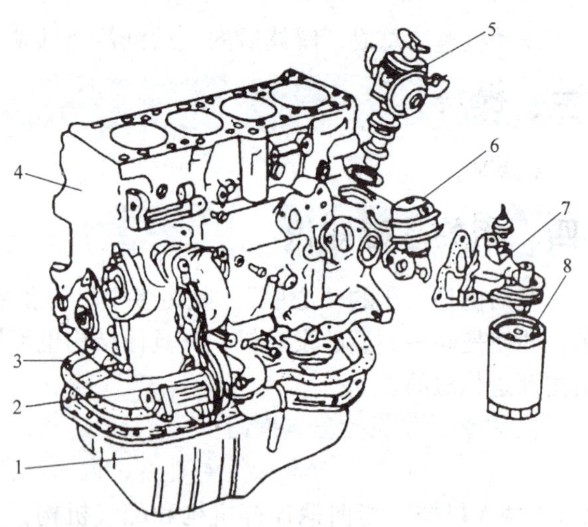

图 3-2　汽油机附件

1—油底壳　2—水泵　3—密封垫　4—气缸体　5—分电器　6—汽油泵　7—机油滤清器安装座　8—机油滤清器

2. 单缸四冲程汽油机的工作原理

四冲程汽油机的每一个工作循环都有4个活塞行程，按其作用分别称为进气行程、压缩行程、做功行程和排气行程，如图 3-3 所示。

（1）进气行程　在进气行程中，活塞由曲轴带动由上止点向下止点运动，此时排气门关闭、进气门开启。活塞由上止点向下止点运动过程中，气缸内的容积逐渐增大，形成一定的真空度，可燃混合气通过进气门被吸入气缸。当活塞到达下止点时，整个气缸内充满了可燃混合气。

（2）压缩行程　进气行程结束时，活塞在曲轴的带动下开始由下止点向上止点运动，此时排气门仍处于关闭状态，而进气门开始逐渐关闭。随着活塞的向上运动，气缸内的容积逐渐减小。由于进气门和排气门均处于关闭状态，进入气缸内的混合气被压缩，其温度和压力升高，直到活塞到达上止点，压缩行程结束。

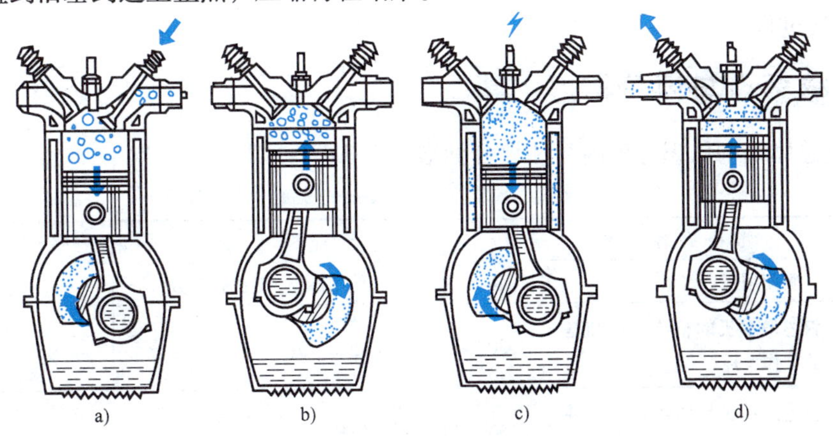

图 3-3　单缸四冲程汽油机的工作原理

a）进气行程　b）压缩行程　c）做功行程　d）排气行程

（3）做功行程　当活塞运动接近压缩行程上止点时，火花塞跳火点燃气缸内的混合气，此时进气门和排气门均处于关闭状态，气缸内气体的温度和压力同时升高，从而推动活塞从上止点向下止点运动，并通过连杆推动曲轴旋转输出机械能。

（4）排气行程　做功行程结束时，气缸内的气体将活塞推至下止点，气缸内的混合气也因燃烧变为废气。此时排气门打开，进气门仍处于关闭状态，活塞在曲轴的带动下从下止点向上止点运动，气缸内的废气经排气门排出，直到活塞到达上止点，排气行程结束。

发动机工作时，需要连续不断地进行循环，在每个循环中都是依次完成进气、压缩、做功、排气 4 个行程。

五、实训操作

首次实习时应先熟悉场地，进行安全教育，学习安全注意事项。

两台不同型号的发动机结合起来认识下列零件及机构：

1）机体组：气缸盖、气缸体、油底壳。

2）曲柄连杆机构：活塞、连杆、飞轮、曲轴。

3）配气机构：气门组、气门传动组、气门驱动组。

4）供给系统：空气供给系统、燃油供给系统、电子控制系统。

5）润滑系统：机油泵、集滤器、限压阀、润滑油道、机油过滤器、机油冷却器。

6）冷却系统：冷却水道、水泵、风扇、散热器、节温器。

7）点火系统：蓄电池、发电动机、点火线圈、分电器（有些无分电器）、火花塞和电子控制系统等。

8）起动系统：起动机、起动继电器、蓄电池、点火开关。

在认识上述机构的基础上，简单讲解发动机的工作过程：

1）进气过程。

2）压缩过程。

3）做功过程。

4）排气过程。

六、考核要点与评分标准

发动机总体结构认识考核内容和评分标准见表3-1。

表3-1 发动机总体结构认识考核内容和评分标准

序号	考核内容	配分	评分标准	考核记录	得分
1	正确使用工具、量具	10	工具使用不当，1次扣2分		
2	叙述发动机的整体构造和基本的工作原理	30	错1处扣5分		
3	叙述发动机机体组各零部件的结构、原理	30	错1处扣5分		
	指认各个零部件	20	错1处扣5分		
4	整理工具、清理现场	10	违章每项扣2分		
	安全生产方面		因操作不当发生事故，记0分		
5	分数合计	100			

七、思考题

1. 发动机的组成部分有哪些？各部分的功用是什么？
2. 发动机的工作原理是怎样的？
3. 对照发动机实体，叙述发动机的工作过程。

项目四 发动机维护基本知识

一、教学目的

1）了解我国现行的汽车维护制度。

2）了解汽车维护的基本内容。

3）掌握汽车维护的各项基本操作。

二、教学设备工具及量具

桑塔纳轿车整车1辆、常用和专用工具、举升设备。

三、课时

4课时。

四、相关基础知识

根据交通部2006年新颁发的《道路运输车辆技术管理规定》，我国汽车计划预防维护制度分为日常维护、一级维护、二级维护。

我国现行汽车维护具有以下特点：日常维护由驾驶员实施，一级维护和二级维护由道路运输经营者组织实施，并做好记录，按国家关于汽车维护的技术规范要求确定维护作业项目。

五、实训操作

1. 注意事项

灵活性操作：零部件坏了，进行维护；不坏不维护。

2. 操作步骤

汽车一、二级维护周期的确定，应以汽车行驶里程为基本依据。对于不便用行驶里程统计、考核的汽车，可用行驶时间间隔确定汽车一、二级维护的周期。其间隔时间（天）应依据本地区汽车使用强度和条件的不同，参照汽车一、二级维护里程周期，由各地自行规定。

下面以上海桑塔纳轿车为例，其维护分以下几种：

（1）7500km 维护

1）目测发动机有无渗漏（润滑油、防冻液、燃油及空调系统）。

2）检查防冻液液面高度及防冻能力，必要时应更换，并测试冰点。

3）更换发动机润滑油。润滑油牌号为 API-SF 或 SE，也可用 VW500。

4）润滑发动机盖上、下部（包括搭钩）。

5）润滑门盖铰键及门拉带。

6）目测变速器、主传动轴护套有无渗漏及损坏。

7）检查制动蹄摩擦片的厚度。

8）检查侧滑，使之符合 GB 7258—2012 标准的规定。

（2）15000km 维护

1）检查照明、警告闪光装置和电喇叭的性能。

2）检查刮水器和清洗装置的性能，必要时注入清洗液。

3）检查蓄电池电解液相对密度和液面高度，必要时加入蒸馏水。

4）检查前照灯灯光，必要时调整。

5）检查 V 带的松紧度，必要时调整或更换。

6）清洗空气滤清器外壳，更换滤芯。

7）检查或更换火花塞。

8）检查冷却液液面高度及其防冻能力，并测试冰点。

9）检查排气装置有无损坏。

10）更换发动机润滑油及机油滤清器。

11）检查离合器踏板的自由行程，必要时调整。

12）检查轮胎的磨损程度，调整气压。

13）按规定力矩拧紧轮胎螺母。

14）检查制动液液面高度，缺少时应补足；检查制动蹄摩擦片磨损状况，必要时更换。

15）检查驻车制动器的功能，必要时调整。

16）检查传动轴防尘罩有无损坏，若损坏应更换。

17）检查转向助力器液的液面高度，必要时加入助力器液，更换滤网。

18）更换断电器触点，检查发动机点火正时。

19）检查发动机怠速转速，必要时调整。

20）检查汽车的侧滑情况和制动力，使其性能符合 GB 7258—2012 标准的规定。

（3）30000km 维护

30000km 维护除了完成 15000km 维护的内容外，还应该完成：

1）更换燃油滤清器。

2）目测制动系统有无损坏及渗漏。

3）检查转向横拉杆球头间隙、固定程度及防尘罩的安装情况。

4）检查传动轴防尘罩有无损坏。

六、考核要点与评分标准

发动机维护基本知识考核要点及评分标准见表 4-1。

表 4-1　发动机维护基本知识考核要点及评分标准

序号	考核内容	配分	评分标准	考核记录	得分
1	正确使用工具、仪表	10	使用不当，1 项扣 5 分		
2	正确进行桑塔纳轿车 7500km 维护作业	30	操作不熟练，1 次扣 2 分；操作错误，1 次扣 10 分		
3	正确进行桑塔纳轿车 15000km 维护	30	操作不熟练，1 次扣 3 分；操作错误，1 次扣 5 分		
4	正确进行桑塔纳轿车 30000km 维护	20	操作不熟练，1 次扣 3 分；操作错误，1 次扣 5 分		
5	整理工具、清理现场	10	违章每项扣 2 分		
	安全生产方面		因操作不当发生事故，记 0 分		
6	分数合计	100			

七、思考题

1. 我国现行的汽车维护制度是怎样的?
2. 30000km 维护的具体内容是什么?

项目五

拆卸发动机总成

一、教学目的

1）了解发动机在汽车上的安装位置。

2）了解发动机与其他机件的连接关系。

3）掌握发动机拆卸的全过程。

二、教学设备工具及量具

桑塔纳轿车整车1辆、常用和专用工具、发动机翻转架、发动机吊机。

三、课时

4课时。

四、实训操作

1. 注意事项

1）拆卸发动机总成时，要先把车停在通风、宽敞、明亮的场地。停车的左右位置相等，且重心也应在中心的位置。

2）停好车后应把档位挂到空档（安装自动变速器的轿车应把档位挂到停车档P位）。

3）由于燃油管路中仍有残余压力，在操作时为防止燃油飞溅，应先进行燃油泄压。步骤如下：

①在中央配电盒里拆下燃油泵继电器。

②起动发动机（之后，发动机自己停止运转）。

③关闭点火开关。

④重新多次起动发动机，直至不能起动为止。

4）在发动机室继电器盒里拆下EFI开路继电器。

5）从蓄电池上断开负极接线柱。

6）拆卸工作必须在发动机完全冷下来后进行。

2. 操作步骤

由于轿车结构的差别，拆卸发动机总成和发动机分解的步骤和方法不尽相同。操作时，应按照轿车制造厂所使用的维修手册中所规定的程序和操作规则进行。

现以上海桑塔纳轿车为例，说明拆卸桑塔纳轿车 AJR 型发动机总成的步骤和方法。

在拆卸发动机前，应先断开或松开所有的电缆插头，并将发动机与变速器脱离，然后从前面将发动机拆卸下来，拆卸步骤如下：

1）在点火开关切断的情况下拔下蓄电池接线。

2）拆下蓄电池。注意先向外拉出后再取下。

3）旋松蓄电池支架紧固螺栓，拆卸蓄电池支架，如图 5-1 所示。

4）在发动机下放置一个收集盘。

5）旋开冷却液储液罐盖。

6）松开散热器下水管夹箍，拔下散热器的下水管（图 5-2），放出冷却液。所抽取的冷却液必须用干净的容器收集，用于处理或再使用。

7）拔下电动冷却风扇的电线插头，如图 5-3 所示。

8）拔下散热器左侧的热敏开关插头，如图 5-4 所示。

9）松开散热器上水管的夹箍，拔下散热器的上水管。

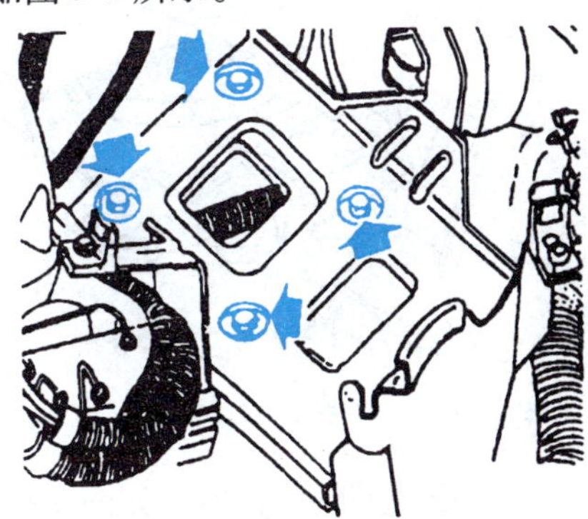

图 5-1　蓄电池支架的拆卸

10）旋松电动冷却风扇的 4 个紧固螺栓，拆下电动冷却风扇和散热器。

11）拔下空气流量计的电线插头（图 5-5），拔下各传感器及组件电线插头，拔下中央及各缸高压线。

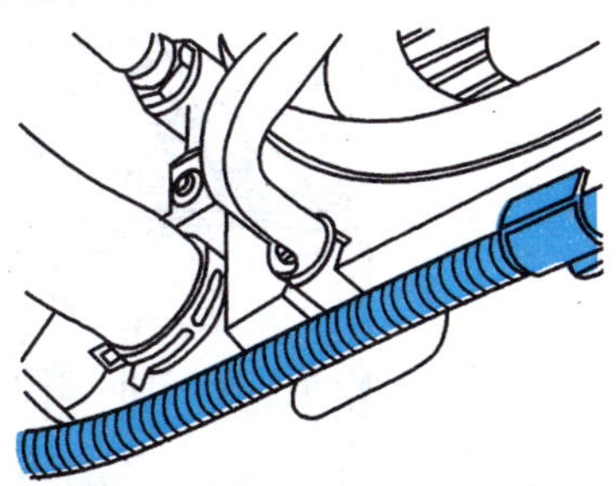

图 5-2　拔下散热器的下水管

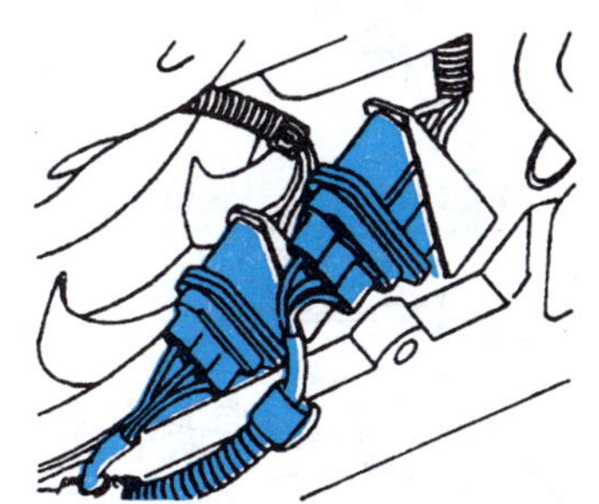

图 5-3　拔下电动冷却风扇的电线插头

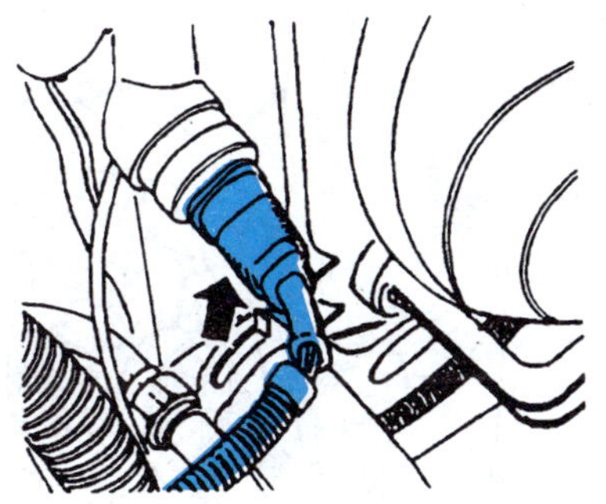

图 5-4　拔下散热器左侧的热敏开关插头

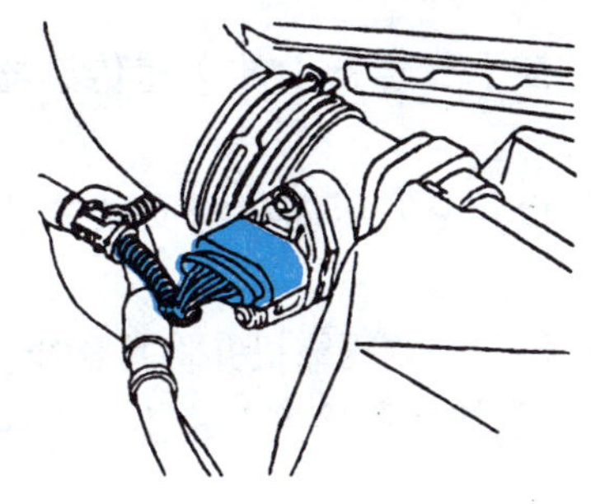

图 5-5　拔下空气流量计的电线插头

12）拔下活性炭罐电磁阀（ACF 阀）的电线插头，如图 5-6 所示。

13）从空气滤清器上取下活性炭罐电磁阀。

14）拆下空气滤清器至节气门控制器之间的空气管路。

15）拆下空气滤清器罩壳。

16）拔下汽油分配管上的供油管和回油管，如图 5-7 所示。

17）拔下所有喷油器的电线插头。

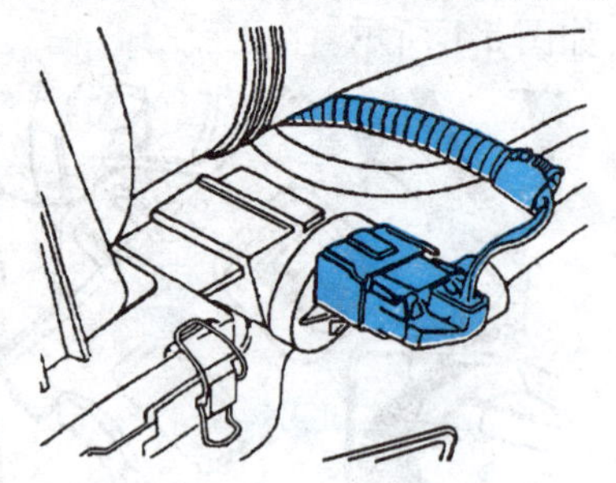

图 5-6　拔下活性炭罐电磁阀的电线插头

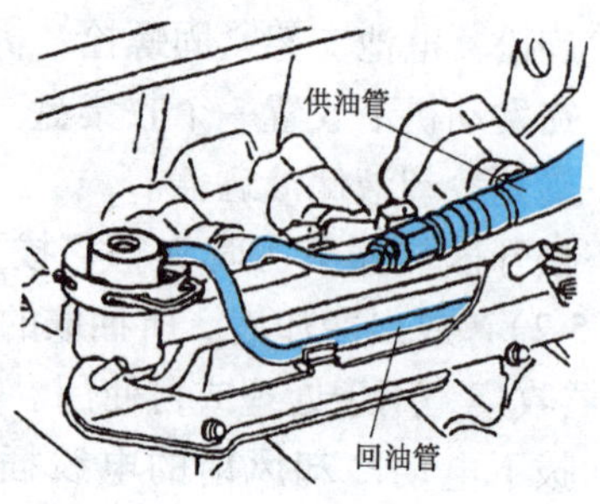

图 5-7　拔下供油管和回油管

18）松开节气门拉索，如图 5-8 箭头所示。

19）拔下通向活性炭罐电磁阀的真空管，如图 5-8 所示。

20）拔下通向制动助力装置的真空管，如图 5-8 所示。

21）拔下位于发动机底部通向暖风换热器的冷却液管。

22）拔下气缸盖通向暖风换热器的冷却液管，如图 5-9 所示。

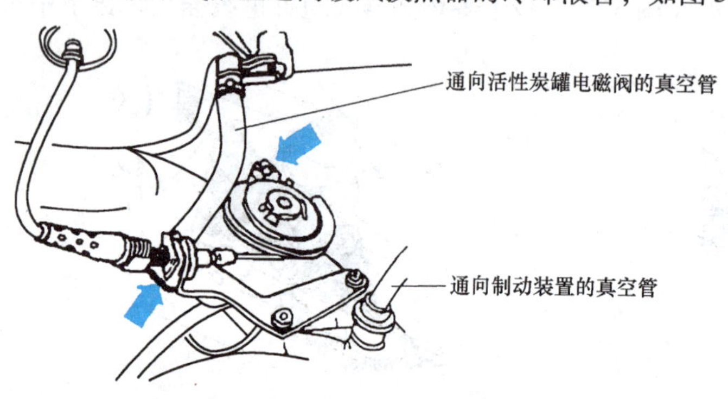

图 5-8　松开节气门拉索

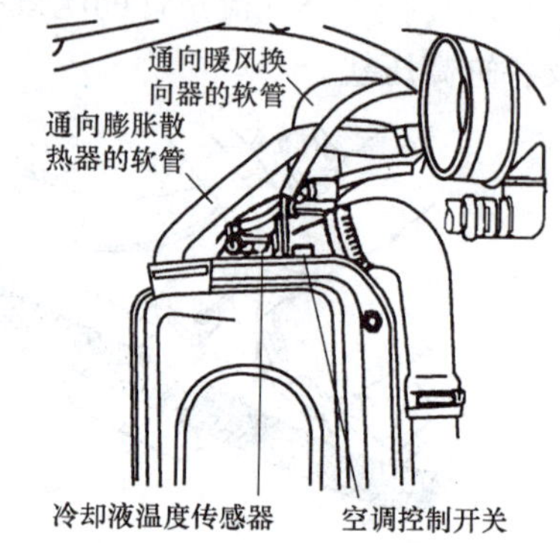

图 5-9　拔下气缸盖通向暖风换热器的冷却液管

23）拔下变速器上的车速传感器插头、倒车灯开关。

24）松开空调压缩机与支架的连接螺栓，取下 V 带。

25）移开空调压缩机并将其悬挂在副梁上（使用电线），不要悬挂在制冷剂管道上。此时不要打开空调管路。

26）使用专用工具，按图 5-10 所示的方向扳动张紧轮，使传动带松开。

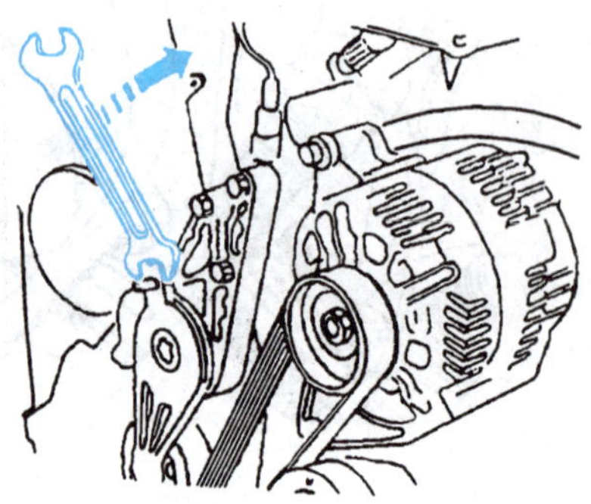

图 5-10　用专用工具扳动张紧轮

27）使用销钉固定住张紧轮。

28）从发电机上取下 V 带。

29）取下销钉。

30）松开动力转向液压泵 V 带轮的螺栓，拆下 V 带轮。

31）从支架上拆下动力转向液压泵，并将其固定在发动机舱内的一侧。

32）旋下排气歧管和前排气管的连接螺栓。

33）拔下起动机电线，并从变速器壳体上拆下起动机。

34）松开车身上的搭铁线。

35）旋下所有发动机与车身的连接螺栓。

36）使用变速器托架托住变速器的底部，或者将支承工具 10-222A 固定在车身两侧（图 5-11），使用变速器吊装工具 3147 吊住变速器。

37）旋下发动机与变速器的紧固螺栓，留下一个螺栓定位。

38）使用小吊车 V. A. G1202 和发动机吊架 2024A 吊住发动机的吊耳。

39）松开最后 1 个紧固螺栓。

40）小心地将发动机吊离发动机舱。

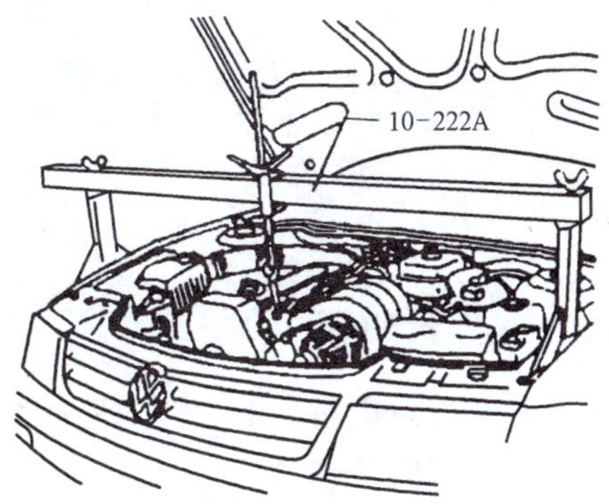

图 5-11　将支承工具 10-222A 固定在车身两侧

五、考核要点与评分标准

发动机总成拆卸考核要点及评分标准见表 5-1。

表 5-1　发动机总成拆卸考核要点及评分标准

序号	考核内容	配分	评分标准	考核记录	得分
1	正确使用工具、设备	10	使用不当，1 项扣 5 分		
2	正确停车、做好准备工作	20	操作不熟练，1 次扣 2 分；操作错误，1 次扣 5 分		
3	正确进行发动机拆卸的部分过程	60	操作不熟练，1 次扣 3 分；操作错误，1 次扣 10 分		
4	整理工具、清理现场	10	违章每项扣 2 分		
	安全生产方面		因操作不当发生事故，记 0 分		
5	分数合计	100			

六、思考题

1. 简单叙述拆卸发动机的步骤。
2. 拆卸发动机的注意事项有哪些？

项目六 拆卸发动机附件

一、教学目的

1）掌握发电机、动力转向液压泵 V 带的拆卸。

2）掌握同步带的拆卸。

3）掌握发动机外围附件的拆卸方法和步骤。

二、教学设备工具及量具

AJR 发动机一台、常用和专用工具、发动机翻转架。

三、课时

4 课时。

四、实训操作

1. 注意事项

在拆卸 V 带之前要先做好方向记号（如果按相反方向使用 V 带有可能损坏 V 带）。

2. 操作步骤

（1）发电机、动力转向液压泵及空调 V 带的拆卸　发电机、动力转向液压泵及空调 V 带的分解图如图 6-1 所示。

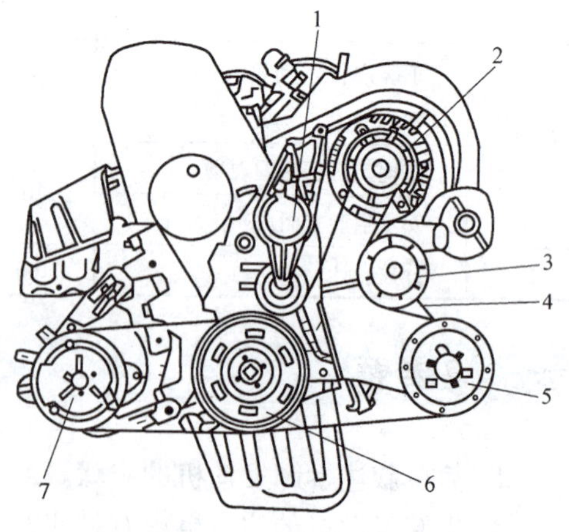

图 6-1　带空调压缩机的 V 带布置图

1—张紧装置　2—交流发电机　3—导向轮　4—V 带　5—动力转向油泵　6—曲轴 V 带轮　7—空调压缩机

1）发电机的拆卸：

①断开蓄电池搭铁线。

②抽取冷却液，拔下通向散热器的上冷却液管。

③松开发电机的上、下连接螺栓。轻轻转动发电机，拔下下部连接螺栓。

④拆下发电机。

2）动力转向液压泵及空调压缩机 V 带的拆

卸。拆卸动力转向液压泵及空调压缩机的传动带时，不要打开空调制冷回路。在拆卸 V 带之前要先做好方向记号。

①松开空调压缩机，拆下空调压缩机 V 带。

②用呆扳手按图 6-2 所示箭头方向扳动 V 带张紧轮，使 V 带松弛。

③用销针 3204 固定住张紧轮。

④拆下固定住的 V 带张紧轮。

⑤拆卸 V 带，如图 6-3 所示。检查 V 带磨损情况，不得有扭曲现象。

（2）同步带的拆卸　同步带及附件的分解图如图 6-4 所示。

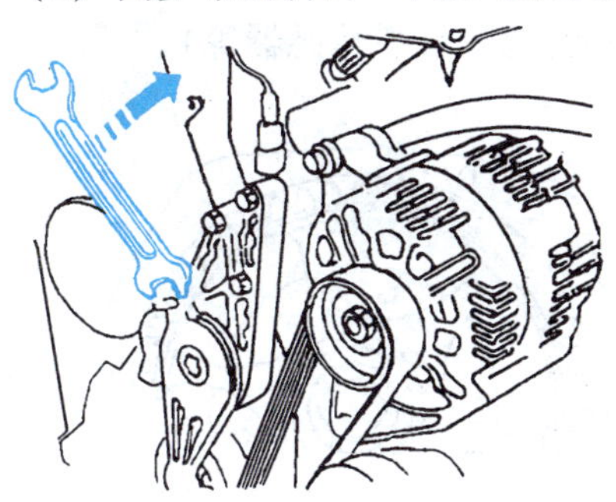

图 6-2　用专用工具扳动 V 带张紧轮

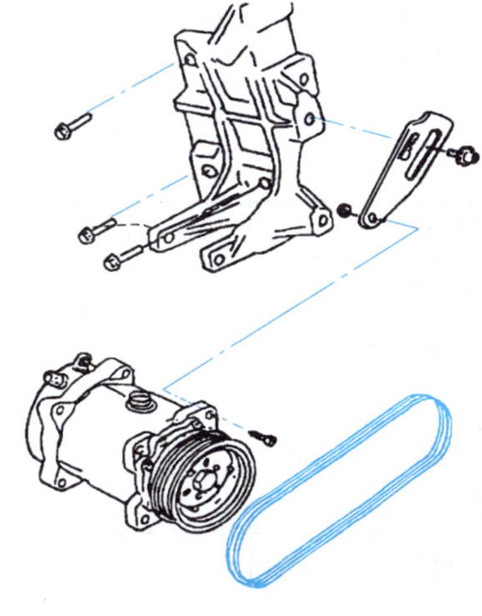

图 6-3　动力转向油泵及空调压缩机的 V 带

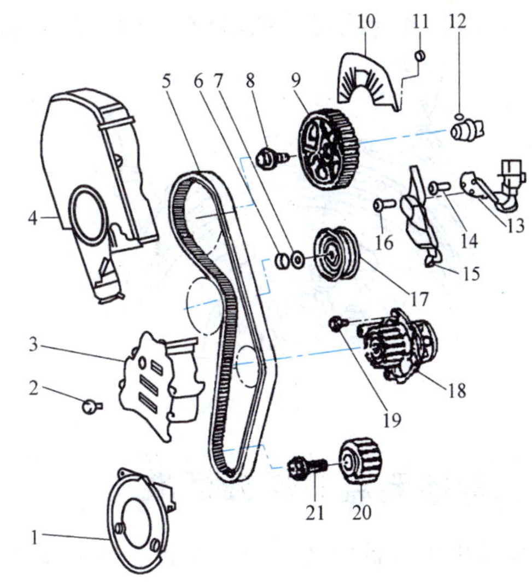

图 6-4　同步带及附件的分解图

1—同步带下防护罩　2—中间防护罩螺栓（拧紧力矩 10N·m）　3—同步带中间防护罩　4—同步带上防护罩　5—同步带　6—张紧轮固定螺栓（拧紧力矩 15N·m）　7—波纹垫圈　8—凸轮轴同步带轮固定螺栓（拧紧力矩 100N·m）　9—凸轮轴同步带轮　10—同步带后上防护罩　11—防护固定螺栓（拧紧力矩 10N·m）　12—半圆键　13—霍尔传感器　14—螺栓（拧紧力矩 10 N·m）　15—同步带后防护罩　16—螺栓（拧紧力矩 20N·m）　17—半自动张紧轮　18—水泵　19—螺栓（拧紧力矩 15N·m）　20—曲轴同步带轮　21—曲轴同步带轮螺栓（拧紧力矩 90N·m+1/4 圈）

1）将发动机安装在维修工作台上。

2）拆卸 V 带。

3）将曲轴转到第一缸的上止点位置，如图 6-5 箭头所示。

4）拆卸同步带上防护罩。

5）将凸轮轴同步带轮上的标记（图 6-6 中箭头所示）对准同步带防护罩上的标记。

6）拆卸曲轴同步带轮。

7）拆卸同步带中间及下防护罩。

8）用粉笔等在同步带上做好记号，检查磨损情况，不得有扭曲现象。

9）松开半自动张紧轮并拆下同步带。

（3）发动机外围附件的拆卸：

1）拆卸水泵。

2）拆卸张紧轮。

3）拆卸起动机。

4）拆卸机油滤清器支座。

5）拆卸进、排气管及衬垫。

6）拆卸燃油分配管及喷油器。

7）拆卸各传感器（曲轴位置传感器、冷却液温度传感器、爆燃传感器等）。

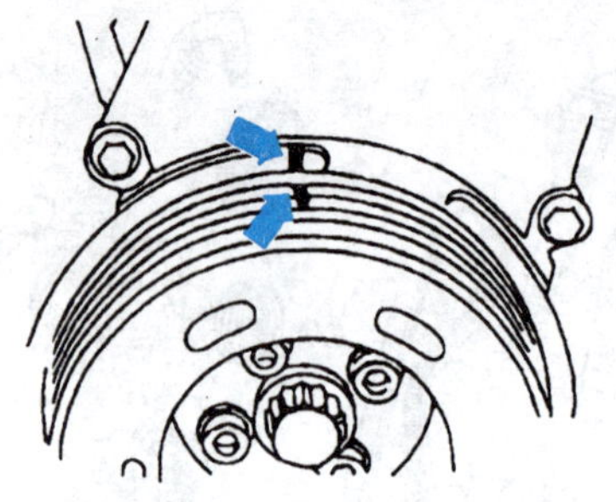

图6-5　一缸上止点记号

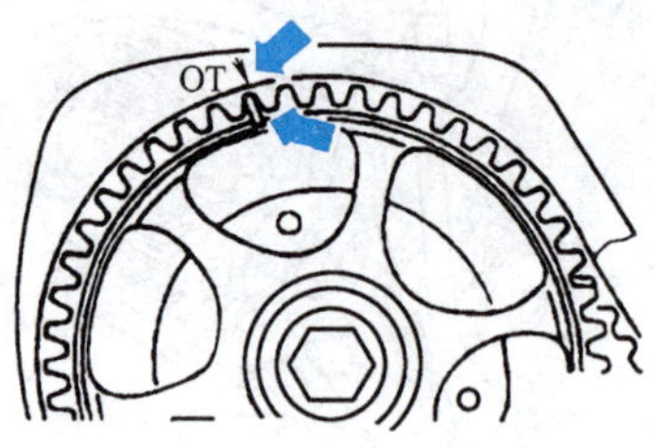

图6-6　凸轮轴同步带轮与同步带防护罩上的标记

五、考核要点与评分标准

发动机附件拆卸考核要点及评分标准见表6-1。

表6-1　发动机附件拆卸考核要点及评分标准

序号	考核内容	配分	评分标准	考核记录	得分
1	正确使用工具、仪表	10	使用不当，1项扣5分		
2	正确进行发电机、动力泵V带的拆卸	30	操作不熟练，1次扣3分；操作错误，1次扣5分		
3	正确进行同步带的拆卸	30	操作不熟练，1次扣3分；操作错误，1次扣5分		
4	正确进行发动机外围附件的拆卸	20	操作不熟练，1次扣3分；操作错误，1次扣5分		
5	整理工具、清理现场	10	违章每项扣2分		
	安全生产方面		因操作不当发生事故，记0分		
6	分数合计	100			

六、思考题

1. 如何拆卸汽车空调压缩机传动带？
2. 如何拆卸同步带，注意事项有哪些？

项目七 分解发动机

一、教学目的

1）了解发动机分解的顺序。

2）了解发动机各机件的连接关系。

3）掌握发动机气缸盖及配气机构的拆卸。

4）掌握发动机机体的分解。

5）掌握活塞连杆组的分解。

二、教学设备工具及量具

AJR 发动机 1 台、常用和专用工具、发动机翻转架。

三、课时

4 课时。

四、实训操作

1. 注意事项

1）不要让任何东西掉到正时带盖中；不要让正时带接触到油、水或脏物；拆下带轮螺栓和正时带轮时，不要用扳手损坏气缸体。

2）由于凸轮轴轴向间隙很小，拆卸时必须将凸轮轴保持水平。如果凸轮轴未保持水平，气缸盖部分受到轴向推力可能会被损坏，导致凸轮轴卡住或损坏。

3）拆卸凸轮轴时，不要试图用工具或其他物体强行进行拆卸。

2. 操作步骤

（1）气缸盖及配气机构的分解　图 7-1 所示为气缸盖分解图，其中图注号同时表示拆卸的顺序。

1）拆卸加润滑油口盖。

2）分批逐渐旋松并最后拆下气缸盖罩紧固螺母。

3）取下气缸盖罩压条。

4）取下气缸盖罩。

5）取下气缸盖罩密封条。

6）取下气缸盖罩衬垫。

7）拆卸挡油板。

8）取下半圆塞。

9）拆下凸轮轴前端同步带轮的紧固螺栓。

10）用顶拔器取下凸轮轴同步带轮及键。

11）拆下凸轮轴轴承盖的紧固螺母，先拆第1、3、5轴承盖，再拆第2、4轴承盖。

12）取下凸轮轴。

13）取下液压挺柱组件。因为挺柱不能互换，拆卸时应做上标记。

14）拆卸气缸盖。按图7-2所示的顺序，用扭力扳手从两端向中间分2~3次交叉旋松气缸盖螺栓，并逐一将螺栓取出。

15）取下气缸盖螺栓垫片。

16）取出气缸盖衬垫。

17）用VW2037专用工具压下气门弹簧座，取下气门锁夹，拆下内、外气门弹簧。

18）拆卸进、排气门及气门杆油封。

19）压出气门导管。

20）拆下火花塞。

（2）机体的分解　图7-3所示为机体分解图，其中的图注号同时表示拆卸的顺序。

1）拆下离合器压盘和离合器片。在拆卸之前先做上标记。

2）拆下飞轮。在拆卸时，使用专用插销（10-201），以防止飞轮转动。

3）拆卸曲轴后油封座及后油封。

4）用专用工具（10-202）拆卸曲轴后端的滚针轴承。

5）将机体倒置，拆下油底壳及集滤器组件。

6）测量连杆大头的轴向间隙，检查

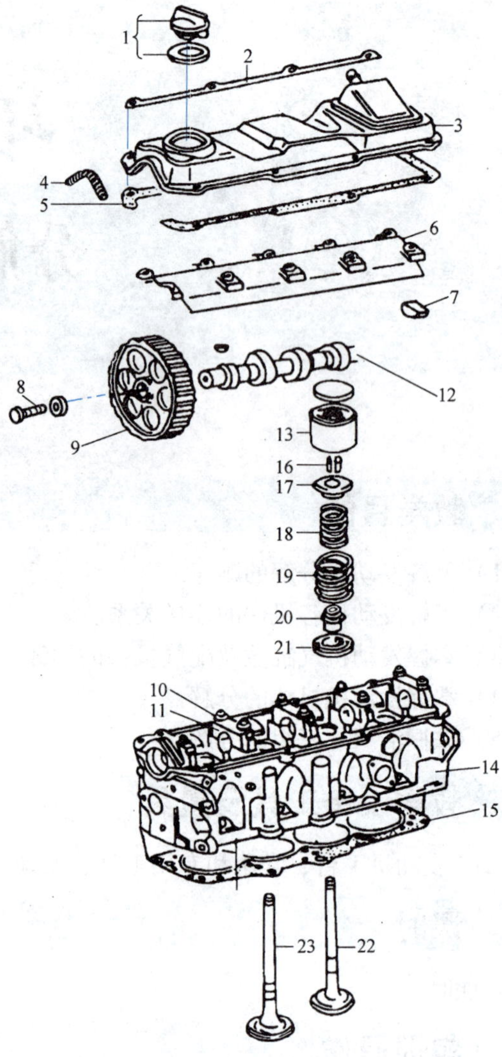

图7-1　气缸盖分解图

1—加润滑油口盖　2—压条　3—气缸盖罩　4—密封条　5—衬垫　6—挡油板　7—半圆塞　8—紧固螺栓　9—凸轮轴同步带轮　10—螺母　11—凸轮轴轴承盖　12—凸轮轴　13—挺柱　14—气缸盖　15—气缸盖衬垫　16—锁夹　17、21—上、下弹簧座　18、19—内、外气门弹簧　20—气门油封　22、23—进、排气门

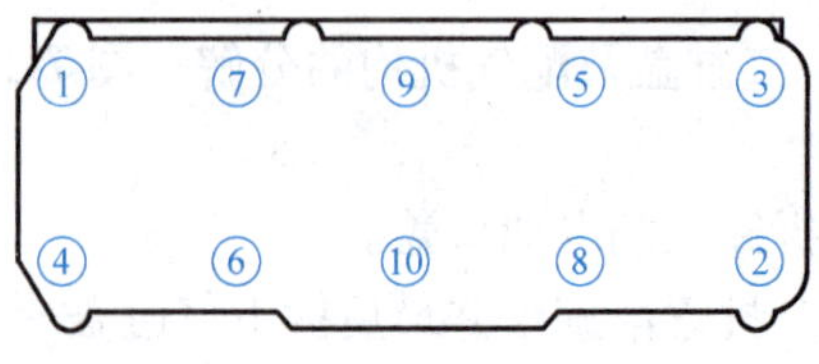

图7-2　气缸盖螺栓拆卸顺序

其是否超过极限值（图7-4），并在连杆和连杆盖上打上所属气缸号（图7-5）。

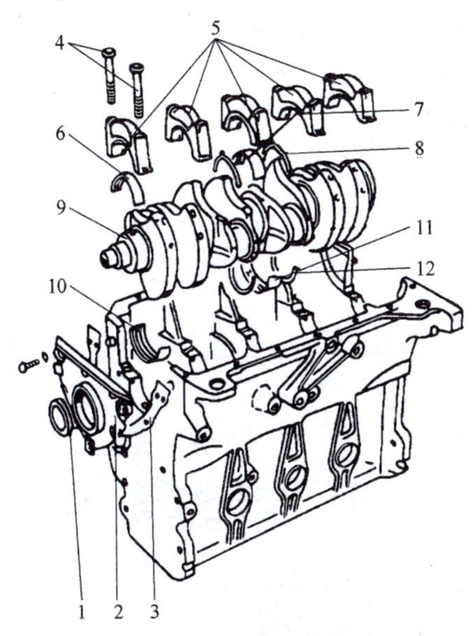

图7-3　机体分解图

1—曲轴前油封　2—曲轴前油封支座　3—衬垫　4—主轴承盖螺栓　5—主轴承盖　6—1、2、4和5道下主轴瓦　7—3道下主轴瓦　8—下半圆止推片　9—曲轴　10—1、2、4和5道上主轴瓦　11—3道上主轴瓦　12—上半圆止推片

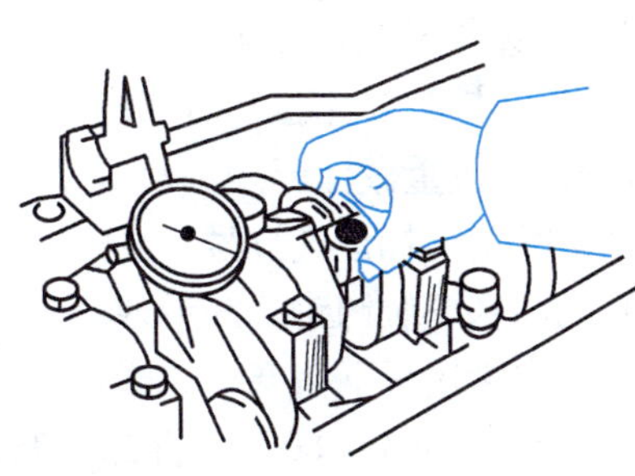

图7-4　测量连杆轴向间隙

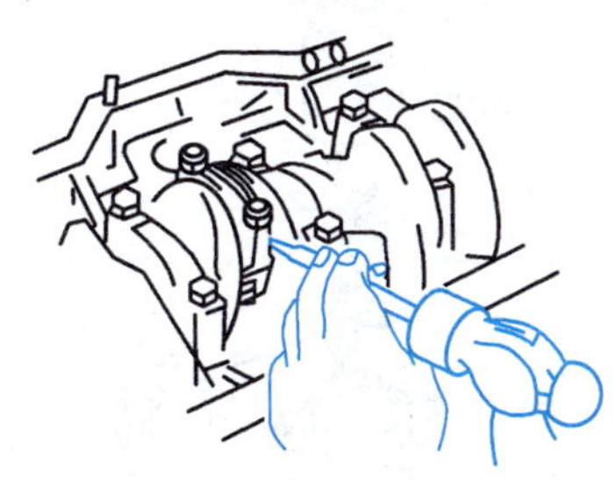

图7-5　在连杆及连杆盖上做标记

7）拆下连杆螺母后，用木锤或塑料锤轻轻敲打连杆螺栓，取下连杆盖。

8）用缸口刮刀清除气缸口的积炭，并在连杆螺栓上套上塑料管（图7-6），防止碰伤气缸和曲轴销，再从气缸口取出活塞连杆组件。

9）将机体倒置，测量曲轴轴向间隙，检查其是否超过极限值（图7-7）。

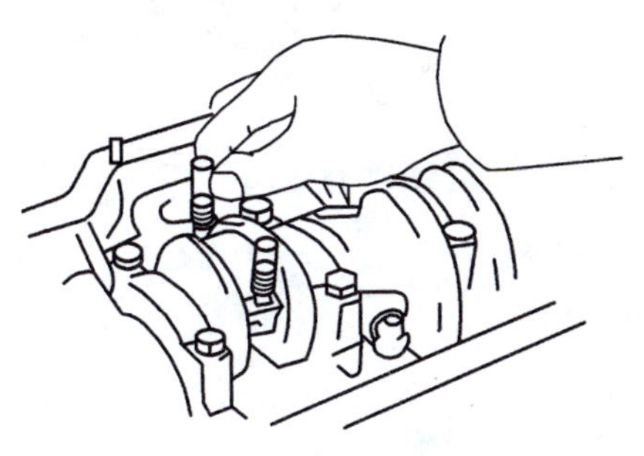

图7-6　在连杆螺栓上套上塑料管

图7-7　测量曲轴轴向间隙

10）拆下曲轴前油封支座及前油封。

11）在主轴承盖上做出安装方向的记号和主轴承编号。

12）分2～3次从两端向中间拧松主轴承盖紧固螺栓，然后取下螺栓、主轴承盖和下轴瓦。

13）取下曲轴。

14）取下主轴承的上轴瓦和止推片，连同主轴承盖和下轴瓦按顺序排列好。

（3）活塞连杆组的分解　图7-8所示为活塞连杆组零件的分解图，其中图注号同时表示拆卸的顺序。拆卸前先验看活塞、连杆和连杆盖上的朝前标记（即朝向曲轴带轮端），若不清晰可辨，则应重做标记。

1）在活塞上标记气缸号。

2）用活塞环装卸钳拆卸活塞环（图7-9）。

3）用尖嘴钳拆下活塞销挡圈。

4）将活塞加热到60℃，拆卸活塞销（图7-10）。拆卸ϕ22mm活塞销用工具VW207C，拆卸ϕ120mm活塞销用工具VW222a。

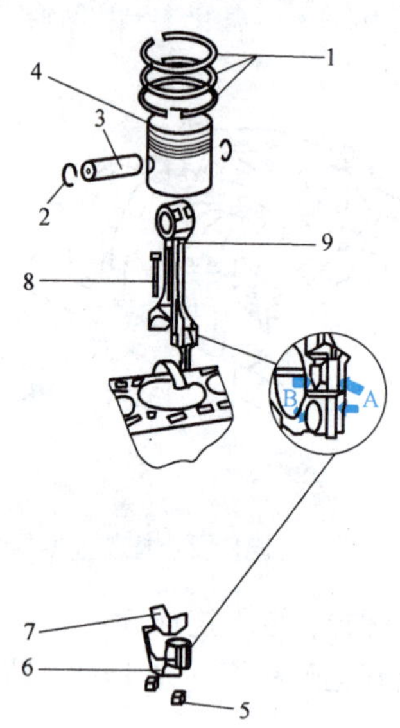

图7-8　活塞连杆组分解图

1—活塞环　2—挡圈　3—活塞销　4—活塞
5—连杆螺母　6—连杆盖　7—连杆轴瓦
8—连杆螺栓　9—连杆体

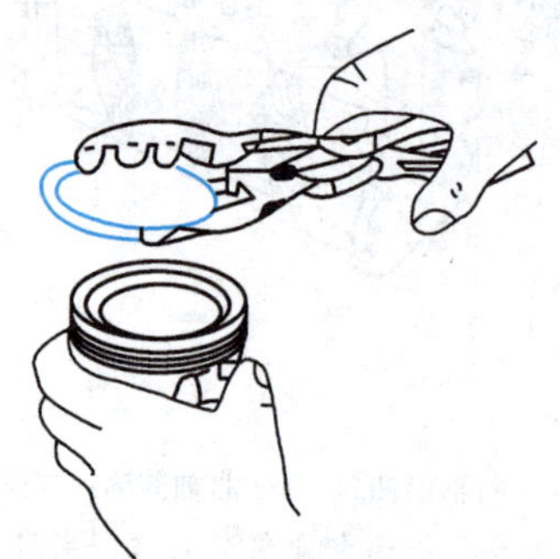

图7-9　拆卸活塞环

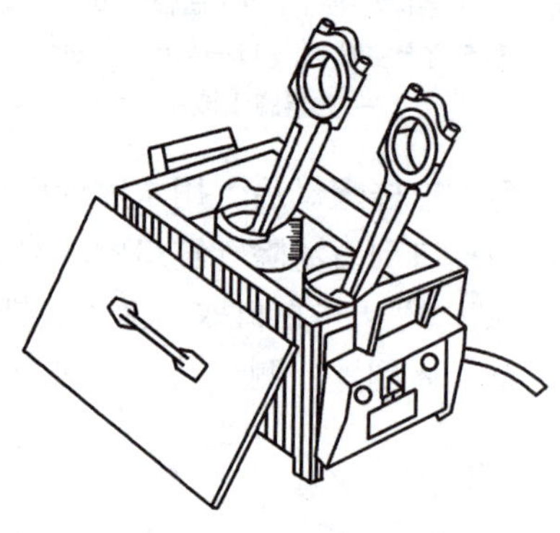

图7-10　将活塞加热到60℃，拆卸活塞销

五、考核要点与评分标准

发动机的分解考核要点及评分标准见表7-1。

表7-1　发动机的分解考核要点及评分标准

序号	考核内容	配分	评分标准	考核记录	得分
1	正确使用工具、仪表	10	使用不当，1项扣5分		
2	正确进行发动机气缸盖及配气机构的拆卸	30	操作不熟练，1次扣3分；操作错误，1次扣5分		
3	正确进行发动机机体的分解	30	操作不熟练，1次扣3分；操作错误，1次扣5分		

（续）

序号	考核内容	配分	评分标准	考核记录	得分
4	正确进行活塞连杆组的分解	20	操作不熟练，1次扣3分；操作错误，1次扣5分		
5	整理工具、清理现场	10	违章每项扣2分		
	安全生产方面		因操作不当发生事故，记0分		
6	分数合计	100			

六、思考题

1. 分解发动机的注意事项有哪些？
2. 简述发动机分解的顺序。

项目八 检修机体组

8.1 检修气缸体、气缸盖

一、教学目的

1）熟悉发动机机体组各零部件的结构原理。

2）掌握气缸体、气缸盖裂纹的检验及修复方法。

3）掌握气缸体、气缸盖变形的检修和主要技术要求。

4）掌握气缸盖厚度和燃烧室容积的检修。

二、教学设备、工具与量具

发动机 1 台；气缸体、气缸盖与气缸垫若干个。

发动机拆装架 1 台；最大压力为 1MPa 的水压机 1 台。

检测平台 1 个；刀口尺、塞尺、水平仪、高度尺、常用工具若干套。

量杯、滴管或注射器若干个；足量 80% 煤油和 20% 润滑油的混合液。

三、课时

4 课时。

四、相关基础知识

气缸体是发动机的基础部件，气缸盖是发动机的主要部件，它们是燃料燃烧做功的基件。通常，气缸体和气缸盖都由灰铸铁或铝合金铸成，如图 8-1 所示。其结构复杂，工作条件恶劣，使用或修理不当易产生损伤。

根据气缸的排列形式，气缸体有直列式、对置式和 V 形 3 种形式，如图 8-2 所示。直列式气缸体的各个气缸排成一列，一般是垂直布置；对置式气缸体的气缸通常排成两列，两列之间的夹角为 180°；V 形气缸体的气缸也排成两列，但两列之间的夹角 $\gamma < 180°$（一般为 60°或 90°）。对置式和 V 形气缸体与气缸数相同的直列气缸体相比，高度降低，长度缩短，但宽度增大。

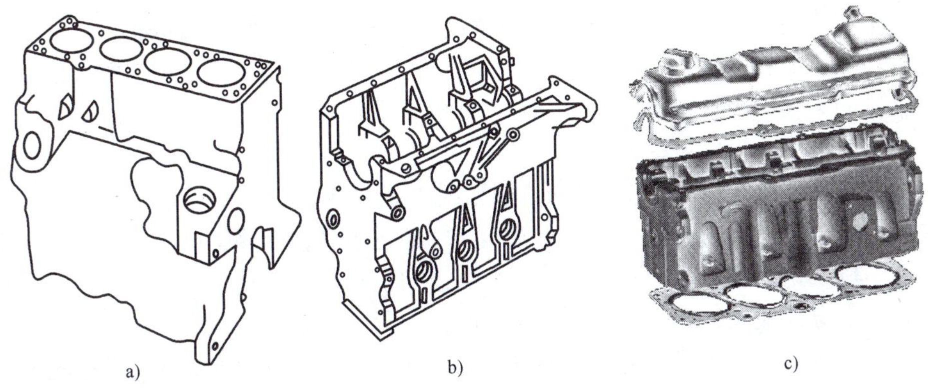

图 8-1　气缸体和气缸盖

a）气缸体顶面　b）气缸体底面　c）气缸盖

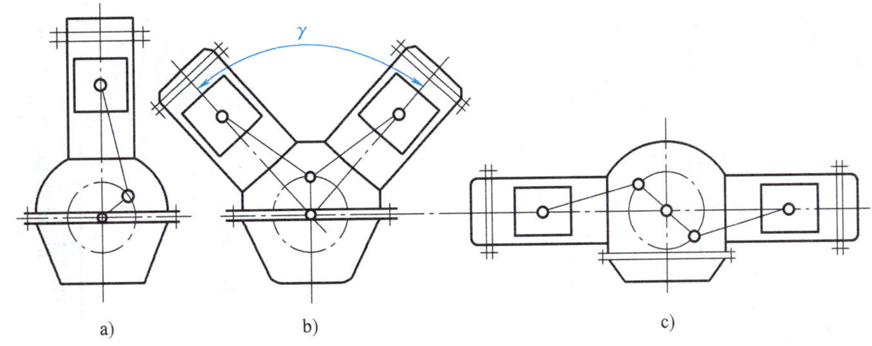

图 8-2　气缸体结构形式

a）直列式　b）V 形　c）对置式

气缸体下部包围着曲轴的部分称为曲轴箱。为安装曲轴，在曲轴箱内加工有若干个同心的主轴承座孔。曲轴箱的主要功用是保护和安装曲轴及附件。曲轴箱有 3 种结构形式，如图 8-3 所示。气缸体下平面与曲轴中心线平齐的曲轴箱称为平分式曲轴箱，此结构形式便于加

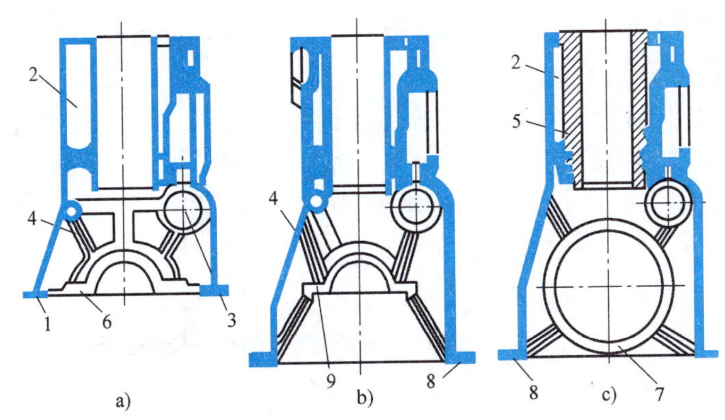

图 8-3　曲轴箱的结构形式

a）平分式　b）龙门式　c）隧道式

1—气缸体　2—水套　3—凸轮轴座孔　4—加强筋　5—湿式气缸套　6—主轴承座　7—主轴承座孔　8—气缸体安装平面　9—主轴承盖安装平面

工，多用于中小型发动机上。气缸体下平面位于曲轴中心线以下的曲轴箱称为龙门式曲轴箱，此结构形式的强度和刚度均比平分式的大，但工艺性较差，多用于大中型发动机上。隧道式曲轴箱的主轴承座孔为整体式，其强度和刚度最高，但工艺性差，只用于少数机械负荷较大、采用组合式曲轴的发动机。

气缸盖与气缸体接合平面上的凹坑是燃烧室的组成部分。

在气缸盖上加工有气门座、气门导管孔、气道、摇臂轴安装座或凸轮轴安装座孔等。在有些缸心距较大、缸数较多的发动机上，为制造和维修方便、减小缸盖变形对气缸密封性的影响，采用了分开式气缸盖，即一缸一盖、两缸一盖或三缸一盖。

为了保证发动机工作温度正常，在水冷式发动机的气缸体和气缸盖内设有充水空腔，称为水套，如图8-4所示。气缸体与气缸盖内的水套是连通的。风冷式发动机的气缸体与气缸盖外面有散热片，以帮助散热，如图8-5所示。

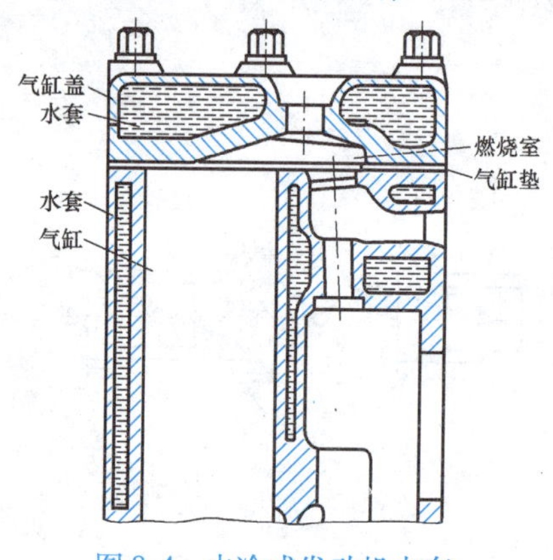

图8-4 水冷式发动机水套

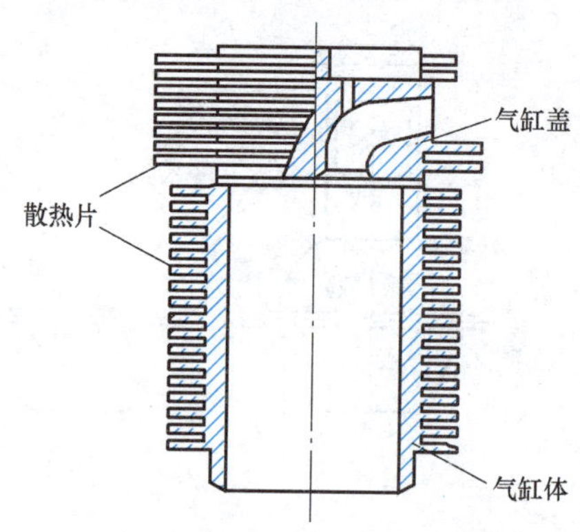

图8-5 风冷式发动机散热片

活塞在气缸内运动，气缸表面必须耐磨，但如果气缸体全部用优质耐磨材料制造，其成本较高。为此，除了一些小型发动机外，在大、中型的发动机内一般镶有气缸套。气缸套有干式和湿式两种，如图8-6所示。干式气缸套不与冷却液接触，冷却效果较差，但加工和安装都比较方便，其壁厚一般为1~3mm。湿式气缸套外表面直接与冷却液接触，所以冷却效果好，但加工和安装工艺复杂，臂厚一般为5~9mm。湿式气缸套靠上支承定位带和下支承定位带保证径向定位，而轴向定位则是利用定位凸缘来保证。为了保证水套的密封，湿式缸套下端的密封带与座孔之间一般装有1~3道橡胶密封圈，有的在定位凸缘下面还装有铜垫片。湿式气缸套安装后，一般其顶端高出气缸体上平面0.05~0.15mm，以便气缸盖将气缸垫压得更紧，从而提高气缸的密封性。

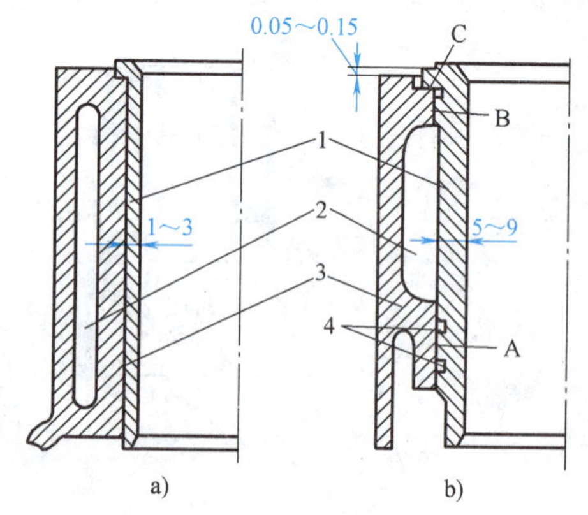

图8-6 气缸套的结构图

a）干式 b）湿式

1—气缸套 2—水套 3—气缸体 4—橡胶密封圈
A—下支承定位带 B—上支承定位带 C—定位凸缘

在气缸体的侧壁上加工有主油道，在主油道与需要润滑的部位之间有分油道连通。发动机工作时，润滑油经主油道和分油道输送到各摩擦表面。

凸轮轴下置或中置的发动机气缸体上还加工有安装凸轮轴的轴承孔。

气缸垫安装在气缸盖与气缸体之间，以保证气缸体与气缸盖的接合面密封。气缸垫一般由金属与石棉及粘结剂压制而成，如图 8-7 所示。它具有一定的弹性，用以补偿气缸体和气缸盖平面的平面度误差。气缸垫的水孔和燃烧室孔周围有镶边，以防被高温的冷却液或气体烧坏。

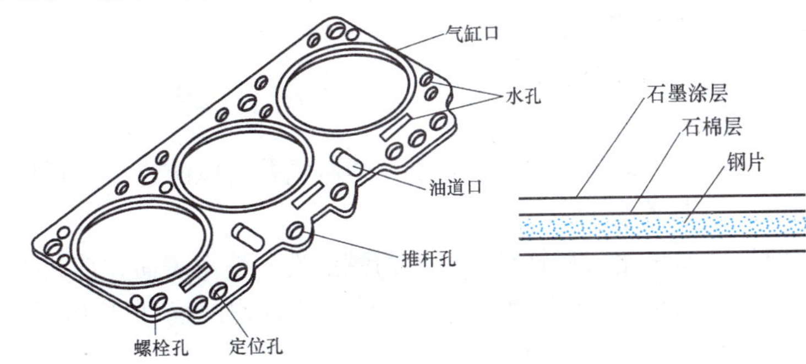

图 8-7　气缸盖垫

气缸垫的常见故障是烧蚀击穿，其原因主要是气缸盖和气缸体平面不平、气缸盖螺栓拧紧力矩不足、气缸垫质量不好等。气缸垫烧蚀击穿部位一般在水孔或燃烧室孔周围，会导致发动机漏气或冷却液进入润滑油中。损坏的气缸垫只能更换，不需修理。

气缸体的上、下平面分别用于安装气缸盖和油底壳。在对气缸进行维修加工时，一般也以其上平面或下平面作为定位基准面。

发动机机体组主要的损伤形式有气缸体及气缸盖的破裂损伤、各接合面的翘曲变形或其他部件的变形、气缸磨损损伤等。所有这些损伤都会影响发动机的技术性能指标、工作可靠性和耐久性，因此，在修理过程中应认真检验，发现问题及时解决。

五、实训操作

1. 气缸体、气缸盖裂纹的检修

（1）气缸体、气缸盖裂纹的产生原因　气缸体与气缸盖常因工作温度不均匀导致热应力产生，在结构薄弱环节因刚度不足而产生破裂，在交变和脉动应力作用下导致疲劳裂纹的出现；或在冬季未放冷却液，造成冻裂。发动机过热时，突然添加冷却液，或者因冲击、撞击、过度拧紧或对中不好而导致零件变形等不规范操作，会使缸体、缸盖产生裂纹甚至断裂。

（2）气缸体、气缸盖裂纹的检查

1）水压试验。将气缸盖和气缸垫装合在气缸体上，用一盖板装在水套的进水口位置上，用水管将气缸体与水压机连通，其他水道口一律封闭，然后将水压入水套内，如图 8-8 所示。在条件许可时，应使

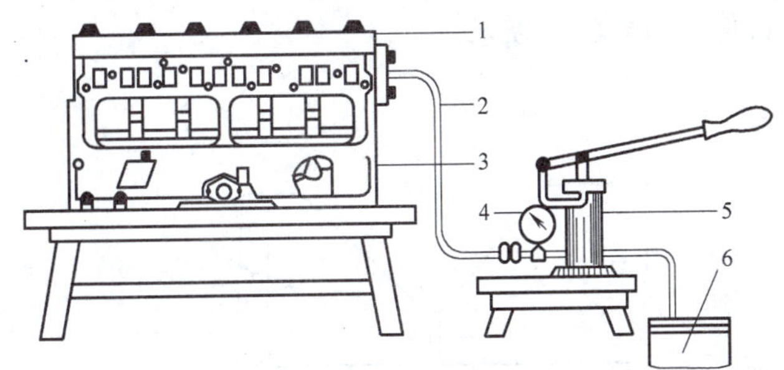

图 8-8　气缸体、气缸盖水压试验

1—气缸盖　2—软管　3—气缸体　4—水压表
5—水压机　6—储水槽

用80~90℃的热水进行试验，也可把具有一定压力的自来水直接通入气缸体进行试验。水压试验的要求是：在0.3~0.4MPa水压下，保持5min，应没有任何渗漏现象。

2）气压试验。在没有水压机的情况下，可往水套内加入自来水，用气泵或打气筒向水套内充气，借气体压力检查渗漏部位。为了防止水、气倒流，在使用气压试验时，应在充气软管与气缸体水管接头之间装一单向阀。

（3）气缸体、气缸盖裂纹的修理

1）环氧树脂胶粘结。

①选用3~4mm直径的钻头，用电钻将裂纹两端钻孔，以防止裂纹延伸；然后，沿裂纹长度凿出V形坡口，并打毛表面。

②刮削坡口附近表面氧化层和铁锈，并用丙酮清洗，洗净表面并使其干燥。

③胶料调配。将粘结剂A、B管物质大致按体积比调均，就可立即使用。若要增加粘结剂固化后的硬度，可加入适量的铁粉。

④涂胶和粘结。胶调好后，将胶涂在槽内和槽周围的一些地方。

⑤胶料固化。经粘结剂涂胶粘结的物体，在25℃经3h就完全固化，可投入使用。

⑥整形。零件粘结固化后，应根据零件形状进行整形，以使外表整齐美观。

2）焊修。气缸体和气缸盖的裂纹，如发生在受力较大或用其他方法不易操作的部位，则可采用焊补法修复。

灰铸铁件的焊修，一般是在不预热或预热低于400℃的情况下进行；可采用气焊，也可采用电弧焊，在应用上以电弧焊为主。

铝合金气缸体焊修方法很多。由于铝合金材料的焊接性差，给焊修带来了一定的困难。因此，要选用与焊件材料近似的焊条、掌握正确的焊接工艺，才能保证焊修质量。

对铸铁气缸体采用气焊修复前，可用汽油或清洗剂清除焊接表面油污，并用砂布或其他方法清除锈迹和杂质，直至露出金属本色。当焊接厚度在6mm以上时，应开V形坡口，如图8-9所示。若焊接厚在15mm以上时，应开X形坡口。进行焊接修理时，应选用QHT1铸铁焊条，并将气缸体加热至600~700℃，保证气焊修复过程中气缸体的温度不低于400℃。

对铸铁气缸体采用焊条电弧焊修复前，应先清洁焊接表面，并在裂纹发展走向前方距裂纹终点约3~5mm处钻止裂孔，以防止裂纹延伸。止裂孔直径一般为3~5mm。对裂损较深的气缸体，为保证焊条金属与基本金属很好的接合，增加焊接强度，应在裂损处开坡口，坡口形式如图8-10所示。

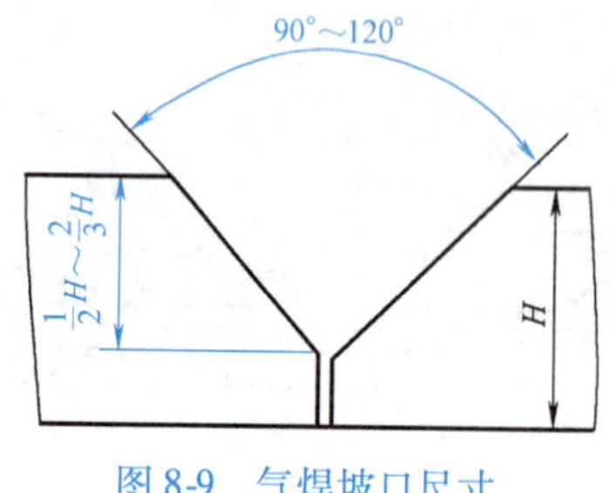

图8-9　气焊坡口尺寸

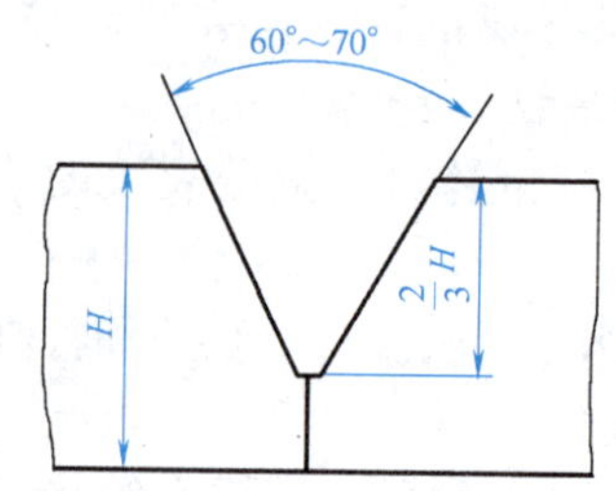

图8-10　焊条电弧焊坡口尺寸

进行焊条电弧焊修复时，气缸体不必预热，使用ϕ3.2mm的T308焊条，直流电80~100A，采用短焊道（焊缝长20mm左右），断续由内向外的焊法；每段尽量一次焊好，每焊完一段应立即趁热锤击焊缝，等冷却3~5min不烫手后再继续施焊，直到补焊完毕。锤击焊缝可消除焊接应力，砸实气孔，提高焊缝致密性。

3）钳工修理。

①螺钉填补。先在裂纹两端各钻一个止裂孔，如图8-11中的1和2，以防止裂纹继续延伸。再沿裂纹钻孔3、4、5，孔的直径视螺纹直径而定，并保证孔与孔之间重叠1/3孔径。并在1、2、3、4、5孔中攻出螺纹。

在攻好的螺孔中拧入预先攻好螺纹的纯铜杆（拧入部分涂以白漆），拧好后切断铜杆，使切断处高出裂纹表面1~1.5mm。

在已切断的螺杆之间钻孔6、7、8、9，按上述方法攻螺纹和拧入螺杆，使之填满裂纹。为保证填补紧密，应用小锤在切断的螺杆之间轻轻敲打，最后用锉刀修平。必要时可涂环氧树脂，以防渗漏。

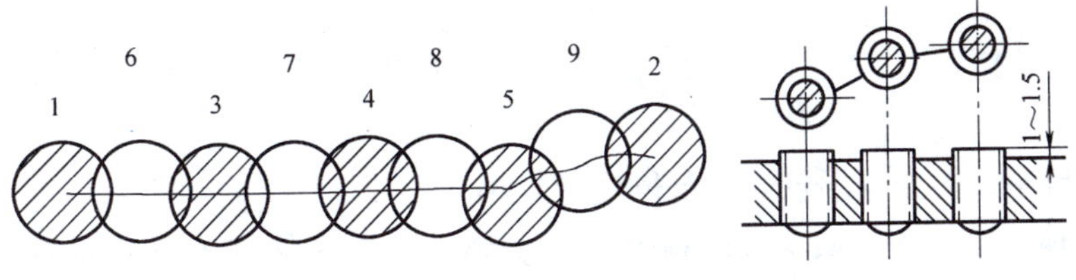

图8-11　螺钉填补修理气缸体裂纹

②补板封补。首先，在各裂纹端部钻止裂孔。再用2~3mm厚的纯铜板或1.5~2mm厚的铁板截成与破口轮廓相似、四周大于破口15~20mm的补板。如裂纹的表面有凸起部分，必须在补板上敲出同样的凸起形状，使整个补板能与封补处的表面贴合。

在补板四周每隔10~15mm钻直径4~6mm的孔，如图8-12所示。其位置离补板边沿10mm左右。

将补板按在破口上，从补板中用划针在气缸体上做出钻孔的记号；移去补板，然后在记号中钻出深度约10mm的孔（一般水道都钻通），并攻出所需要直径的螺纹。

在气缸体与补板之间填入涂有白漆的石棉衬垫，然后用平头螺钉将补板紧固在气缸体上；必要时将补板四周用小锤敲击，并进一步拧紧螺钉，以增加密封性。

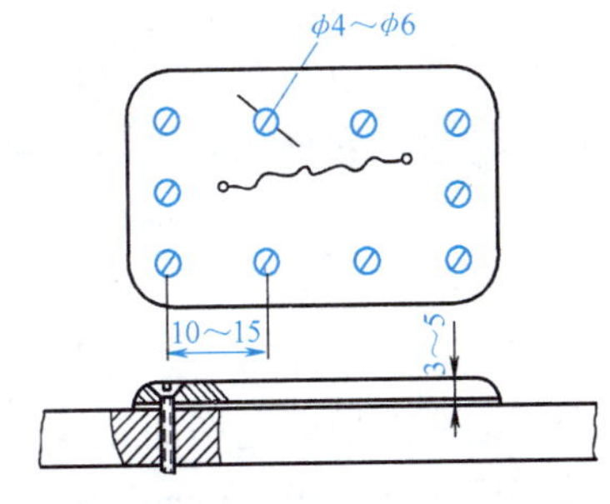

图8-12　补板封补修理气缸体裂纹

4）堵漏剂堵漏。先用2%的碱水（碳酸钠水溶液）清洗循环水路，清洗时应去掉节温器。将水路和破缝表面清洗干净后，方可进行堵漏。其堵漏方法如下：

①在冷却液中加入堵漏剂。

②起动发动机，在怠速下升温，控制其在10~15min内温度升到80℃左右，在80~85℃下保持15~20min。

③发动机完全冷却后，再次起动发动机并怠速升温到80~85℃，并保持10min。这一步骤最好在第二天进行。

④堵漏剂在发动机内至少保留2~3天。

2. 气缸体、气缸盖平面翘曲变形检修

（1）气缸体、气缸盖平面变形的原因　气缸体与气缸盖在发动机的工作过程中往往会产生变形，从而破坏零件的几何形状，使配合表面的相对位置偏差增加。变形超过允许限度时，将会引起漏水、窜气、冲毁气缸衬垫等故障。气缸体、气缸盖产生变形的原因主要有：

1）在制造时进行的时效处理不足，致使零件内应力较大。在高温条件下工作时，内应力重新分配，达到新的平衡，零件产生过大的翘曲变形，各部位之间的位置精度被破坏，因此换装新的零配件的效果也是很不理想的。

2）由于装配、维修过程中，不按工艺规程操作而使气缸盖螺栓紧固扭力不均匀，不按规定顺序装卸缸盖螺栓而引起缸盖变形，或装配过程中缸盖螺栓的拧紧力矩过大，使螺孔四周因受螺栓拉力作用而凸起。

3）在高温下拆卸缸盖，使缸盖发生拱曲，或缸体、缸盖因裂纹损伤而采用热焊补修法发生受热变形。

4）由于气缸垫不平引起漏水、漏气使平面形成腐蚀、斑点，或修理工作平面采用环氧浇灌引起不平。

在这些变形中，缸盖变形较大，缸体变形较小。

（2）气缸体、气缸盖平面变形的检测　气缸体上平面和气缸盖下平面的平面度，可用长度大于气缸体长度的刀口尺或光轴测量：平放在缸体或缸盖平面上，仔细观察各部位是否漏光。对漏光处，用塞尺进行检测，如图8-13所示。如超出规定标准值，应予以修复。

检测时，应沿气缸体上平面（或气缸盖下平面）边缘和过中心交叉位置共6个方位进行。

检测气缸体上、下平面的平行度，可用将气缸体向上置于平板上，用高度尺检测气缸体两端的高度的方法来确定。

（3）气缸体、气缸盖平面变形的修理　修整的一般方法是：螺栓孔附近的凸起可用油石或锉刀修平，其余可采取铣、磨的加工方法修复。

气缸体的上平面采用铣、磨修理的加工过程中，要始终以主轴承孔和气缸孔中心线为加工定位基准。每个缸体顶面最多允许加工修理两次，每次修磨的尺寸限度应小于0.25mm，最多允许修复总量不超过0.50mm。在缸体后端右上角做上记号，第一次修复记号为“×”，第二次修复记号为“××”。

气缸体的上平面经铣、磨加工后，为保持原来的气缸压缩比，必须选用加厚的气缸垫。

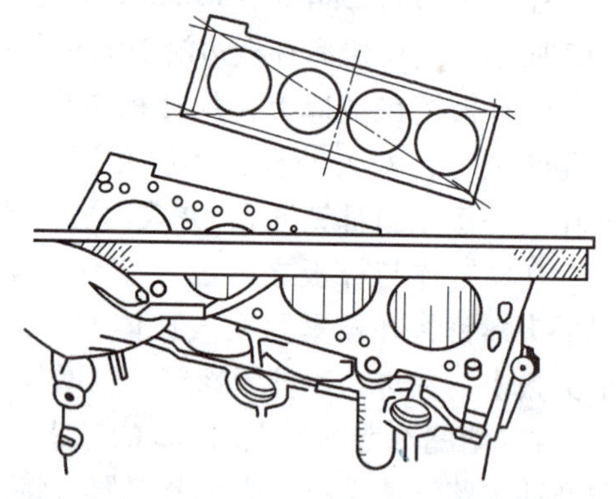

图8-13　气缸体上平面（气缸盖下平面）平面度检测

气缸盖与进、排气歧管接合平面的变形采用上述方法进行。

气缸盖若出现翘曲变形，可用压力加工修复法修复。将气缸盖变形的凸面朝上放置在平板上，其两端下面垫以0.5~0.7mm的垫片，然后用压力机向凸面处逐渐加压，同时用喷灯将变形部位加热到300~400℃；当缸盖平面与平板贴合后，保持冷却，经时效处理后，取下复测。

3. 燃烧室容积检测

（1）燃烧室容积变化的原因　气缸盖平面经磨削后，会使燃烧室容积变小；局部腐蚀后，也会影响燃烧室容积的变化。当燃烧室容积偏差超过规定要求时，就会影响发动机怠速运转的稳定性。因此，必须进行测量和调整。

（2）燃烧室容积的测量　测量前，彻底清除燃烧室内的积炭、油污，将气缸盖置于水平状态，用火花塞堵住火花塞孔。将80%煤油和20%润滑油的混合液轻轻注入燃烧室，使混合液的平面达到与缸盖平面基本齐平，然后用中间带孔的玻璃板盖在燃烧室平面上。用注射器或滴管从玻璃圆孔中注入混合液，直至液面与玻璃板相接触，再用针管或橡胶球将混合液吸入玻璃量杯，观察每只燃烧室的容量。

（3）燃烧室容积的调整　若燃烧室的容量偏小，可将燃烧室底部铣去一层金属，或用电蚀法将燃烧室表面蚀去一层。若燃烧室的容量偏大，可在燃烧室侧壁加焊一层金属。但要注意，燃烧室形状不能变化过大，以免影响压缩比及发动机正常燃烧。

4. 缸体、缸盖螺纹孔损坏的修理

（1）镶套修理螺纹孔　在发动机修理作业中，由于拆装不当或螺纹在工作中磨损造成螺纹损坏的，均可采用镶套法修理。螺纹孔周围及螺栓紧固部位附近龟裂现象严重时，应更换缸体。具体修理步骤如下：

1）首先，用目测或将螺栓、火花塞旋入螺孔的方法检验螺孔的损伤。要求缸体上螺纹的损伤不得多于2牙，缸盖上装火花塞的螺孔螺纹损伤不得多于1牙，否则需要修复。

2）镶套修理时，将损坏的螺纹孔扩大，并按规定攻出螺纹。

3）选取装有外螺纹的螺套，它的内螺纹与原螺纹孔的螺纹尺寸相同，外螺纹则应和螺孔扩大后攻制的螺纹尺寸相同。必要时，可以在螺套外面加止动螺钉，如图8-14所示，以防止螺套松动。

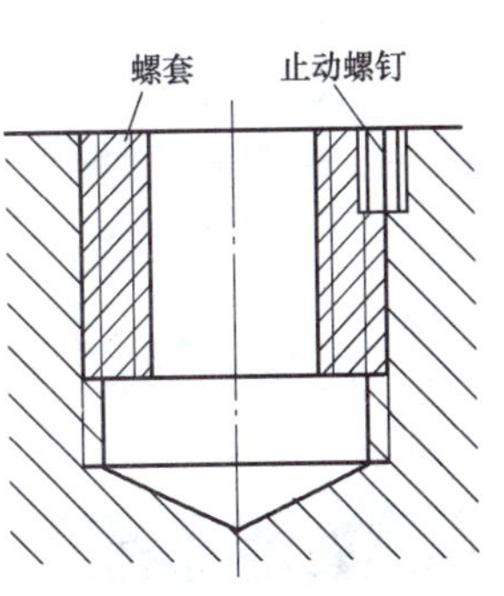

图8-14　镶配螺套

铸铁气缸盖一般用中碳钢制成内套；铝合金气缸盖一般用铜做内套。

（2）钻孔攻螺纹方法修复　在缸体、缸盖的强度允许螺纹不影响发动机技术状况的条件下，某些损伤的螺纹孔可以直接用钻孔、攻螺纹的方法来修复螺纹。具体步骤如下：

1）首先观察测量损坏的螺纹孔。观察损坏螺纹孔周围有无水道，若无水道则可直接采用钻孔、攻螺纹等方法修复。

2）选择钻头和丝锥。根据测量出的螺纹孔尺寸选择合适的钻头和丝锥。

3）钻孔。钻孔工艺要正确，不能钻斜、钻偏。

4）攻螺纹。攻螺纹工艺要正确，螺纹质量要符合要求。

5）选择螺栓或螺钉。螺栓要能顺利地拧入螺纹孔，且锁止可靠。

5. 水道口腐蚀的修理

铝合金气缸盖的水道口容易被腐蚀，严重时会出现漏水现象。修理时，可采用粘补、堆焊后重新开水道口，也可采用补板镶补。镶补的方法是：

1）将被腐蚀的水道口加工成台阶形的圆孔或椭圆孔，其深度一般为3mm。

2）用4mm厚的铝板加工成与水道口形状相同的补板，并留有适当地过盈量。

3）用锤子和平铳将补板镶入孔内，然后进行修整，并钻出水道口。补板除过盈压合外，也可用胶接法粘合。

六、考核要点与评分标准

气缸体、气缸盖检修考核要点与评分标准见表8-1。

表8-1 气缸体、气缸盖检修考核要点与评分标准

<table>
<tr><th>序号</th><th>考核要点</th><th>配分</th><th>评分标准</th><th>考核记录</th><th>得分</th></tr>
<tr><td>1</td><td>正确使用工具、量具</td><td>10</td><td>工具、量具使用不当，1次扣2分</td><td></td><td></td></tr>
<tr><td>2</td><td>气缸体、气缸盖裂纹检查</td><td>20</td><td>操作步骤错误，1次扣5分</td><td></td><td></td></tr>
<tr><td rowspan="3">3</td><td>气缸体、气缸盖变形检查</td><td>20</td><td>检查方法不正确，1次扣5分；检查结果不正确，1次扣10分</td><td rowspan="3"></td><td rowspan="3"></td></tr>
<tr><td>气缸体上平面的平面度修理（口述）</td><td>20</td><td>错1处扣5分</td></tr>
<tr><td>燃烧室容积检查</td><td>20</td><td>方法不对，1次扣5分；结果不对，1次扣10分</td></tr>
<tr><td rowspan="2">4</td><td>整理工具、清理现场</td><td rowspan="2">10</td><td>违章每项扣2分</td><td rowspan="2"></td><td rowspan="2"></td></tr>
<tr><td>安全操作方面</td><td>因操作不当发生事故，记0分</td></tr>
<tr><td>5</td><td>分数合计</td><td>100</td><td></td><td></td><td></td></tr>
</table>

七、思考题

1. 如何检查气缸体的裂纹？气缸体裂纹如何修理？
2. 如何检查气缸体上平面的平面度误差？如何修理？
3. 如何测量燃烧室的容积？燃烧室容积怎样调整？
4. 若气缸体、气缸盖螺纹孔损坏如何修理？

8.2 检修气缸的磨损

一、教学目的

1）掌握发动机气缸磨损机理。

2）掌握发动机气缸磨损程度的检测和气缸修理尺寸的确定。

二、教学设备、工具及量具

发动机1台；气缸压力表1个；气缸体若干个。

量缸表、外径千分尺、常用工具若干套。

三、课时

4课时。

四、相关基础知识

发动机工作时，活塞在气缸内做往复直线运动，会造成气缸的磨损。气缸磨损严重时，会导致漏气、窜油，使发动机动力性和经济性下降。导致气缸磨损的原因有很多，主要有下面一些。

1. 腐蚀磨损

气缸内可燃混合气燃烧后会生成碳、硫、氮的氧化物，这些氧化物直接与缸壁作用，使气缸壁产生腐蚀，即化学腐蚀。

当发动机气缸壁温度较低时，混合气燃烧后生成的水蒸气会在气缸壁上凝聚成水珠，水珠溶解废气中的腐蚀性气体而生成碳酸、硫酸、蚁酸等腐蚀性物质，这些腐蚀性物质附在气缸壁上，使气缸壁产生腐蚀（即微电池化学腐蚀），使其组织结构松散；当活塞在气缸内运动时，在活塞环的作用下金属腐蚀产物被刮下来，从而造成腐蚀磨损。腐蚀越严重，磨损越厉害。

腐蚀磨损的强度取决于气缸壁的温度，气缸壁温度与气缸磨损量的关系曲线如图 8-15 所示。1 缸前壁与 6 缸后壁冷却效率较强，所以这些部位的腐蚀磨损就严重。

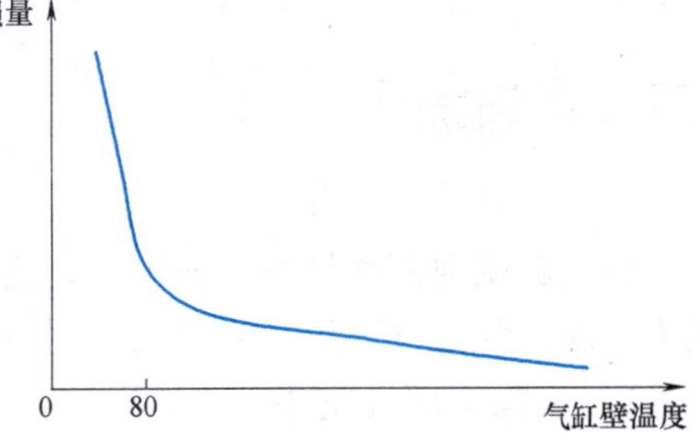

图 8-15　气缸壁温度与气缸磨损量的关系曲线

进气道对面的气缸壁经常受到混合气的冲刷，既破坏油膜的形成，又使该部位冷却效率较高，因此该部位的腐蚀磨损特别严重。

发动机冷起动时，气缸的磨损很大，其磨损量约占气缸总磨损量的 45% ~60% 。但在温度过高时，由于润滑油黏度降低，油膜难以形成，不仅机械磨损加剧，高温氧化腐蚀磨损也会更严重，所以温度过高也会造成气缸壁的严重磨损。

2. 机械磨损

机械磨损属于正常磨损，它主要是由于润滑不良和气体压力等原因造成的。机械磨损的最大部位发生在活塞位于上止点时，第一道活塞环的气缸壁位置。

（1）润滑不良的影响　气缸壁是靠润滑油的飞溅润滑的。气缸上部供油条件较差，又邻近燃烧室，受到高温的作用，润滑油变稀，甚至有可能被烧掉。同时，可燃混合气进入气缸时，混合气中所含的小油滴对气缸上部（尤其是进气道对面）的冲刷严重。所有这些因素都造成了气缸上部润滑不良，难以形成润滑油膜，容易产生边界摩擦或干摩擦，使磨损加剧。

（2）气体压力造成的影响　发动机工作时，活塞环在自身弹力和气体压力作用下压紧在气缸壁上，如图 8-16 所示。当活塞在气缸中作往复运动时，活塞环与气缸壁发生相对摩擦而磨损。活塞环作用在气缸壁上的压力越大，润滑油膜的形成越困难，气

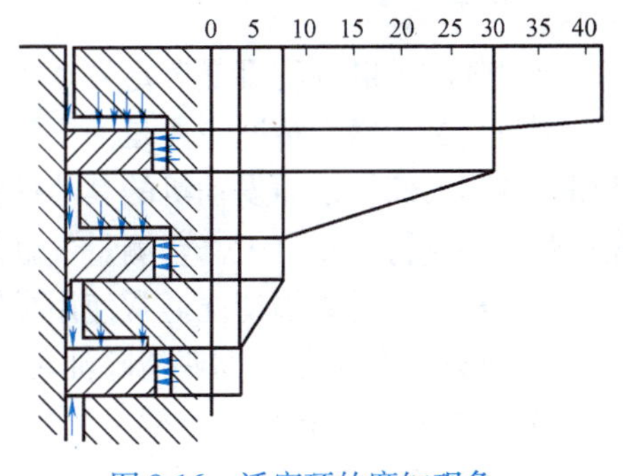

图 8-16　活塞环的磨缸现象

缸与活塞环的磨损就越严重。

3. 磨料磨损

这种磨料为空气中的硬粒灰尘，它是从气缸上部吸入的，所以气缸上部的磨损较大。

润滑油中未滤清的金属屑微粒、来自发动机本身的磨损产物、燃烧产物的固态粒和来自外部空气的尘土，这些磨料随润滑油飞溅到气缸表面，并与气缸和活塞（环）摩擦而产生磨损。

磨料对气缸磨损的影响与磨料颗粒的大小、数量和硬度有极大的关系。润滑油越脏，含有的磨料越多，引起的磨损就越严重。

硬度高的磨料会在气缸内表面产生平行于气缸轴线的拉痕，个别粗大的磨料附在活塞表面并随活塞不断的上下运动，会对缸壁产生明显的拉伤，俗称“拉缸”。

4. 黏着磨损

当发动机冷却不良、润滑不足及长时间大负荷工作的情况下，气缸摩擦副有极微小凸起金属面直接接触，形成局部高温，使其熔融黏着、脱落，逐渐扩展为黏着磨损。这种磨损一旦发生，气缸的工作面会遭到严重的破坏，甚至报废。

五、实训操作

1. 气缸压力的测量与分析

用气缸压力表测量气缸的压力，通过缸压分析故障的原因，并诊断故障部位。使用气缸压力表时，要按气缸压力表使用说明书进行操作。其操作步骤如下：

1）拆除全部火花塞或喷油器及空气滤清器。

2）逐缸测量气缸压力。

①前提条件：必须保证有足够的起动转速，蓄电池电压充足，完全打开节气门。发动机应达到正常工作温度，冷却液温度达到85~95℃，润滑油温度达到70~90℃。对于电子点火式或微机控制点火式发动机，应将插接在分电器盖上的中心高压线拔掉，并将其搭铁，以防止电子元件或微机被高压电击坏。

②测量气缸压力。用气缸压力表逐缸测量，每缸测量3次，取最大值。

③分析。正常情况是各缸缸压不低于规定值的8%，各缸缸压差应不大于3%。一般轿车的缸压为1.0~1.3MPa。

3）根据气缸压力判断分析引起压力变化的故障。

4）排除故障。

2. 气缸磨损的测量

测量气缸的磨损程度是鉴定发动机技术状态的重要手段。

测量气缸的磨损情况主要是为了测出气缸的磨损量，从而确定该发动机的技术状况。若磨损未达到大修标准而发动机的其他性能又较好，测量气缸的磨损可确定汽车继续行驶的里程；若需要进行发动机大修，测量气缸的磨损可确定气缸的修理尺寸。

发动机气缸的磨损情况通常使用量缸表进行测量。测量时应注意以下几点：

1）做好准备工作，彻底清除油污、积炭、结胶和水垢。

2）不要在发动机修理台架上测量气缸的内径，以防缸体被夹紧变形而测量不准确。

3）测量气缸时，一定要保持测杆与气缸中心线垂直。

测量气缸的方法如下：

（1）确定测量部位　选用适当量程的量缸表，按图 8-17 所示的部位和要求进行测量。在气缸体上部距气缸上平面 10mm 处、气缸中部、气缸下部距缸套下平面 10mm 处，各取 3 点，按①、②两个方向测量气缸的直径。

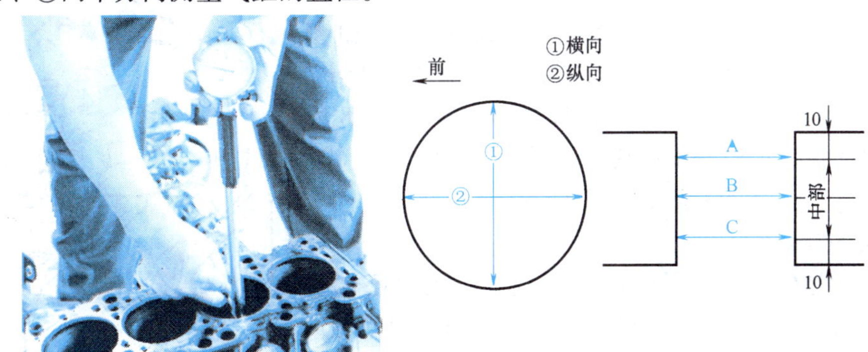

图 8-17　气缸内径测量部位示意图

（2）确定衡量磨损程度指标　一般车型的磨损程度用圆度、圆柱度误差两个指标来衡量。轿车采用标准尺寸与气缸最大尺寸的差值来衡量。

（3）测量气缸的方法

1）气缸圆度测量。选择合适的测杆，并使其压缩 1～2mm，以留出测量余量。将测杆伸入气缸中，微微摆动表杆，使测杆与气缸中心线垂直，量缸表指示的最小读数即为正确的气缸直径。用量缸表在部位①向（垂直于曲轴方向）测量，转动表盘，使“0”刻度对准大表针；然后，将测杆在此横截面上旋转 90°，此时表针所指刻度与“0”位刻度之差的 1/2，即为该缸的圆度误差。

2）气缸圆柱度测量。用量缸表在 A 部位①向测量，并找出正确直径位置。旋转表盘，使“0”刻度对准大表针。然后，依次测出其他 5 个数值，取 6 个数值中最大差值的一半作为该气缸的圆柱度误差。

3）气缸磨损尺寸测量。一般发动机最大磨损尺寸在前、后两缸的上部，应重点测量这两缸。测量时，用量缸表在 A 部位①向测量，并找出正确气缸直径的位置。旋转表盘，使“0”刻度对准大表针，并注意观察小指针所处的位置。取出量缸表，将测杆放置于外径千分尺的两测头之间。旋转外径千分尺的活动测头，使量缸表的大指针指向“0”，且小指针处于原来的位置（在气缸中所指示的位置）。此时，外径千分尺的尺寸即为气缸的磨损尺寸。按此找出该发动机气缸的最大磨损尺寸。

（4）气缸修理级别（尺寸）的确定　气缸磨损超过允许限度后，或缸壁上有严重刮伤、沟槽和麻点时，应将气缸按修理级别镗削修理，并选配与气缸修理尺寸相符合的活塞及活塞环。气缸修理尺寸可按下式进行计算：

修理尺寸 = 气缸最大磨损直径 + 镗磨余量（镗磨余量一般取 0. 10 ~0. 20mm）

计算出的修理尺寸应与修理级数相对照。若与某一修理级数相等，可按某级数修理；若与修理级数不相符，应按向上靠近的大修理级数进行气缸的修理。气缸磨损超过最大一级修理尺寸时，应镶配缸套。只要有一缸需要镗、磨或更换缸套，其余各缸应同时更换，以保持发动机各缸一致性。

（5）气缸修复后的检测

1）圆度及圆柱度的检查。气缸经镗、磨后，圆度及圆柱度误差应不大于0.005mm，各缸直径之差不得超过0.005mm。

2）配缸间隙检查。将活塞倒放入气缸中，在气缸壁与活塞之间垂直活塞销方向插入厚0.03mm、宽12～15mm的塞尺；再用弹簧秤检查拉出塞尺时的拉力，如图8-18所示。其拉力值与塞尺测得的间隙应符合维修手册的要求。拉力过大或过小，表明气缸镗磨不足或过量。

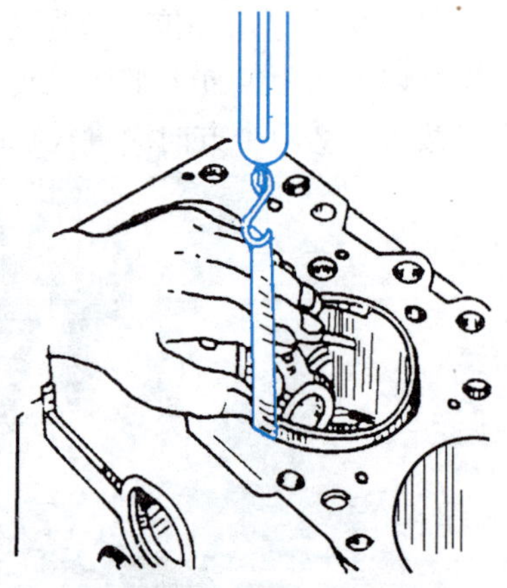

图8-18　配缸间隙检查手法图

3. 气缸的镗磨修理

镗磨气缸是使用专用的镗缸机对气缸实施镗削加工后，再对镗削后的气缸进行珩磨。目前一般都使用移动式镗缸机。图8-19所示为移动式TM1镗磨缸机的结构示意图。图8-20所示为镗磨气缸工艺过程示意图。

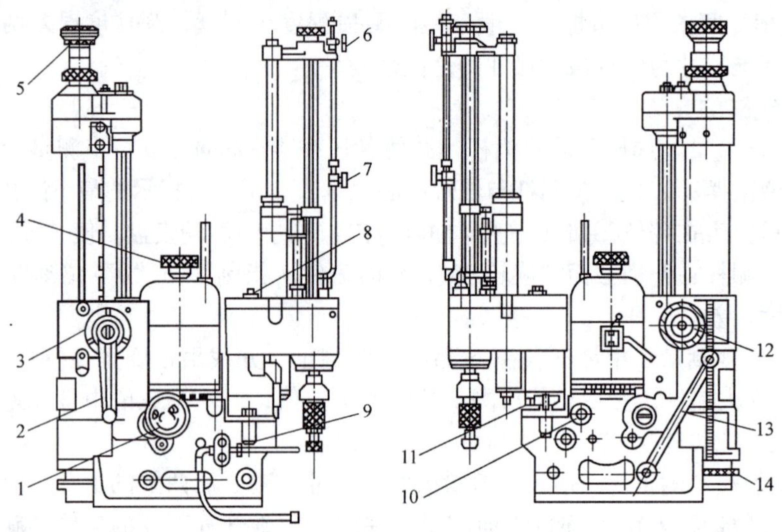

图8-19　移动式TM1镗磨缸机的结构示意图

1—变速手轮　2—手摇臂　3—自动进给离合器　4—砂轮盘　5—中心定位手轮　6、7—行程调节螺钉　8—加油孔螺钉　9—冷却油泵　10—磨缸离合手轮　11—磨头锁紧螺母　12—行程刻度盘　13—夹紧扳手　14—中心定位杆

气缸镗磨的工艺要点如下：

1）按气缸磨损情况计算并选择原厂规定的修理尺寸等级，按所选修理尺寸进行气缸镗削修理。有修理尺寸的气缸镗磨一般分3～6级，视不同机型而异，每级加大0.25mm。常见车型发动机气缸修理尺寸分级见表8-2。

2）镗削前，应先检查气缸体平面的平面度是否符合要求，并将气缸体上平面和镗缸机下平面清理干净；

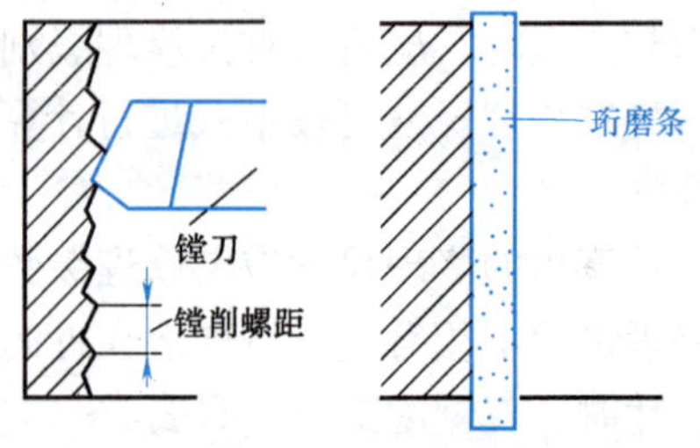

图8-20　镗磨气缸工艺过程示意图

再用定心装置使镗缸机镗杆轴线与气缸轴线重合，并用固定装置将镗缸机固定在气缸体上。检查镗削刀具，刀刃宽度一般为0.2～0.3mm。

3）进行气缸镗磨修理时，应先在气缸孔顶部的缸肩处进行试镗，然后测量镗出的缸径尺寸，以确定进给量是否合适，必要时调整进给量。第一刀和最后一刀的进给量不宜过大。一般第一刀的进给量为0.05～0.07mm，最后一刀的进给量不超过0.05mm。

4）气缸的镗削尺寸应比最终所要达到的缸径尺寸小，以留出珩磨余量。一般珩磨余量不大于0.02mm。

5）气缸珩磨一般使用固定式珩磨机。珩磨时，应严格控制珩磨头的转速和往复速度，以保证获得理想的网纹夹角，夹角为50°～60°。

6）气缸镗磨修理后，其圆度和圆柱度误差应不大于0.005mm，气缸壁的粗糙度应为*Ra*0.8μm，气缸与活塞配合间隙应符合标准。

表8-2　常见车型发动机气缸修理尺寸分级

车　型	各级加大尺寸/mm			
	1	2	3	4
一汽捷达	+0.25	+0.50	+0.75	+1.00
天津夏利	+0.25	+0.50	—	+1.00
上海桑塔纳	+0.25	+0.50	—	+1.00
广州本田	+0.25	—	—	—

4. 气缸的镶套修理

无修理尺寸的气缸，或气缸虽有修理尺寸，但其磨损后的尺寸已接近或超过最后一级修理尺寸时，可用镶套法修理。

对无气缸套的气缸进行镶套前，必须先加工承孔。承孔内径与缸套外径采用过盈配合。对于镶有干式气缸套的气缸体，应用压力机压出旧缸套，并检查承孔与待换缸套过盈量是否符合要求。干式气缸套与承孔过盈量一般为0.03～0.08mm。新缸套应使用压力机压装，压装后气缸套上平面应与气缸体上平面平齐。

对于装用湿式气缸套的气缸体，更换气缸套时只需拆旧换新，不需对承孔加工。

注意：湿式气缸套装配后应高出气缸体上平面0.05～0.15mm，以防漏水。

六、考核要点与评分标准

气缸磨损检修考核要点与评分标准见表8-3。

表8-3　气缸磨损检修考核要点和评分标准

序号	考核要点	配分	评分标准	考核记录	得分
1	正确使用工具、量具	10	工、量具使用不当，1次扣2分		
2	气缸压力检测	20	操作步骤错误，1次扣5分		
3	气缸磨损测量与修理尺寸确定	40	测量方法不对，1次扣5分；测量结果不对，1次扣5分；修理尺寸不确定，扣20分		
	更换气缸套（口述）	20	错1处扣5分		

（续）

序号	考核要点	配分	评分标准	考核记录	得分
4	整理工具、清理现场	10	违章每项扣2分		
	安全操作方面		因操作不当发生事故，记0分		
5	分数合计	100			

七、思考题

1. 如何测量气缸的工作压力？
2. 如何检查气缸磨损？如何确定气缸修理尺寸级别？
3. 如何进行气缸镗、磨修理？
4. 如何对气缸进行镶套修理？

项目九 检修活塞连杆组

9.1 检修活塞损伤

一、教学目的

1）熟悉活塞的结构及工作原理。

2）掌握活塞的磨损形式。

二、教学设备、工具与量具

损伤活塞若干个、活塞环若干个、塞尺、砂布若干、配套气缸体 1 台。

百分表、外径千分尺。

三、课时

4 课时。

四、相关基础知识

发动机工作时，活塞承受气缸中气体的压力，并将此压力传给连杆，以便推动曲轴旋转；此外，活塞的顶部还与气缸盖和气缸配合，共同组成燃烧室。

活塞一般都用铝合金材料铸造或锻造而成。其构造如图 9-1 所示，主要由活塞顶部 8、活塞头部 5 和活塞裙部 1 三部分组成。在活塞裙部的上部有活塞销座 4。

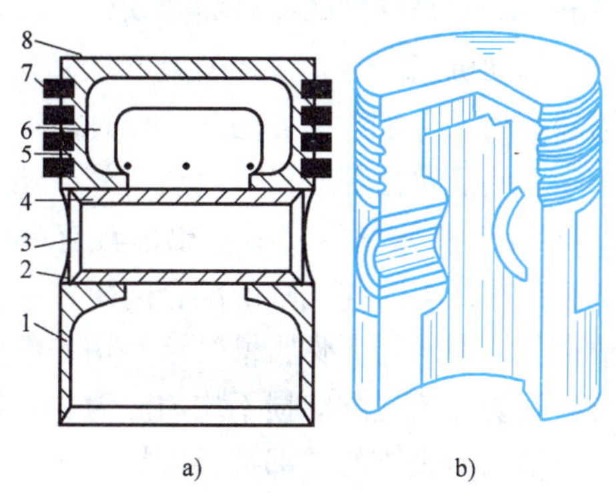

图 9-1 活塞的构造

1—活塞裙部 2—活塞销卡环 3—活塞销 4—活塞销座 5—活塞头部 6—加强肋 7—活塞环 8—活塞顶部

（1）活塞顶部 活塞顶部是燃烧室的组成部分，承受高温气体的压力。

为适应各种发动机的不同要求，活塞的顶部有各种不同的形状，如图 9-2 所示。有些活塞顶部在与气门对应的位置上有凹坑，它是为防止活塞在上止点与气门相碰而设的。活塞缸位序号、加大尺寸、安装向前标记等一般也刻在活塞顶部。

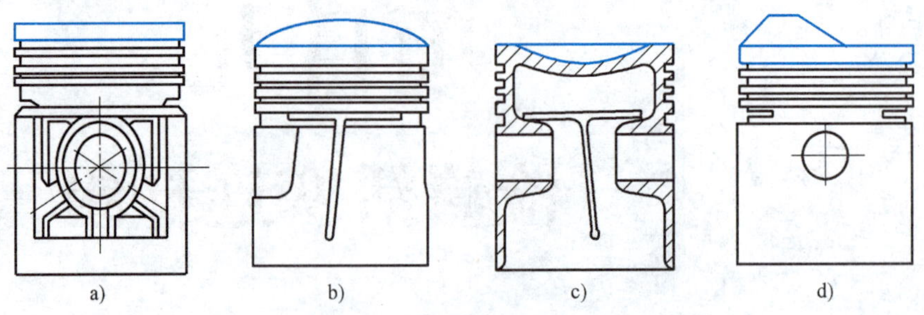

图 9-2　活塞顶部的形状

a）平顶　b）凸顶　c）凹顶　d）成形顶

（2）活塞头部　活塞头部是指活塞环槽以上的部分，主要用来安装活塞环，以实现气缸的密封。

活塞头部加工有安装活塞环的环槽，一般有 3～4 道环槽，最下面一道环槽安装油环，其他环槽安装气环。

油环环槽底部一般加工有回油孔，以便使气缸壁上多余的润滑油通过活塞内腔流回曲轴箱。有些油环环槽的底部是一条较窄的槽，除回油作用外，还有减少活塞头部向裙部传递热量的作用，所以称之为隔热槽。有些活塞的隔热槽设在活塞裙部。

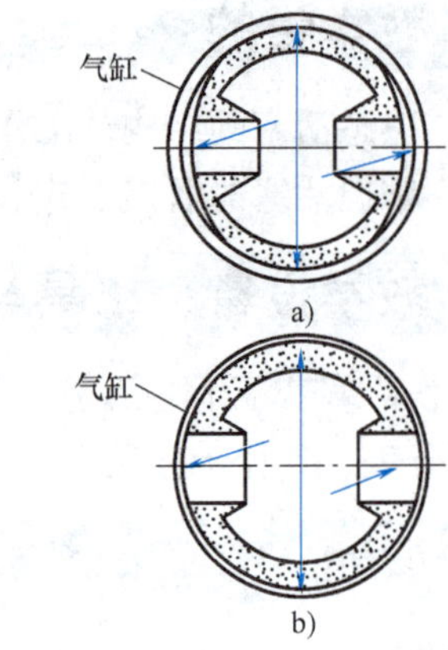

图 9-3　活塞裙部截面形状图

a）常温下的形状　b）热态下的形状

（3）活塞裙部　活塞环槽以下的部分称为活塞裙部。活塞裙部为活塞的往复运动起导向作用。

发动机工作时，由于气体压力和活塞销座处金属较多的影响，活塞裙部沿活塞销轴线方向的膨胀量较大，所以在常温下，活塞裙部截面形状呈椭圆形，如图 9-3 所示。椭圆形长轴垂直于活塞销方向，其目的是保证在热态下活塞与气缸的配合间隙均匀。

发动机工作时，活塞的温度从上到下逐渐降低，膨胀量逐渐减小，所以在常温下，活塞裙部直径上小下大，如图 9-4 所示。

有些活塞裙部除设有隔热槽外，还有膨胀槽，如图 9-5 所示。膨胀槽可使活塞裙部具有一定的弹性，使活塞裙部在低温时与气缸的配合间隙较小，且高温时又不致在气缸中卡死。膨胀槽必须斜切，不能与活塞轴线平行，以防导致气缸磨损不均匀。为防止切槽处裂损，在隔热槽和膨胀槽的端部都必须加工止裂孔。活塞裙部开槽会降低其强度和刚度，一般只适用于负荷较小的发动机。

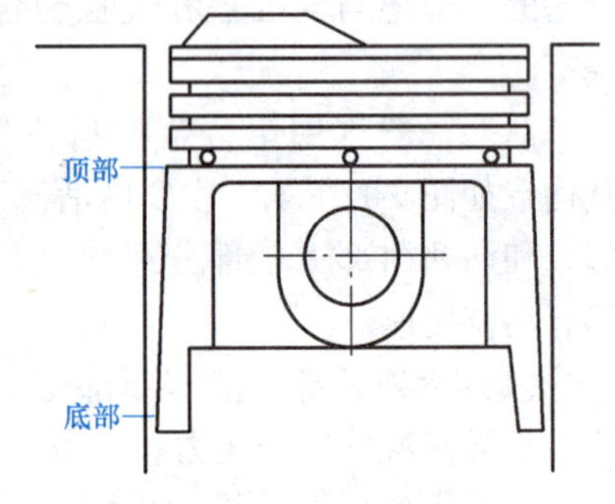

图 9-4　常温下活塞裙部直径上小下大

为限制活塞裙部的膨胀量，有些活塞在销座中镶铸有膨胀系数较低的恒范钢片，如图9-6所示。

按裙部结构形式的不同活塞可分为拖板式和筒式。拖板式活塞的裙部下端沿销座轴线方向去掉了一部分（图9-5），这种结构是在行程较小的发动机上为防止活塞与曲轴上的平衡重相碰而设计的。行程较大的发动机则一般采用全裙式活塞（图9-1），也称筒式活塞。

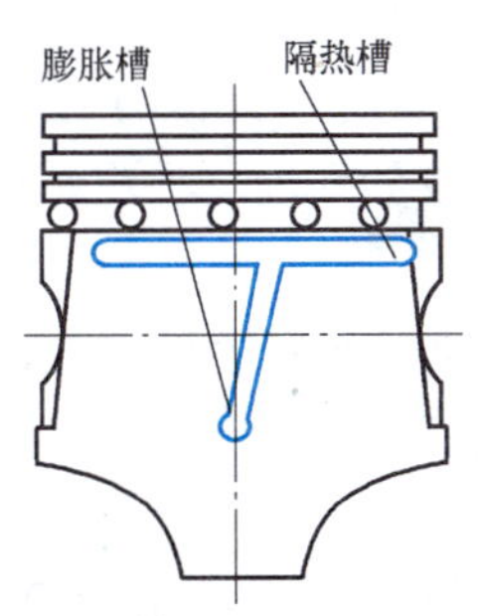

图9-5　活塞膨胀槽和隔热槽

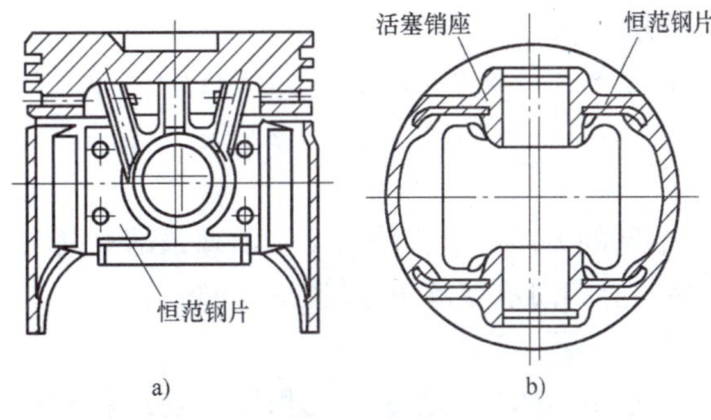

图9-6　活塞销座中镶铸的恒范钢片

（4）活塞销座　活塞销座位于活塞裙部的上部，加工有座孔，用以安装活塞销。有些活塞销座孔内加工有卡环槽，以便安装活塞销卡环，防止活塞销工作时轴向窜动。为减小活塞销座处受热后的变形量，有些活塞的销座外表面制成凹陷的。

在活塞内腔的活塞销座与活塞顶部之间一般铸有加强肋，以提高活塞的刚度。

活塞销座孔轴线通常向活塞中心线左侧（由发动机前方看）偏移1～2mm，称为活塞销偏置。其目的是防止活塞在受气体压力较大的压缩上止点换向时，撞击气缸壁而产生“敲缸”。活塞销偏置作用原理如图9-7所示。活塞在压缩上止点，由右侧与气缸壁接触向左侧与气缸壁接触过渡时，由于活塞销偏置使活塞倾斜，左侧下端先与气缸壁接触；随着做功行程活塞向下止点移动，活塞承受向左的侧向力增大，活塞左侧上端逐渐靠向气缸壁，从而减轻了活塞换向时对气缸壁的撞击。

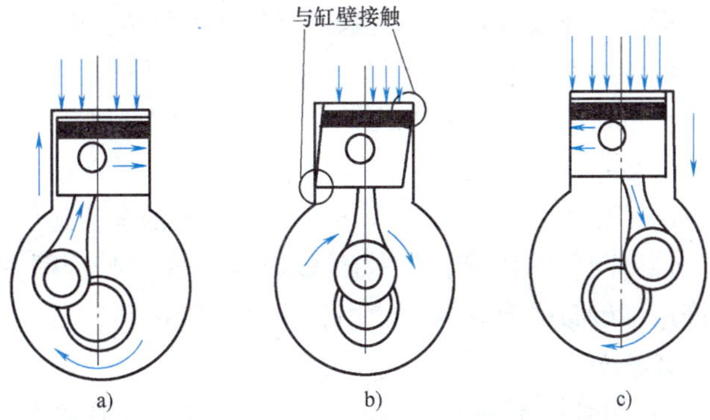

图9-7　活塞销偏置作用原理

a）压缩行程时　b）上止点时　c）做功行程时

（5）活塞损伤形式及原因　活塞处于高压、高温、高速工况下工作会造成磨损、裂纹、断裂和烧蚀等损伤，主要表现有以下几种。

1）活塞磨损：主要在裙部、环槽部位和活塞销孔，这是由于机械磨损、化学腐蚀造成的。

2）活塞损伤：主要有裂纹、顶部脱落、环槽岸边断裂和裙部拉毛、烧蚀等。这是由于材质不佳，活塞与气缸配合间隙过小，工作温度过高，以及高速、超负荷等因素所引起的。

3）环槽磨成梯形：即环槽磨成内小外大，这是由于环与槽的配合间隙过大，并产生振动、漏气、腐蚀的结果。

4）活塞销孔磨损：这是由于选配不当，润滑不良，工作时受周期交变负荷冲击作用，使其磨损加剧。

活塞是易损零件，价格比较便宜，在汽车维修中一般不对活塞进行修理，但应查明故障原因并予以排除。

五、实训操作

1. 注意事项

1）发动机工作时，活塞与气缸进行了良好的自然磨合，在拆装时不允许各缸活塞互换。因此，从气缸内拆出活塞时，必须注意活塞顶部有无缸位标记，如果没有，应做缸位标记。

2）活塞的方向一般不能装错。活塞顶部有箭头、缺口标记的应朝向发动机前方，裙部有膨胀槽的应朝向承受侧压力较小的一侧。

2. 操作步骤

（1）活塞的清洁　活塞上的积炭主要沉积在活塞顶部。活塞顶部积炭可用刮刀清除。若活塞环槽内有积炭，可用折断的旧活塞环磨制成合适的形状进行清除，但应注意不要刮伤活塞环槽底部。

（2）活塞破损和烧蚀的检查　活塞拆出后应检查其顶部有无异常，若有撞击造成的明显凹陷甚至是裂纹，应及时查明故障原因，并予以排除。对于受损的活塞，若其顶部虽有凹陷但无裂纹可继续使用；若发现有裂纹或孔洞，必须更换新件。烧蚀较轻的活塞，允许继续使用，烧蚀严重时必须更换。

（3）活塞环槽磨损的检查　活塞环槽的磨损通常发生在活塞环槽的高度方向上，第一道活塞环槽磨损最严重。活塞环槽磨损后会使活塞环侧隙增大，如不及时修理或更换活塞，会导致发动机工作时烧润滑油和气缸压力下降等后果。

活塞环侧隙是指活塞环与活塞环槽在高度方向上的配合间隙，如图 9-8 所示。测量时，将一新活塞环放入环槽，用塞尺测量环的侧隙。若更换新活塞环后侧隙过小，可将活塞环平放在细砂布上研磨；若侧隙过大，则说明环槽磨损，可将环槽车削加宽并更换加厚的活塞环，也可在活塞环上方加装组合式油环的刮油钢片。普通发动机的活塞很便宜，一般可将活塞环与活塞一起更换。

（4）活塞刮伤的检查　活塞刮伤一般都有明显的痕迹。轻度刮伤的活塞，如果不影响与气缸的配合间隙，允许用细砂布研磨后继续使用；刮伤严重的活塞必须更换，并查明故障原因：

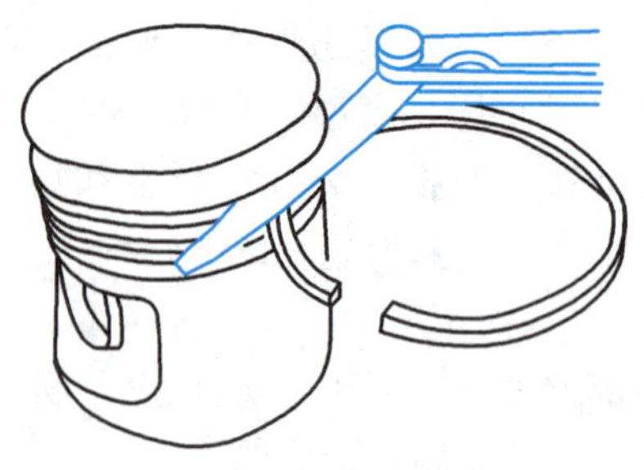

图 9-8　活塞环槽磨损的检查

1）活塞裙部两侧同时出现刮伤，通常是新换活塞与气缸配合间隙过小所致。

2）活塞裙部垂直活塞销方向的一侧刮伤，通常是怠速转速过低使缸壁润滑不良，或发动机长期大负荷工作导致活塞受侧压力较大的一侧刮伤。

3）活塞裙部两侧销座处刮伤，通常是活塞销与座孔配合过紧，受热后沿活塞销方向膨胀量过大造成的。

4）活塞与气缸配合间隙过大，将会引起第一道环槽的上部磨损或刮伤。

5）刮伤部位出现在一侧活塞销座的上方，通常是连杆变形造成的。

（5）活塞的测量

1）活塞的主要磨损部位是裙部。测量时，用外径千分尺在活塞销平行方向和垂直方向各测量一次，将测得的数值与标准尺寸相减，即为磨损量。

2）将活塞放在120°夹角的V形架上，再百分表夹装在支架上，然后使用百分表的测头接触活塞裙部，并将百分表指针调到“0”位；轻轻转动活塞，每隔36°测量记录一次，活塞转动一周后，回到原位时观察百分表指针是否回到“0”位。根据测量数据选择最大值与最小值相减，即可确定活塞的椭圆度，如图9-9所示。图中：

最大值为：0.03mm+0.01mm=0.04mm

最小值为：0.00mm+0.01mm=0.01mm

两值相减：0.04mm−0.01mm=0.03mm（椭圆度）

即其椭圆度为0.03mm。

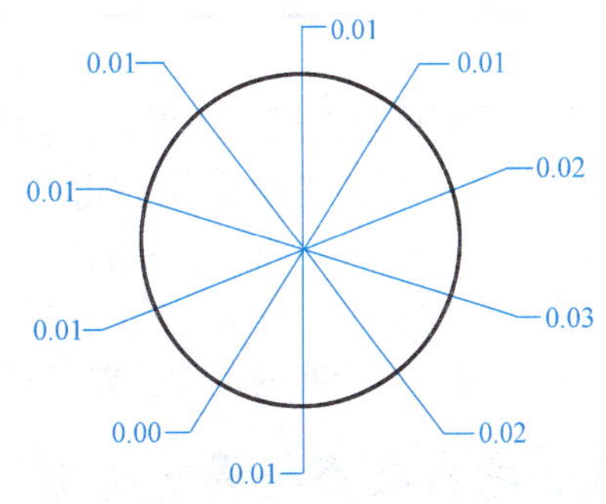

图9-9　活塞椭圆测量位置

（6）活塞的选配

1）活塞尺寸选配。活塞的选配是按气缸修理尺寸等级确定的。活塞的修理尺寸：大型汽车发动机一般分为六级，每级加大尺寸为0.25mm；小型汽车发动机分三级或两级，这由制造厂设计而定。活塞的加大数值一般刻在活塞顶部，以资识别。如日本丰田雷克萨斯LS400轿车IUZ-FE发动机的气缸和活塞尺寸分三级，用数字“1、2、3”表示，记号分别打印在气缸体上平面和活塞顶部，如图9-10所示。选配时，应使活塞与气缸上的数字记号一致。二汽富康轿车装用的TU32K发动机的气缸和活塞尺寸也分三级，更换活塞时，顶部刻有“A、B、C”标记的活塞应分别与气缸体上刻有“1、2、3”标记的气缸对应选配。

如果没有数据标记，应用外径千分尺在活塞裙部垂直于活塞销方向的规定部位进行测量，以确定活塞裙部直径和气缸直径，并计算出其配合间隙（配合间隙应符合标准）。活塞裙部直径因发动机的不同有不同的测量位置。图9-11所示为活塞直径的测量方法。表9-1为几种常见车型活塞直径的测量位置及配缸间隙。

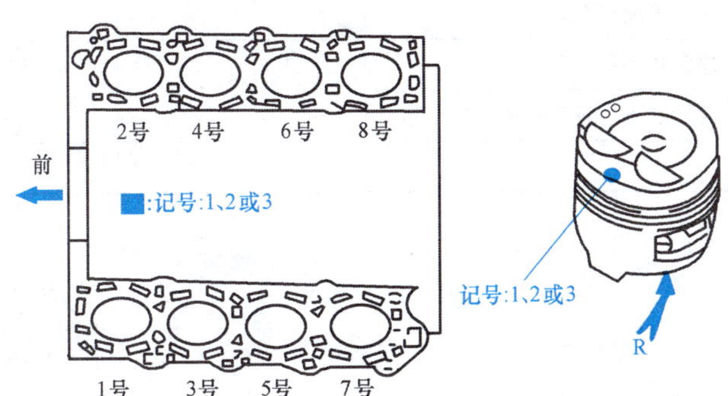

图9-10　日本丰田雷克萨斯LS400轿车IUZ-FE发动机的气缸和活塞的选配

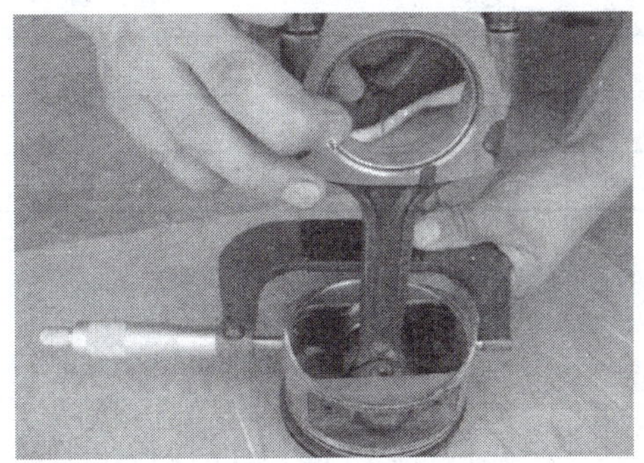
图9-11　活塞直径的测量方法

表9-1 几种常见车型活塞直径的测量位置及配缸间隙

车型	活塞直径的测量位置/mm		配缸间隙/mm	
	距活塞顶尺寸	距活塞裙底尺寸	标准值	使用极限
上海桑塔纳	—	15	0.03~0.08	—
一汽奥迪、捷达	—	15	0.03~0.08	—
二汽富康	—	15	0.04~0.06	—
天津夏利	—	15	0.045~0.065	0.12
切诺基	42	—	0.023~0.043	—
广州本田	—	16	0.02~0.04	0.05
丰田雷克萨斯LS400	49	—	0.02~0.04	0.06

2）活塞质量选配。为保证发动机的平衡，更换新活塞时必须仔细称量活塞的质量。新活塞的质量与旧活塞的质量应相同，即使加大尺寸的活塞也应如此。同组活塞的质量误差不应超过规定值，否则应适当车削裙部内壁下部向上到20mm处或重新选配。

同一台发动机上应选用同一厂牌规格的活塞，使活塞的材质、性能、质量、尺寸公差保持一致。同一组活塞的尺寸公差不得大于0.025mm，质量差不得大于3%。

六、考核要点与评分标准

活塞检测与选配考核要点与评分标准见表9-2。

表9-2 活塞检测与选配考核要点与评分标准

序号	考核要点	配分	评分标准	考核记录	得分
1	正确使用工具、量具	10	工具使用不当，1次扣2分		
2	活塞质量检测	20	操作步骤错误，1次扣5分		
3	活塞直径检测与配缸间隙测试	30	测量方法不对，1次扣5分		
			测量结果不对，1次扣5分		
	活塞拆装规范	20	错1项扣5分		
4	口述	10	错误1项扣5分		
5	整理工具、清理现场	10	违章每项扣2分		
	安全操作方面		因操作不当发生事故，记0分		
6	分数合计	100			

七、思考题

1. 如何对活塞磨损情况进行检测？
2. 如何进行活塞与气缸配合间隙的测试？
3. 活塞与气缸选配的目的是什么？如何进行选配？

9.2 装配与检验活塞环

一、教学目的

1）熟悉活塞环的结构及工作原理。

2）掌握活塞环选配和主要技术要求。

3）掌握活塞环性能的检测方法。

二、教学设备、工具与量具

活塞若干个、活塞环若干个、气缸体及缸套若干个；塞尺、游标卡尺、细平锉、砂布若干；活塞环拆装钳、活塞环弹力试验器。

三、课时

4 课时。

四、相关基础知识

活塞环按其功用可分为气环和油环两类，如图 9-12 所示。气环又称压缩环，其功用是密封活塞和气缸之间的间隙，防止漏气和窜油，并将活塞承受的热量传给气缸。油环的功用是刮去气缸壁上多余的润滑油，并在气缸壁上均匀布油。一般发动机上装有两道气环和一道油环。

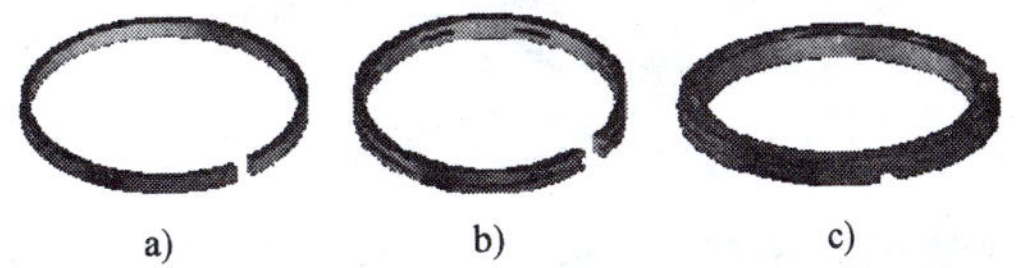

图 9-12 活塞环的分类

a）气环 b）整体式油环 c）组合式油环

活塞环上切有一个开口，称为活塞环开口。活塞环开口不仅便于拆装，而且可以使活塞环直径略大于气缸直径，依靠其弹性在缸内压紧气缸壁，以加强密封性。

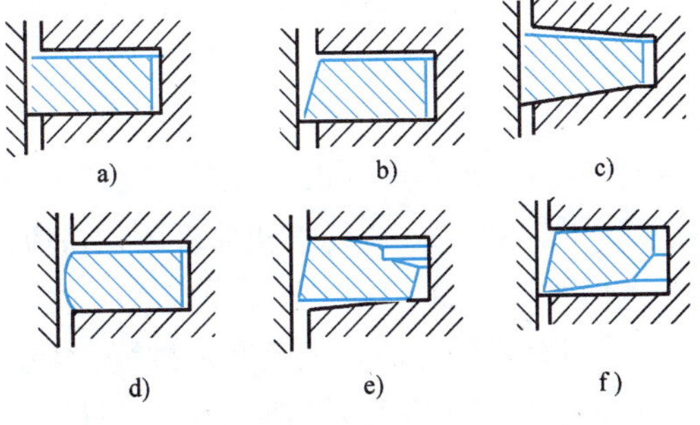

图 9-13 气环断面形状

a）矩形环 b）锥形环 c）梯形环 d）桶面环 e）扭曲环 f）反扭曲锥形环

在各种发动机上装用的气环按其断面形状可分为矩形环、锥形环、梯形环、桶面环、扭曲环和反扭曲锥形环，如图 9-13 所示。其中，扭曲环又分为内切口扭曲环和外切口扭曲环两种，内切口扭曲环的切口在其内圆上边，而外切口扭曲环的切口则在其外圆下边。油环可分为整体式和组合式两种。整体式油环（图 9-12b）一般用在负荷较大的发动机上，其外圆中部切有环槽，槽底开有若干回油孔。发动机工作时，整体式油环利用上、下两个板状环形刃口将气缸壁上的多余润滑油刮下，并通过回油孔流回曲轴箱。大部分轿车的发动机都采用三件组合式油环，它由上、下两片刮油钢片和一个衬簧组成，如图 9-14 所示。刮油钢片很薄，刮油作用强，对防止润滑油窜入燃烧室更有利。

活塞环装在环槽内应处于浮动状态，以保证其与气缸壁密封接合。因此，活塞环的上、下侧与环槽留有间隙，环与槽底也留有间隙，在环的开口端也留有间隙，否则，活塞环受热膨胀时会卡死在环槽内，拉坏气缸。各间隙如图9-15所示。各汽车制造厂为维修而生产的活塞环都按标准留有装配间隙，修理时不必再进行加工，但有必要进行一次检验。各种车型的发动机活塞环装配间隙也不相同，即使是安装在同一台发动机上的活塞环，由于其安装部位和作用的不同，其装配间隙也就不同。更换活塞环时，应选用与气缸和活塞同一修理尺寸级别的活塞环，同时还应检查其侧隙、背隙和开口间隙是否符合标准，以保证活塞环与环槽和气缸的良好配合。同时，还要检测活塞环在自由状态下的弹力和在工作状态下与气缸壁的贴合情况，以确保气缸工作时的密封性。

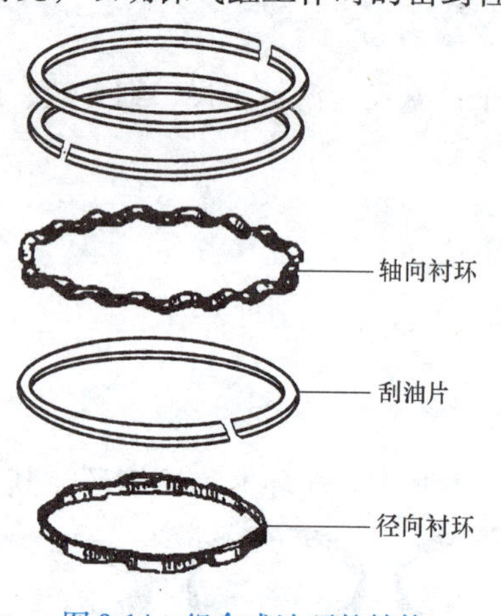

图9-14 组合式油环的结构

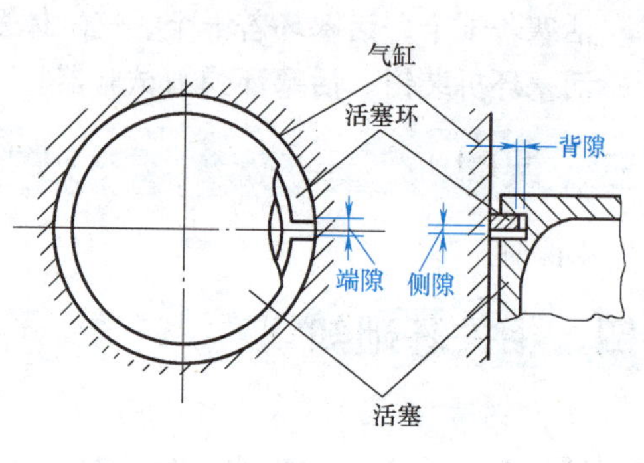

图9-15 活塞环配合间隙

五、实训操作

1. 注意事项

1）拆装气环应使用专用卡钳，若手工拆装活塞环时，应先用布包住活塞环开口端部，然后用两手拇指使活塞环开口张大。但应注意，不要使活塞环开口两端上下错开，以免活塞环变形或折断。

2）安装非矩形断面的气环时，应注意活塞环端面上是否有“TOP”等标记，若有，有标记的一面应向上。内切口扭曲环的切口应向上，外切口扭曲环的切口应向下。活塞环装反会导致漏气和窜油。

3）组合式油环的安装顺序是衬簧、上刮油钢片、下刮油钢片，衬簧接头处不能重叠过多，安装后两刮油钢片开口应相对并与衬簧接头错开90°。

4）活塞环开口方向的布置直接影响气缸的磨损和密封性。开口方向的布置形式很多，但最好按原车要求进行。除全裙式活塞外，一般活塞环开口不应与活塞销对正，同时开口应尽量避开做功时活塞与气缸壁接触的一侧。

2. 操作步骤

（1）活塞环端隙的检修　活塞环端隙就是活塞环装入气缸后，活塞环两端头的开口间隙。

检查活塞环端隙时，先将活塞环平正地放入气缸内，用活塞顶部将其推平，然后用塞尺测量开口处间隙，如图 9-16 所示。端隙过大或有其他损坏时，应重新选配活塞环。端隙过小时，应对环口的一端加以锉修。锉修时，应注意环口平整，锉后环外口应去掉毛刺，防止锋利的环口拉伤气缸。端隙的大小与气缸的直径相关，一般每 100mm 缸径端隙为：第一道环为 0.25 ~0.45mm，其余各道为 0.20 ~0.40mm。

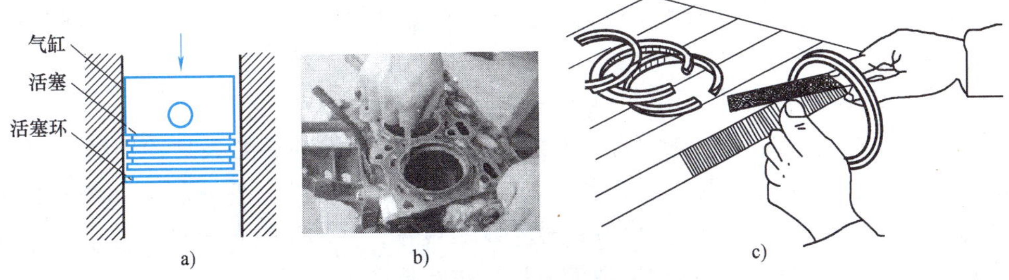

图 9-16　活塞环端隙检修示意图

a）装入活塞环　b）测量端隙　c）修锉端口

注意：检测活塞环端隙时，应将活塞环放到活塞环与气缸接触位置的最低处，因为活塞环接触气缸的底部磨损最小，测量数据的准确性高。

（2）活塞环侧隙的检查　活塞环侧隙就是活塞环与活塞环槽上下方向上的间隙。

检查活塞环侧隙时，将活塞环放入环槽内后用塞尺测量，如图 9-17 所示。如果侧隙过大，会影响活塞环的密封作用，应重新选配活塞环。如果侧隙过小，活塞环受热膨胀后有可能卡死在环槽内，可以把活塞环放在铺有砂布的平板上或专用设备上进行研磨。

注意：有切槽的环在修磨时，应磨没有切槽的一面。修磨时，要注意均匀用力，成“8”字形转圈磨，同时在手上不断挪动。一般第一道环的侧隙为 0.05 ~0.09mm，其余各道环的侧隙为 0.03 ~0.07mm。

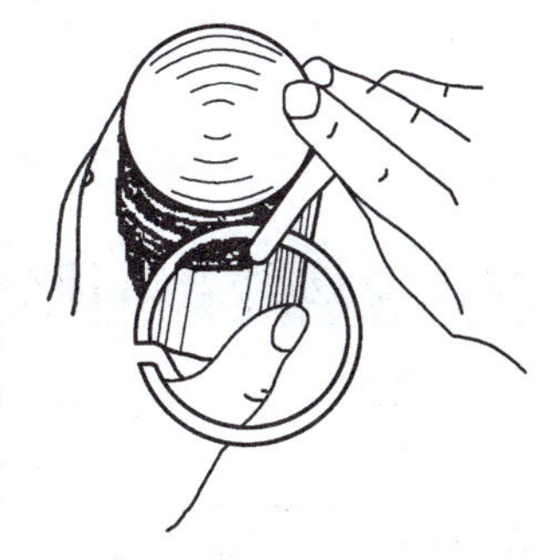

图 9-17　活塞环侧隙的检查

（3）活塞环背隙检查　活塞环背隙就是活塞环安装到活塞上放入气缸后，活塞环内圆面与环槽底之间的间隙。因此，背隙难以直接测量。通常，背隙以槽深与环宽之差来表示。背隙一般为活塞环低于槽岸边 0 ~0.35mm。若活塞环高出槽岸边，应车深环槽，防止活塞卡死在气缸内。

检验侧隙、背隙的经验做法是：将活塞水平放置，以环在槽内低于槽岸边，能转动自如、无松旷感觉为合适。

计算活塞环背隙 B 的公式

$$B = (D - A - 2T)/2$$

式中　D——气缸直径（mm）；

A——活塞环槽底直径（mm）；

T——活塞环径向厚度（mm）。

（4）活塞环的漏光检验　活塞环漏光检验是选配工作中的重要环节，用它可检验环与气缸壁的密封程度和接合状况，密封不良会造成漏气、窜润滑油，接合不好会造成拉缸。

简易的检验方法是将活塞环水平地放入气缸内，用一盖板盖住活塞环的内环，在气缸下部放置一个亮的灯泡，用察看透光的方法检查活塞环与气缸壁间的密封情况，如图9-18所示。

活塞环漏光度的检验技术要求是：

1）活塞环上漏光弧长所对应的圆心角，每处不得大于25°，其漏光间隙不大于0.03mm；同一根环上的漏光处不得多于两处，总和不得大于45°。

2）在靠近活塞环开口处两侧各30°范围内不允许有漏光。

（5）活塞环弹力试验　活塞环的弹力是保证气缸密封性的重要条件；但弹力过大会加速气缸磨损，过小则容易产生漏气。活塞环的弹力试验器为弹力检测仪，如图9-19所示。将活塞环置于滚轮和底座之间，并使开口处于水平位置；移动量块可沿秤杆移动，使环口间隙达到规定值时，读出秤杆上的刻度数值，以此进行比较。

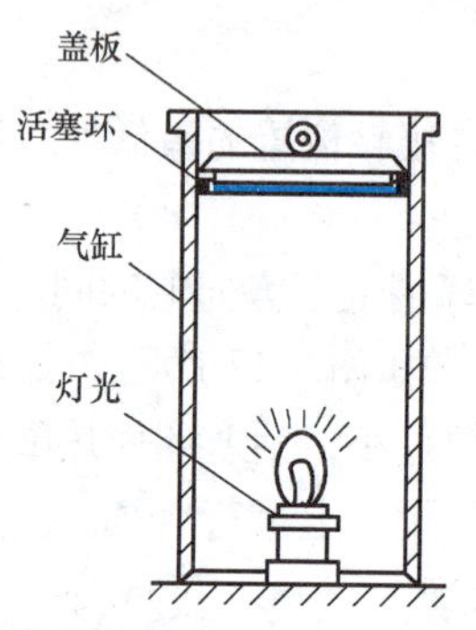

图9-18　活塞环漏光检验

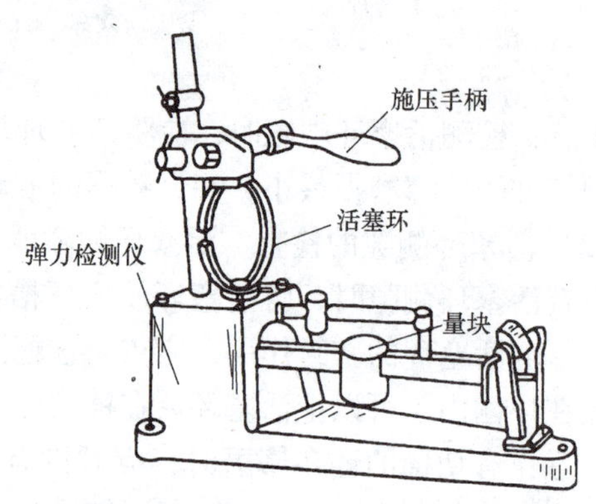

图9-19　弹力检测仪

六、考核要点与评分标准

活塞环检测与选配考核要点和评分标准见表9-3。

表9-3　活塞环检测与选配考核要点和评分标准

序号	考核要点	配分	评分标准	考核记录	得分
1	正确使用工具、量具	10	工具、量具使用不当，1次扣2分		
2	活塞环端隙测量	15	操作步骤错误，1次扣5分		
	活塞环侧隙测量	15	操作步骤错误，1次扣5分		
	活塞环背隙测量	15	操作步骤错误，1次扣5分		
3	活塞环漏光度测试	10	测量方法不对，1次扣5分		
	活塞环弹力测试	10	测量结果不对，1次扣5分		
4	口述	10	错误1项扣5分		
5	整理工具、清理现场	10	违章每项扣2分		
	安全操作方面		因操作不当发生事故，记0分		
6	分数合计	100			

七、思考题

1. 如何进行活塞环端隙、侧隙和背隙的检测？如不符合要求，如何修理？
2. 如何检测活塞环的弹力？
3. 如何进行活塞环漏光度的检测？

9.3 选配活塞销与活塞销座孔及连杆衬套

一、教学目的

1）了解活塞销、活塞销座孔、连杆衬套的结构及其选配要求。
2）熟悉活塞销座孔的铰削工艺及其与活塞销配合的检验。
3）熟悉连杆衬套的铰削及研磨过程。

二、教学设备、工具与量具

活塞若干个、活塞销若干个、连杆若干个、连杆衬套若干个。
活铰刀若干套、台虎钳 1 台、润滑油少许。
外径千分尺、百分表。

三、课时

4 课时。

四、相关基础知识

活塞销的功用是将活塞和连杆小头连接在一起，将活塞承受的气体压力传给连杆。

活塞销为空心管状结构，外表面为圆柱形，内孔形状有圆柱形、截锥形和组合形，如图 9-20 所示。圆柱形孔容易加工，但圆柱形孔活塞销的质量较大。

截锥形孔加工较复杂，但有利于减小活塞销的质量。组合形孔活塞销的性能介于两者之间。

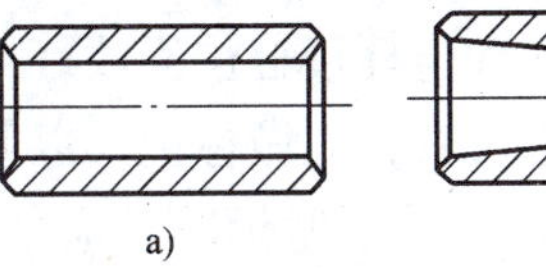

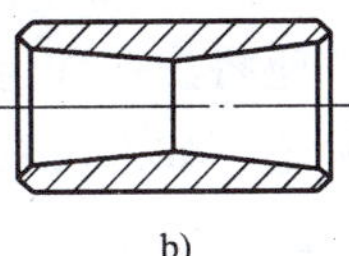

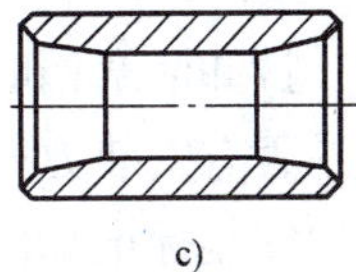

图 9-20　活塞销
a）圆柱形孔　b）截锥形孔　c）组合形孔

活塞裙部的上部加工有活塞销座孔，用以安装活塞销，如图 9-21 所示。有些活塞销座孔内加工有卡环槽，以便安装活塞销卡环，防止活塞销工作时轴向窜动。为减小活塞销座处受热后的变形量，有些活塞的销座外表面制成凹陷的。

在活塞内腔的活塞销座与活塞顶部之间一般铸有加强肋，以提高活塞的刚度。

连杆小头与活塞销相连，采用全浮式连接的活塞销时，在连杆小头孔内装有连杆衬套，以减少活塞销与连杆接触面的磨损。连杆衬套一般为青铜制成。为润滑连杆衬套和活塞销，在连杆小头和连杆衬套上加工有集油孔或集油槽。更换活塞、活塞销的同时，必须更换连杆衬套。

活塞销与活塞销座孔及连杆小头衬套孔的连接方式有半浮式和全浮式两种，如图9-22所示。半浮式连接是在发动机工作时，活塞销与活塞销座孔为间隙配合，而活塞销与连杆小头为过盈配合，活塞销只能在活塞销座孔内浮动。全浮式连接是在发动机工作时，活塞销与连杆小头、活塞销座孔均为间隙配合，活塞销可在活塞销座孔和连杆小头的衬套孔内自由转动。

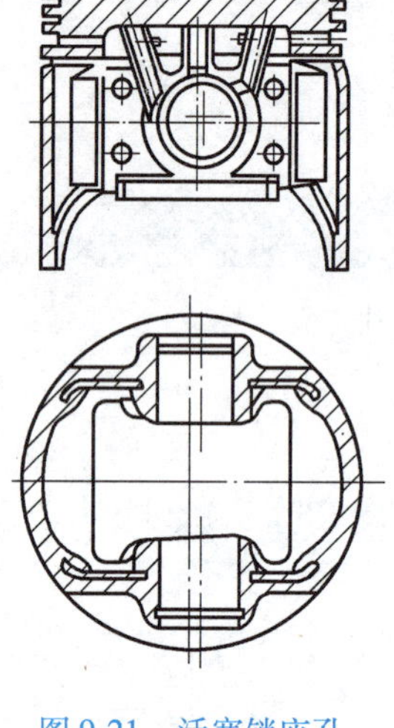

图9-21　活塞销座孔

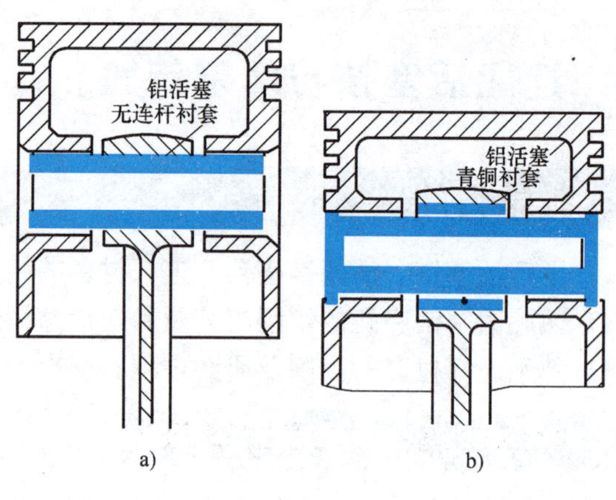

图9-22　活塞销的连接方式

a）半浮式活塞销　b）全浮式活塞销

采用半浮式连接时，连杆小头不必装连杆衬套，从而也减少了连杆衬套的维修作业，但活塞销磨损不均匀。采用全浮式连接时，必须在活塞销座孔两端装入卡环，以防止活塞销窜动而刮伤气缸，全浮式活塞销磨损均匀。

五、实训操作

采用半浮式连接的活塞销必须在压床上拆卸或安装，在维修中若不更换活塞，就不必拆下活塞销。采用铝合金活塞时，活塞销在常温下与座孔为过渡配合，安装时，先将活塞在温度为70～80℃的水中或油中加热，然后再将活塞销装入。

拆卸活塞销时，应将活塞和连杆按缸位摆放好，以免装错。同时，还应注意活塞与连杆上是否有安装方向标记；如果没有，应做标记，以便安装时保证其正确的方向。活塞和连杆上的安装标记如图9-23所示。安装活塞销时，应使标记在同一侧；活塞连杆组件安装到气缸内时，标记应朝向发动机前方。

1. 活塞销与活塞销座孔的选配

发动机工作中，活塞销座孔一般比活塞销更容易磨损。活塞销座孔磨损后，因其修理成本较高，一般都是更换活塞，并同时更换活塞销和活塞环。

更换活塞销时，活塞销应与活塞销座孔进行选配。对于采用半浮式连接的活塞销，将活塞放置在销座孔处于垂直方向的位置上，在常温下活塞销应能靠自重缓缓通过活塞销座孔。对于采用全浮式连接的活塞销，在活塞加热到70～80℃时，应能用手掌心将涂有润滑油的活塞销推入座孔。若不符合上述要求，均应重新选配活塞销。对采用全浮式连接的活塞销，允许通过铰削活塞销座孔的方法达到配合要求，如图 9-24 所示。

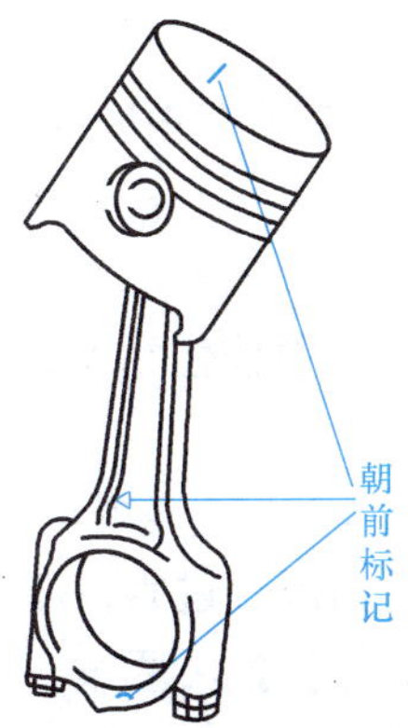

图 9-23　活塞和连杆上的安装标记

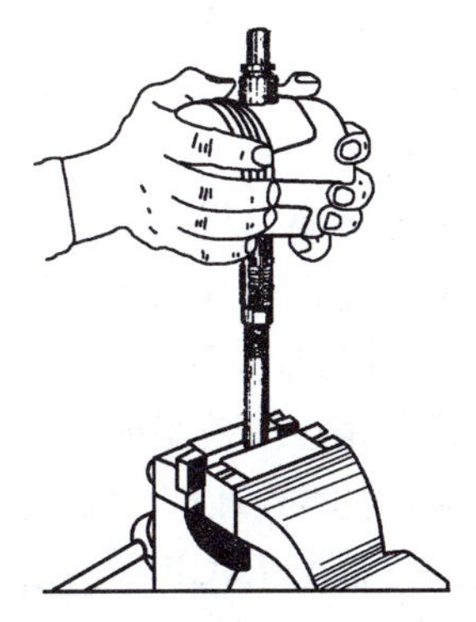

图 9-24　铰削活塞销座孔

手工铰削工艺如下：

（1）选用铰刀　选用适当直径的长刃活铰刀，使活塞的两个销孔能同时进行铰削，保证两孔的同轴度。

（2）调整铰刀　第一刀作为试探性铰削，其铰削量甚微，调整刀片时，仅与座孔接触即可。

（3）铰削　将铰刀柄固定在台虎钳上，双手握住活塞，轻压，顺时针方向徐徐铰动，如图 9-24 所示。铰到底，使活塞从铰刀下方脱出。

（4）试配　每铰一遍都应将活塞销试配一下，当活塞销能用手推入座孔 1/3 时，应停止铰削，如图 9-25 所示；然后用木锤或铜铳头轻轻击入，根据配合松紧度检查和修刮接触面。

（5）配合　活塞销与活塞销座孔的配合，在常温下应有 0.0025～0.0075mm 的过盈量；当活塞处于 75～80℃时，感觉应有微量间隙。

修刮后的配合松紧度以能用手掌击入 1/3～1/2 为宜。活塞销与活塞销孔的接触面积应在 75% 以上。

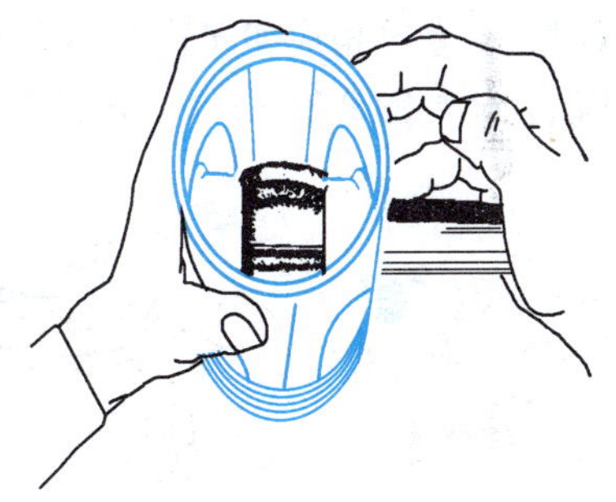

图 9-25　活塞销与座孔试配

2. 活塞销与销座孔配合松紧度的检验

（1）活塞的热变形试验

1）目的：主要是检验活塞销与座孔配合松紧度是否符合技术要求。

2）步骤：

①在常温下测量并记录活塞的长、短轴实际尺寸。

②将活塞放入热水中加温到 75～85℃。

③取出活塞，将活塞销涂润滑油后迅速装入座孔并趁热转动几圈。

④冷却后再测量活塞的长、短轴尺寸，与原数据进行比较。

3）要求：长轴缩短，短轴变长，变化量均不超过 0.025mm。

4）几种情况的处理方法：

①长、短轴变化不一致，以长轴变化为主。

②变化大，说明过紧，应对座孔重新修刮。

③无变化，配合过松，应换加大一级的活塞销重新铰配。

（2）检查活塞销的浮动情况　在工作中，可以通过检查活塞销在销座孔内的浮动程度，判定其配合情况。

1）把活塞加温，组装活塞销及连杆。

2）把活塞连杆组放入水中加热到75～85℃后迅速取出，一手按住活塞，另一手握住并扭连杆大头，前后推拉连杆。

3）若活塞销能在销座内浮动，说明配合符合要求。

4）若温度达85℃以上时，活塞销在座孔内仍不能活动，为配合过紧，应修配。

5）若温度低于75℃时活塞销就开始浮动，为配合过松，应更换活塞销，重新修配。

3. 活塞销与连杆的选配

（1）半浮式活塞销与连杆小头的选配　半浮式连接的活塞销与连杆小头为过盈配合，过盈量一般为0.01～0.04mm。活塞销与连杆小头孔不允许试装，只能通过测量尺寸进行选配，如图9-26所示。

在装配前，必须将连杆小头放在电炉内加热到200℃左右使销孔胀大，然后连同活塞一起装入，冷却后活塞销便固定在销孔内。

（2）全浮式活塞销与连杆衬套的选配　在维修中，若活塞销与连杆衬套配合间隙过大，或更换活塞和活塞销时，必须更换连杆衬套，以保证其正常配合。连杆衬套与连杆小头孔应有适量的过盈量，以防止工作时衬套转动或轴向窜动。新衬套可用台虎钳压入连杆小头，压入时，衬套倒角应朝向连杆小头倒角的一侧，并将其放正，同时对正衬套的油孔和连杆小头的油孔，如图9-27所示，确保润滑油道畅通。

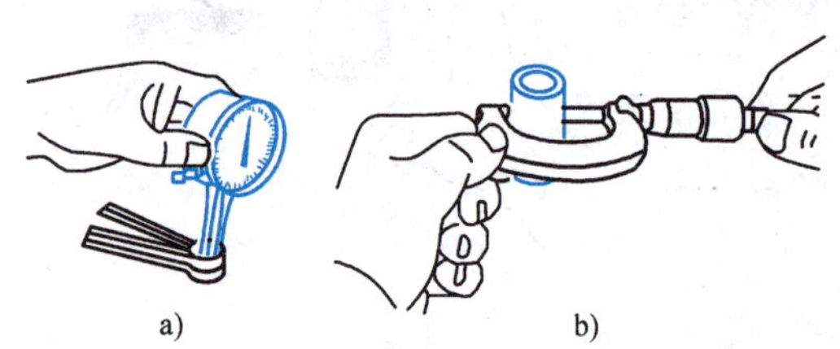

图9-26　半浮式活塞销选配

a）测量连杆小头直径　b）测量活塞销外径

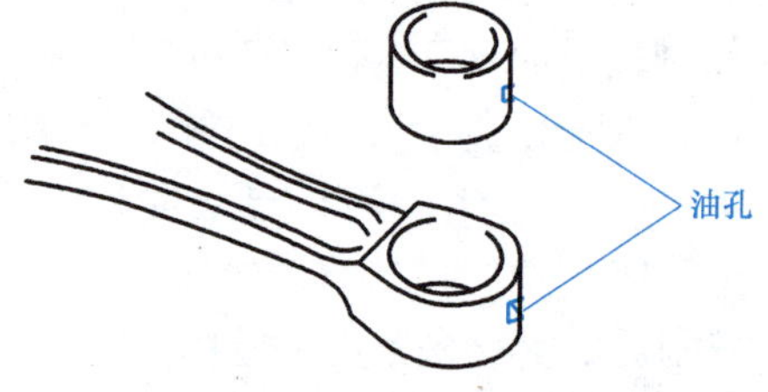

图9-27　衬套油孔和连杆小头的油孔

有些发动机的连杆衬套无加工余量，压装后不需修配。对有加工余量的连杆衬套，压入连杆小头后需进行铰削修配，其铰削程序如下：

1）选择铰刀。根据活塞销的实际尺寸进行选择，将铰刀夹紧在台虎钳上，并与钳口平面保持垂直。

2）调铰刀。将连杆小端套入铰刀内，与铰刀吻合，以切削刃露出衬套3～5mm为宜。铰削量不得过大，以免铰削时出现摆动，铰出不正常的塄坎或喇叭口。

3）铰削。

①一手握住连杆大端，均匀用力扳转；一手把持小端，并向下略施压力，进行铰削，如图9-28所示。

②当衬套下平面与切削刃下方相平时，停止铰削。此时，将连杆小端下压，使衬套平稳脱出铰刀。铰刀的调整量以旋转调整螺母 60° ~ 90° 为宜。

③在铰刀直径不变的情况下，将连杆翻转一面再铰一次。

④配对研磨。在铰削或磨削时，应留有研磨余量。如图 9-29 所示，将活塞销装入连杆衬套内配对研磨，并加少量润滑油；将活塞销夹持在台虎钳上，沿活塞销轴线方向扳动连杆，应无间隙感觉。

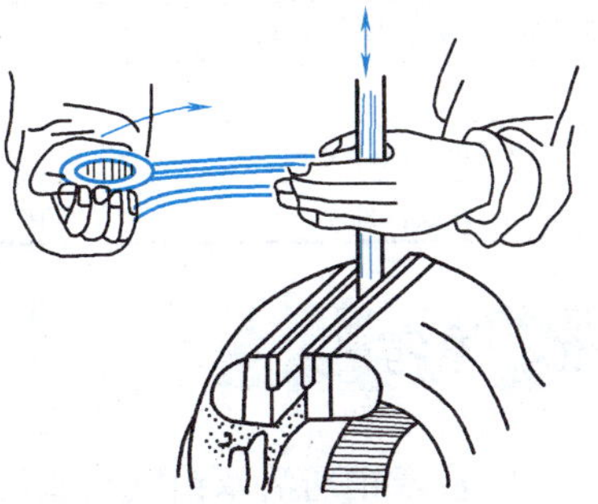

图 9-28　铰削连杆衬套

加入润滑油扳动时，无“气泡”产生；把连杆置于与水平呈 75°角时，应能停住；轻轻触动连杆，应能徐徐下降，此时的间隙为合适。

如图 9-30 所示，经过铰削、研磨的衬套能用大拇指把活塞销推入连杆衬套内，此时应无间隙感觉。

注意：研磨后，活塞销与衬套的接触面积应在 75% 以上。

图 9-29　配对研磨连杆衬套

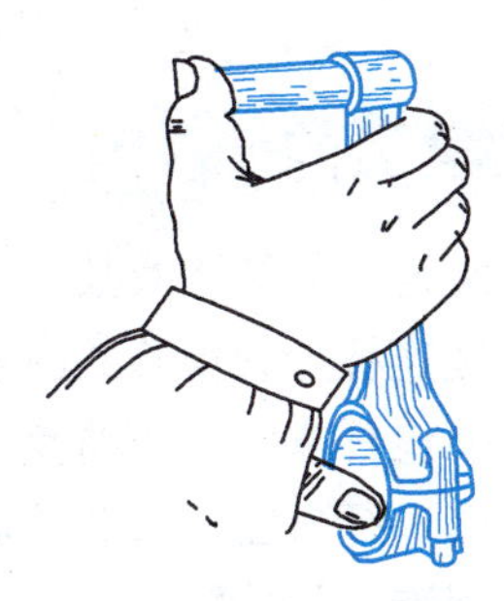

图 9-30　活塞销配对间隙检查

六、考核要点与评分标准

活塞销与活塞销座孔及连杆衬套的选配考核要点和评分标准见表 9-4。

表 9-4　活塞销与活塞销座孔及连杆衬套的选配考核要点和评分标准

序号	考核要点	配分	评分标准	考核记录	得分
1	正确使用工具、量具	10	使用方法不当，1 次扣 5 分		
2	活塞销座孔铰削	30	选择铰刀不正确，扣 10 分；调整铰刀方法不正确，扣 5 分；铰削方法不正确，扣 5 分；铰削质量不合格，扣 10 分		
	活塞销与座孔配合检验	10	检验方法不对，扣 5 分；检验结果不对，扣 10 分		
3	连杆衬套的选配	10	选配方法不对，扣 5 分 压入衬套方法不对，扣 5 分		
	连杆衬套铰削	30	选择铰刀不正确，扣 10 分；调整铰刀方法不正确，扣 5 分；铰削方法不正确，扣 5 分；铰削质量不合格，扣 10 分		

（续）

序号	考核要点	配分	评分标准	考核记录	得分
4	整理工具、清理现场	10	违章每项扣2分		
	安全操作方面		因操作不当发生事故，记0分		
5	分数合计	100			

七、思考题

1. 活塞销与活塞销座孔如何选配？
2. 活塞销与活塞销座孔配合松紧度如何检验？
3. 半浮式活塞销与连杆小头如何选配？
4. 全浮式活塞销与连杆衬套如何选配？

9.4　检验与校正连杆变形

一、教学目的

1）了解连杆的结构及其功用。

2）掌握连杆外观检验的内容，并能判断连杆能否继续使用。

3）掌握连杆弯曲、扭曲及弯、扭变形并存的检验方法。

4）能够进行弯曲、扭曲及弯、扭变形并存的校正。

5）掌握连杆的选配。

二、教学设备、工具与量具

连杆若干个，与连杆相配套的活塞销若干个；连杆校正器，连杆检验器，塞尺。

三、课时

4课时。

四、相关基础知识

连杆的功用是将活塞承受的气体压力传给曲轴，使活塞的往复直线运动转换为曲轴的旋转运动。连杆由连杆小头、连杆杆身和连杆大头（包括连杆盖）3部分组成，如图9-31所示。

连杆杆身通常采用“工”字形截面，以求在保证连杆强度和刚度的前提下，减轻连杆的质量。

连杆大头是分开的，分开的部分称为连杆盖。连杆盖与连杆用连杆螺栓连接。连杆螺栓是特制的，其根部有一段直径较大的部分。它与螺栓孔配合起定位作用，防止装配时连杆盖与连杆错位。为保证连杆螺栓连接更加可靠，一般都采用自锁螺母，以防工作时松动。

连杆大头连接曲轴上的连杆轴颈，连杆大头内孔装有连杆轴承，轴承有一定的弹性。安装后，轴承背面与连杆大头内孔紧密贴合，形成过盈配合。连杆大头的内孔加工有连杆轴承定位凹槽，安装时轴承背面的凸键卡在凹槽中，使连杆轴承正确定位。连杆轴承的内表面加工有油槽，用以储油保证可靠润滑。有些连杆轴承及连杆大头还加工有径向小油孔，从油孔中喷出的油可使气缸壁得到更好的润滑。

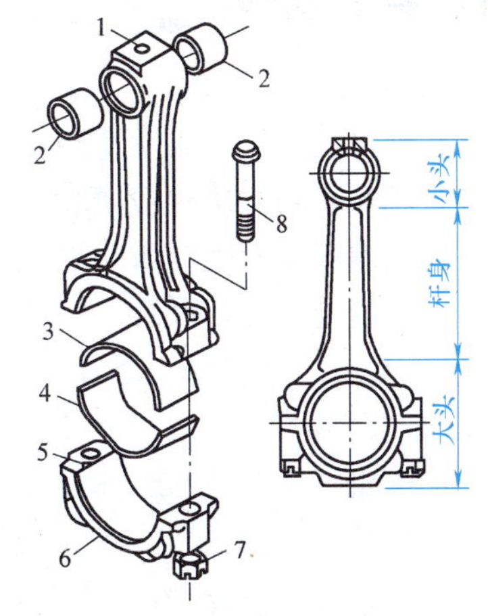

图 9-31　连杆的组成

1—连杆杆身　2—连杆衬套　3、4—连杆轴承　5—轴承的定位凹槽　6—连杆盖　7—自锁螺母　8—连杆螺栓

连杆大头与连杆盖按切分面方向的不同可分为平切口和斜切口两种，采用最多的是平切口。有些负荷较大的柴油发动机连杆，由于连杆大头直径比气缸直径大，为拆装时能使连杆通过气缸，连杆大头与连杆盖切分面采用斜切口形式。斜切口的连杆盖与连杆大头一般不是靠连杆螺栓与螺栓孔配合定位，有的在连杆盖的螺栓孔内压装一个定位套与连杆大头螺栓孔配合定位，有的则在切分面上采用锯齿定位、定位套定位、定位销定位或止口定位，如图 9-32 所示。

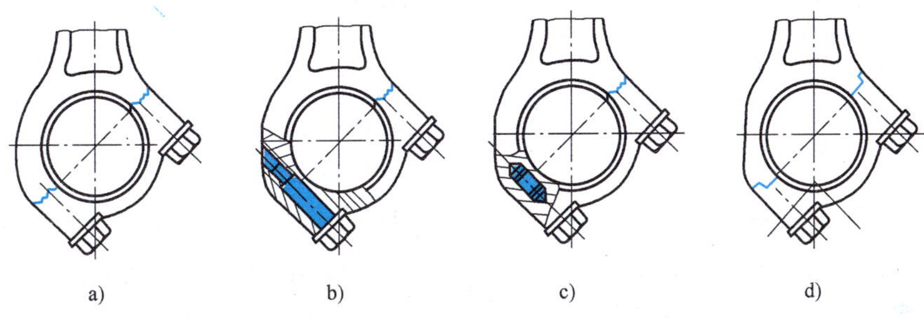

图 9-32　斜切口连杆大头的定位方式

a）锯齿定位　b）定位套定位　c）定位销定位　d）止口定位

连杆大头一般都是对称的，但也有部分发动机（多数是 V 形发动机）为减小连杆大头的轴向尺寸采用偏位连杆，如图 9-33a 所示，即连杆大头两端面与连杆杆身中心平面不对称。偏位连杆安装时，方向不能装反；V 形发动机装在同一连杆轴颈上的连杆应短面相对，直列发动机偏位连杆的短面应朝向曲轴主轴颈，如图 9-33b 所示。

连杆变形主要是弯曲和扭曲，其主要危害是连杆变形后会导致气缸、活塞和连杆轴承异常磨损。对采用全浮式连接的活塞销，连杆弯曲可能会引起活塞销卡环脱出。连杆变形量的检查必须使用专用的连杆检测仪器。

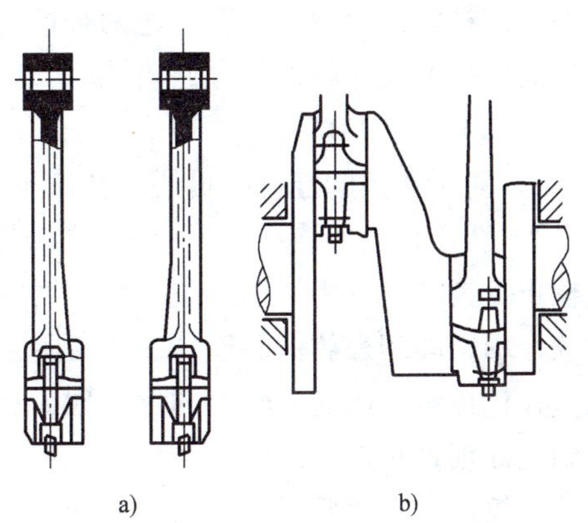

图 9-33　偏位连杆及其安装

a）偏位连杆　b）直列发动机偏位连杆的安装

五、实训操作

1. 连杆的外观检验

1）连杆体、轴承盖等不得有裂纹和损伤。

2）轴承盖与轴承座应密合，结合面无损伤，定位槽完整无损。

3）用塞尺检查连杆大头两端面与曲柄臂间隙，应符合规定，否则应予以更换。

4）检查连杆螺栓及螺母。如螺纹有损伤（在两扣以上）、螺栓有裂痕或有明显的缺陷、螺栓拉长变形，或螺栓、螺母相互配合间隙过大，有明显松旷，应更换。

2. 连杆变形的检验

连杆弯曲、扭曲变形的检验在连杆检测器上进行，如图 9-34 所示。

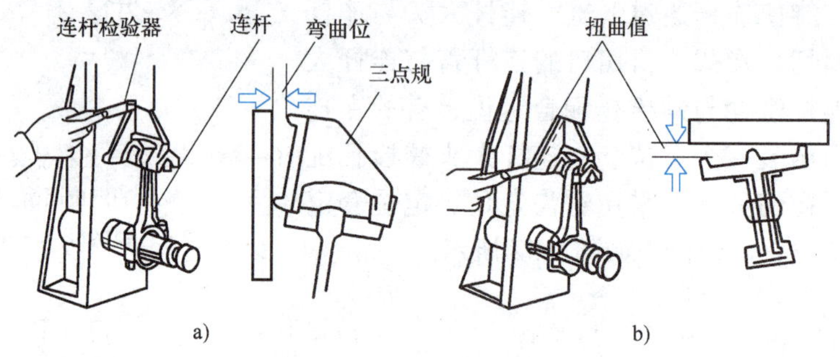

图 9-34　连杆弯扭的检验

a）弯曲　b）扭曲

检查连杆变形时，将连杆轴承盖装好，活塞销装入连杆小头，再将连杆大头固定在检测器的定心轴上，然后把三点式量规的 V 形槽贴紧活塞销，用塞尺测量检测器平面与量规指销之间的间隙。三点式量规有 3 个指销，上面一个，下面两个。若 3 个指销均与检测器平面接触，说明连杆无变形；若量规仅上面一个指销（或下面两个指销）与检测器平面有间隙，说明连杆有弯曲变形，如图 9-34a 所示，间隙的大小反映了连杆的弯曲程度；若量规下面的两个指销与检测器平面的间隙不同，说明连杆有扭曲变形，如图 9-34b 所示，两指销的间隙反映了连杆的扭曲程度；若上述两种情况并存，说明连杆既有弯曲变形又有扭曲变形。连杆的弯曲或扭曲变形超过其允许极限时，应进行校正或更换连杆。

3. 连杆弯、扭的校正

1）对于弯曲的连杆，可用压床或校正器上的校弯工具压直，如图 9-35 所示。

2）对于扭曲的连杆，可夹在台虎钳上用校正器上的校扭工具校正，如图 9-36 所示。没有校正工具时，可用长柄扳钳、管子钳等校正。在常温下校正连杆时，将会发生弹性变形和后效作用，即卸去载荷后连杆有恢复原状的趋势。因此，在校正弯、扭变形较大的连杆时，校正后最好进行稳定处理，其方法是将校正后的连杆用喷灯稍微加温。在校正弯、扭变形较小的连杆时，使校正载荷保持一定时间即可。经校正的连杆应再次进行检验。如此反复进行，直至把弯、扭消除为止。

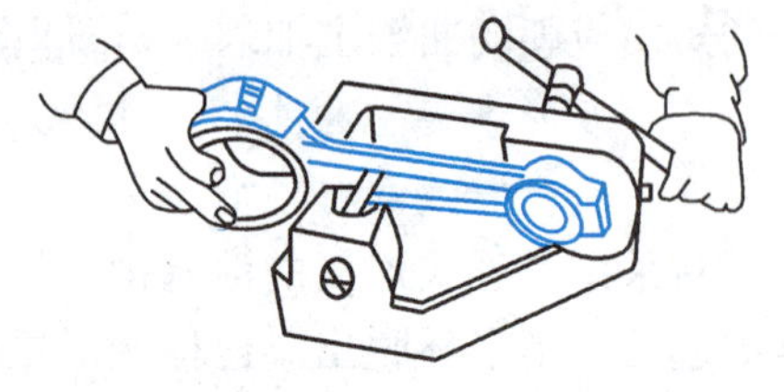

图 9-35　校正连杆的弯曲

4. 连杆的选配

连杆大头内孔是与连杆盖配对装合后加工的，而且连杆装配后的质量在出厂时都有较严格的控制。连杆和连杆盖一般都刻有配对标记（常用数字），拆装时必须注意。

连杆上的喷油孔和偏位连杆都有方向性，同时为了保证连杆大头和连杆小头与配合件的配合位置，连杆的杆身上刻有朝前标记，并在连杆大头侧面刻有缸位序号。装配时不可装反，也不可装错缸位。

连杆螺栓必须根据发动机具体转矩的要求按规定力矩拧紧。带开口销的，不可漏装开口销。

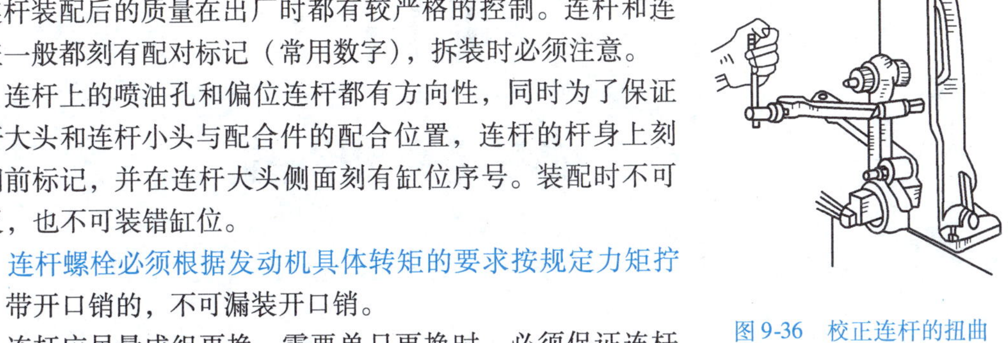

图 9-36　校正连杆的扭曲

连杆应尽量成组更换。需要单只更换时，必须保证连杆质量差不大于3g。连杆、连杆螺栓及螺母的结构要与发动机的型号相适应。

六、考核要点与评分标准

连杆检修的考核要点和评分标准见表 9-5。

表 9-5　连杆检修的考核要点和评分标准

序号	考核要点	配分	评分标准	考核记录	得分
1	正确使用工具、量具	10	工具、量具使用方法不当，1次扣2分		
2	连杆弯曲、扭曲变形的检验	30	检验方法不正确，1次扣5分；检验结果不正确，1次扣5分		
	连杆弯曲、扭曲变形的校正（连杆的形状误差符合要求时，可口述校正过程）	40	校正方法不正确，扣30分；校正质量不符合技术要求，扣10分		
3	外观检查	10	检查不出存在的缺陷，每项扣5分		
4	整理工具、清理现场	10	违章每项扣2分		
	安全操作方面		因操作不当发生事故，记0分		
5	分数合计	100			

七、思考题

1. 如何进行连杆变形的检验？
2. 如何对连杆弯曲、扭曲进行校正？
3. 连杆装配时应注意哪些问题？

项目十 检修曲轴

10.1 检修曲轴轴颈磨损、曲轴变形

一、教学目的

1）了解曲轴的基本结构与工作原理。

2）掌握曲轴磨损、弯曲、扭曲的检测方法。

3）熟悉曲轴易产生裂纹的部位、原因及检查方法。

二、教学设备、工具与量具

发动机曲轴若干根，润滑油少许。

压力机、检测平台，与曲轴相配套的V形铁若干块。

磁座百分表、外径千分尺及游标高度尺各若干个。

三、课时

4课时。

四、相关基础知识

曲轴的功用是承受连杆传来的力，并由此产生绕自身轴线旋转的力矩。该力矩通过飞轮输送给底盘驱动汽车行驶。曲轴还用来驱动发动机的配气机构和水泵、电动机、空气压缩机等附件。

曲轴的基本组成包括前端轴、主轴颈、连杆轴颈（曲柄销）、曲柄、平衡重和后端凸缘等，如图10-1所示。

曲轴上磨光的表面为轴颈。将曲轴支承在曲轴箱内旋转的轴颈称为主轴颈。主轴颈的轴线都在同一直线上。偏离主轴颈轴线用以安装连杆的轴颈称为连杆轴颈（或称曲柄销）。连杆轴颈之间有一定夹角。连杆轴颈与主轴颈之间还加工有润滑油道。

将连杆轴颈和主轴颈连接到一起的部分称为曲柄。连杆轴颈和曲柄共同将连杆传来的力转变成曲轴的旋转力矩。轴颈与曲柄之间有过渡圆角。

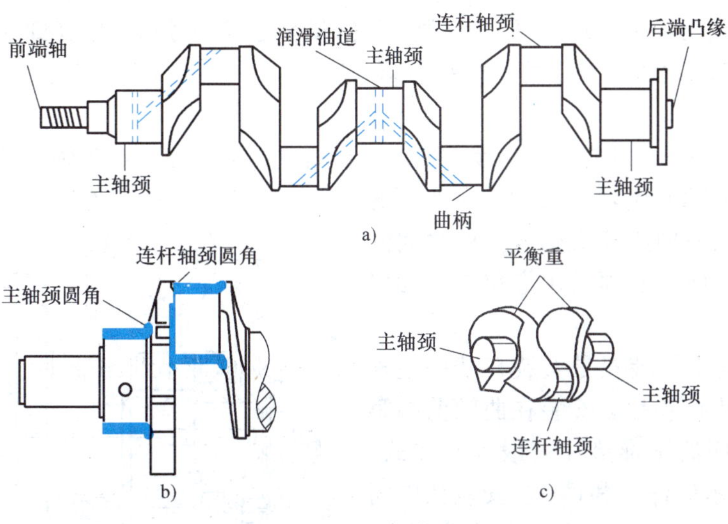

图 10-1　曲轴

a）曲轴　b）轴颈两端的过渡圆角　c）平衡重

前端轴用以安装水泵带轮、曲轴正时带轮（或正时齿轮、正时链轮）、起动爪等。后端凸缘用以安装飞轮。

为使发动机运转平稳，一般在连杆轴颈相对的位置上设有平衡重。不同发动机的曲轴设置的平衡重数量不同，有 4 块、6 块、8 块等。

在少数发动机上采用组合式曲轴，即将曲轴的各部分分段加工，然后组装成整个曲轴，如图 10-2 所示。采用组合式曲轴的发动机的连杆大头为整体式，主轴承为滚动轴承，相应曲轴箱为隧道式。

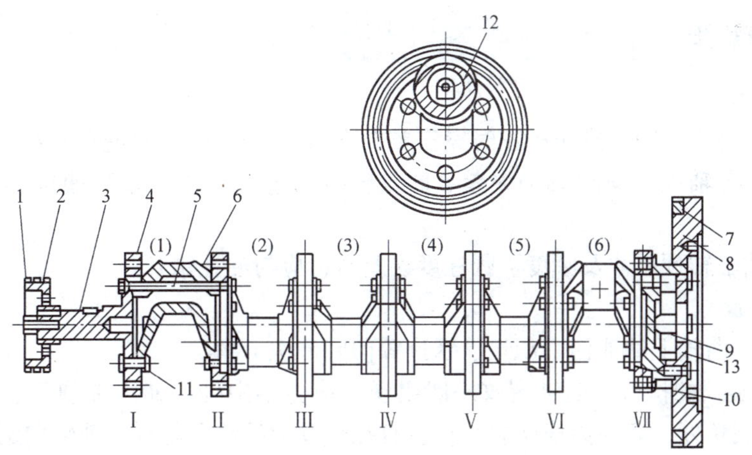

图 10-2　组合式曲轴

1—起动爪　2—带轮　3—前端轴　4—滚动轴承　5—连杆螺栓　6—曲柄　7—飞轮齿圈　8—飞轮　9—后端凸缘　10—挡油圈　11—定位螺钉　12—油管　13—锁片

按曲轴的主轴颈数可将曲轴分为全支承曲轴和非全支承曲轴。在相邻的两个连杆轴颈之间，都设有主轴颈的曲轴称为全支承曲轴，否则称为非全支承曲轴。全支承曲轴的主轴颈数比连杆轴颈数多一个，而非全支承曲轴的主轴颈数等于或少于连杆轴颈数。

多缸发动机的连杆轴颈布置因气缸数、气缸排列形式和做功顺序（即点火顺序）而异。多缸发动机连杆轴颈的布置应尽可能使连续做功的两个气缸距离远，且各缸做功间隔力求均匀。

在汽车使用中，自动变速器的液力变矩器或离合器会对曲轴产生轴向推力，或汽车上、下坡时可能使曲轴发生轴向窜动，而曲轴的轴向窜动会影响曲柄连杆机构各零件之间的相互配合位置，所以必须采用定位装置加以限制。

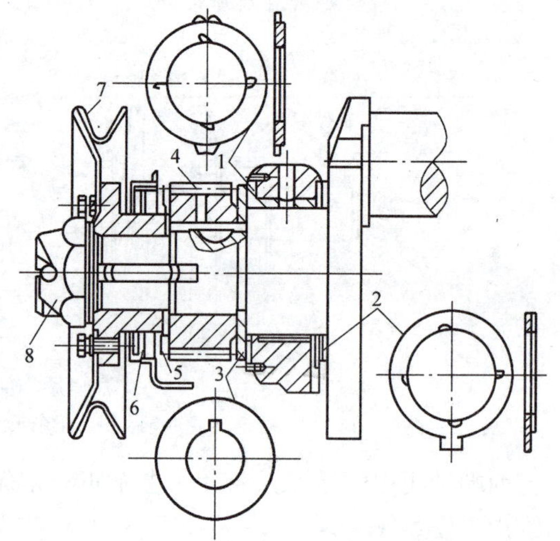

图 10-3 曲轴前端

1、2—止推垫片 3—止推环 4—曲轴正时齿轮 5—挡油盘 6—油封 7—带轮 8—起动爪

曲轴的轴向定位装置是安装在某一主轴颈两侧的两个止推垫片。安装在曲轴前端第一道主轴颈两侧的止推垫片一般为整体式，如图 10-3 中所示的件 1 和件 2。安装在中间某一道主轴颈两侧的止推垫片一般为分开式；在有些发动机上，分开式止推垫片与主轴承制成一体，称为翻边轴承。

曲轴前、后端都伸出曲轴箱，为防止润滑油流出曲轴箱，在曲轴前、后端均设有密封装置。为保证密封可靠，一般都采用两种密封装置，如图 10-3 中所示的件 5 和件 6，即常用的挡油盘和油封。

曲轴的常见故障是轴颈磨损、弯曲变形。变形严重时会出现裂纹，甚至断裂。

五、实训操作

1. 注意事项

1）曲轴的材质不同，冷压校正时操作要求不同。注意防止曲轴折断或出现新的裂纹。

2）注意区分轴颈径向圆跳动误差、曲轴轴线的直线度误差及弯曲度等指标之间的关系。

3）测量曲轴轴颈尺寸及圆度、圆柱度误差时，应与油孔错开。

2. 操作步骤

将待检测的曲轴上的油污、积炭、锈迹等彻底清洗干净。

（1）曲轴裂纹的检验 曲轴裂纹一般出现在应力集中处，如主轴颈或连杆轴颈与曲柄臂相连的过渡圆角处，表现为横向裂纹；也有在轴颈中的油孔附近出现轴向延伸的裂纹。常用检查方法有：磁力探伤仪检查、超声波探伤及浸油敲击法等。

曲轴裂纹可进行焊修，但一般是更换新件。

（2）弯曲变形的检修

1）弯曲变形的检验。如图 10-4 所示，将曲轴的两端用 V 形块支撑在检测平板上，用百分表的触头抵在中间主轴颈表面上，转动曲轴一周，百分表上指针的最大与最小读数之差，即为中间主轴颈对两端主轴颈的径向圆跳动误差（通常也用指针的最大与最小读数差值之半作为直线度误差或弯曲度值）。丰田轿车发动机曲轴的直线度误差不大于 0.03mm，否则应进行冷压校正或更换曲轴。

2）曲轴的冷压校正。曲轴冷压校正通常在压力机上进行。如图 10-5 所示，将曲轴放在压力机工作平板的 V 形块上，在压力机的压杆与曲轴轴颈之间垫以铜皮，防止压伤曲轴轴颈工作表面。对于钢制曲轴，压弯量应为曲轴弯曲量的 10～15 倍，并保持 1.5～2min 后再释放。弯曲变形较大时，需多次反复进行，直到符合要求为止。曲轴校正需进行时效处理，即将曲轴放置 10～15 天，再重新检校；或将冷压后的曲轴加热至 300～500℃，保持 1～1.5h。对于球墨铸铁制成的曲轴，压校变形量不得大于变形量的 10 倍。

（3）扭转变形的检修

1）曲轴扭转变形的检验。将曲轴两端的主轴颈放在检测平板的 V 形块上，使曲轴上相同曲拐位置的连杆轴颈转至水平。用百分表或游标高度尺测出相对应的两个连杆轴颈的高度差 Δh，利用下式近似计算曲轴变形的扭转角 θ：

$$\theta = 360\Delta h / 27\pi R \approx 57\Delta h / R$$

式中　R——曲柄半径（mm）。

2）曲轴扭转变形的修复。由于扭转变形量一般很小，可在修磨曲轴轴颈时予以修正。

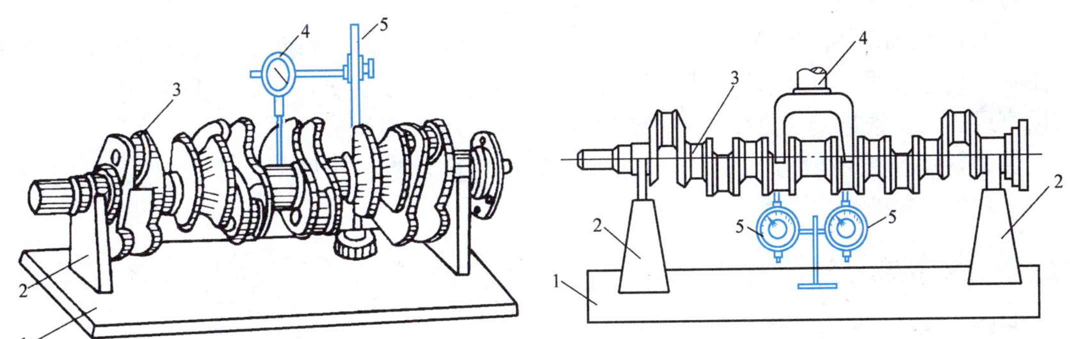

图 10-4　曲轴弯曲的检查

1—平板　2—V 形块　3—曲轴

4—百分表　5—百分表架

图 10-5　曲轴弯曲的校正

1—平板　2—V 形块　3—曲轴

4—压力机　5—百分表

（4）轴颈磨损的检修　连杆轴颈径向磨损的最大部位在各轴颈的内侧面上，即靠曲轴中心线的一侧。沿轴线方向磨损的最大部位一般在机械杂质偏积的一侧和各个轴颈受力大的部位。

主轴颈磨损后主要呈椭圆形，它的最大磨损部位在靠近连杆轴颈的一侧。主轴颈沿轴向的磨损是不均匀的，一般没有规律性。

1）曲轴轴颈的检验。检验曲轴轴颈的磨损量时，可用外径千分尺测量主轴颈及连杆轴颈的圆度和圆柱度，判定是否需要磨修及磨修的修理尺寸。其测量部位如图 10-6 所示。

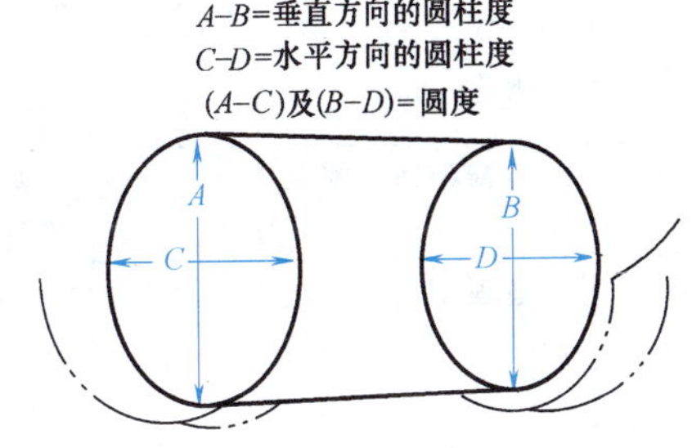

图 10-6　曲轴轴颈磨损检查的测量部位

曲轴轴颈的检验方法为：用外径千分尺先在油孔两侧测量，然后旋转 90°再测量，同一截面最大直径与最小直径之差的 1/2 即为圆度误差；轴颈各部位测得的最大与最小直径差的1/2为圆柱度误差。当曲轴圆度、圆柱度误差大于0.020mm时，应按修理尺寸磨修。轴颈直径达到其使用极限时，应更换曲轴。

2）曲轴轴颈的磨修。曲轴轴颈的磨修在专用曲轴磨床上进行。其工艺要点如下：

①磨削曲轴前，应先确定修理尺寸。一般发动机曲轴的主轴颈和连杆轴颈均有标准尺寸和级差为0.25mm的2~4级缩小修理尺寸，并配有相应尺寸的轴承；少数曲轴无修理尺寸。选择的修理尺寸应小于或等于磨削加工后可能得到的最大轴颈尺寸。

②同一曲轴的所有轴颈应按同一级修理尺寸进行磨削，以保证曲轴的动平衡。

③曲轴轴颈磨削尺寸应根据选定的修理尺寸和轴承的实际尺寸进行磨削加工，并保证规定的配合间隙。

④曲轴磨削后，其轴颈圆度和圆柱度应小于0.005mm，表面粗糙度应达到$Ra0.2\mu m$以上，尺寸公差应不大于0.02mm。

⑤曲轴主轴颈和连杆轴颈的两端应加工半径为1~3mm的过渡圆角，轴颈上的润滑油孔应加工$C1$~$C1.5$的倒角，并除净毛刺。

除恢复轴颈尺寸及几何形状、精度外，还要保证轴颈的同轴度、平行度、曲轴过渡圆半径及各连杆轴颈间的夹角等相互位置精度。

（5）曲轴轴向间隙的检查与调整　检查曲轴轴向间隙时，可将百分表指针抵触在飞轮或曲轴的其他端面上，用撬棒前后撬动曲轴，百分表指针的最大摆差即为曲轴轴向间隙；也可用塞尺插入止推垫片与曲轴的承推面之间，测量曲轴的轴向间隙。

曲轴轴向间隙一般为0.07~0.17mm，允许极限一般为0.25mm。若间隙过大或过小，可通过更换止推垫片来调整。

六、考核要点与评分标准

曲轴检修的考核要点和评分标准见表10-1。

表10-1　曲轴检修的考核要点和评分标准

序号	考核要点	配分	评分标准	考核记录	得分
1	正确使用工具、量具	10	工具、量具使用方法不当，1次扣2分		
2	曲轴支撑	10	支撑位置错误，扣3分；调整方法错误，扣3分；调整有误差，扣2分		
	轴颈测量并确定修理尺寸	20	测量方法错误，扣10分；修理尺寸确定错误，扣10分		
3	测量弯曲	20	测量方法错误，扣10分；测量结果错误，扣10分		
4	测量扭曲	20	测量方法错误，扣10分；测量结果错误，扣10分		
5	曲轴轴向间隙调整	10	测量方法错误，扣5分；调整方法错误，扣5分		
6	整理工具、清理现场	10	违章每项扣2分		
	安全操作方面		因操作不当发生事故，记0分		
7	分数合计	100			

七、思考题

1. 如何对曲轴裂纹进行检测?
2. 如何对弯曲变形进行检测?
3. 如何对曲轴扭转变形进行检测?
4. 如何对曲轴轴颈磨损进行检测?
5. 如何检查曲轴的轴向间隙?

10.2 选配曲轴轴承

一、教学目的

1）掌握曲轴主轴承、连杆轴承径向间隙及轴向间隙的检测方法。

2）熟悉轴承的耗损形式及选配要求。

二、教学设备、工具与量具

活塞连杆组和曲轴飞轮组完整的发动机；磁座百分表、塑料塞尺，常用工具。

三、课时

4 课时。

四、相关基础知识

曲轴轴承包括连杆轴承（俗称小瓦）和曲轴主轴承（俗称大瓦），其结构基本相同。曲轴轴承的功用主要是减小摩擦和减轻曲轴等零件的磨损。

连杆轴承和曲轴主轴承一般都是分开式滑动轴承。其组成如图 10-7 所示，主要由钢背和减磨层组成，钢背是轴承的基体，在钢背的内圆表面制有耐磨的减磨层。为对轴承进行可靠润滑，在轴承内表面制有油槽储肋，在主轴承上还制有通油孔以便润滑油进入曲轴内的油道。

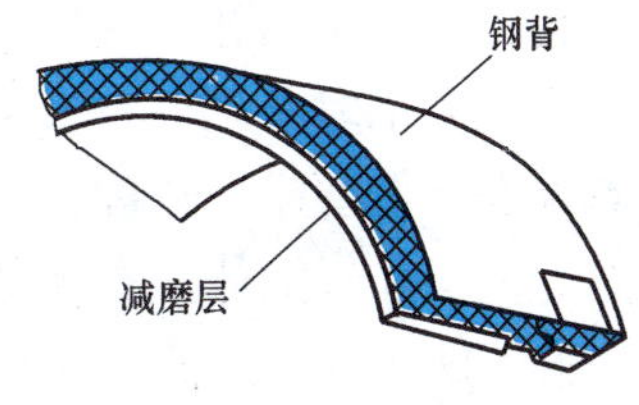

图 10-7　曲轴轴承的组成

为防止发动机工作时轴承发生轴向窜动，在轴承的钢背上制有定位凸键或定位销孔，以便安装后定位，如图 10-8 所示。发动机工作中，为防止曲轴轴承转动，曲轴轴承有自由弹势和一定的压紧量。自由弹势是指轴承在自由状态下的曲率半径比座孔的曲率半径大，压紧量是指轴承装入座孔后略高出座孔分界面的高度，如图 10-9 所示。自由弹势和压紧量可在装配后使轴承紧压在座孔内，既能防止轴承转动，又利于轴承散热。

曲轴轴承一般都经过选配，且发动机工作中旧的轴承也进行了自然磨合，所以在发动机维修时，应注意轴承及其轴承盖的安装位置不能装错。

曲轴轴承间隙失准容易产生异响，甚至导致曲轴轴承和轴颈烧蚀。

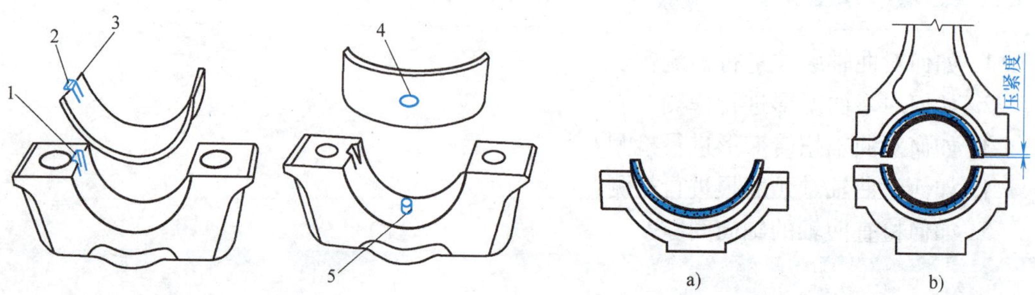

图10-8　曲轴轴承定位

1—定位槽　2—定位凸键　3—轴承分界面　4—定位销孔　5—定位销

图10-9　曲轴轴承的自由弹势和压紧量

a）自由弹势　b）压紧量

五、实训操作

1. 注意事项

1）检测曲轴主轴承和连杆轴承的间隙时，必须严格按照规定力矩拧紧轴承盖，否则测量值不准确。

2）在测量径向间隙时，不得转动曲轴。

3）有些车型的发动机轴承为直接选配，不允许刮配。

2. 操作步骤

（1）轴承的外观检查　检查曲轴主轴承和连杆轴承是否有严重磨损、烧伤、刮伤或疲劳剥落等现象。图10-10所示为轴承的异常磨损。对于曲轴止推垫片，若发现摩擦面拉伤、变色、翻边等现象，应更换。

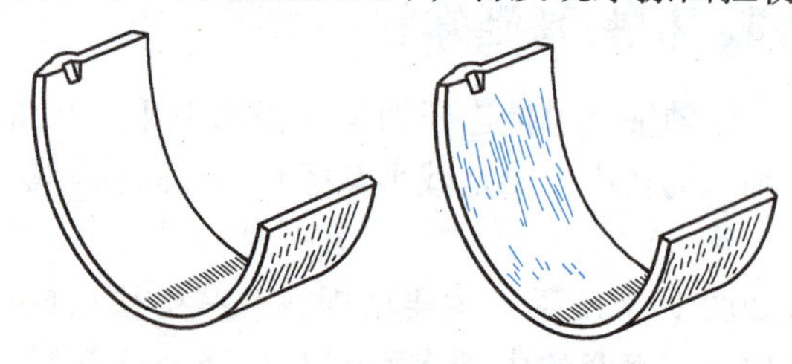

图10-10　轴承的异常磨损

（2）轴承的选配　曲轴轴承间隙超过允许极限、修磨或更换曲轴后，均需更换轴承。为保证轴承与轴颈和轴承座孔的良好配合，更换轴承时必须进行选配。各车型的轴承选配有具体要求，选配前应注意轴承、轴承盖、曲柄和气缸体上有无数字或颜色等标记，并了解这些标记的含义，或查阅维修手册，然后再进行轴承选配。

1）根据轴径的修理尺寸选用曲轴轴径同一级修理尺寸的轴承。

2）轴承厚度应符合规定。新轴承装入座孔内后，上、下两片的两端均应高于结合面0.05 mm，以保证轴承与座孔贴合紧密，提高散热效果。

3）定位凸点完整。轴承背面光滑无斑点，表面粗糙度值应不大于 $Ra1.25\mu m$。

4）弹性合适无哑声。把新选用的轴承放入轴承座后，要求轴承的曲率半径大于轴承孔的曲率半径，以保证轴承装入轴承座后与轴承座紧密贴合。

5）更换留有镗削余量的曲轴轴承时，可将轴承按规定位置装入轴承座孔，并按规定力矩拧紧轴承盖；然后根据曲轴的修理尺寸在专用镗削机上镗削轴承，也可采用手工刮削。

6）按轴颈的标准尺寸或修理尺寸成组选配时，在成组选配的主轴承或连杆轴承中，可任选一上片轴承与一下片轴承配对使用。

7）有选配标记的轴承，在选配时必须与气缸体和曲轴上的标记对应。

（3）连杆轴承间隙的检测

1）拆下连杆轴承盖，清洗轴承和连杆轴颈。

2）将塑料塞尺沿轴向放置在连杆轴颈或轴承上，如图 10-11 所示。

3）装上连杆轴承盖，以规定的力矩拧紧，此时不得转动曲轴。

4）重新拆下连杆轴承盖。

5）将轴承盖与轴颈间被压扁的塑料塞尺取出，将其压扁的宽度与印制刻度相比较，即可得出连杆轴承的径向间隙值。

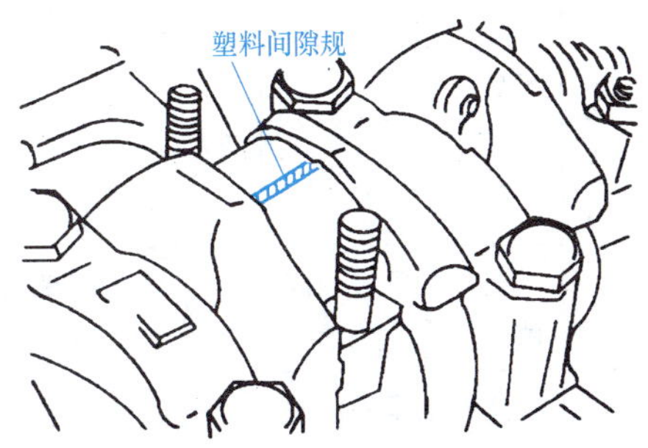

图 10-11　用塑料塞尺检查连杆轴承径向间隙

6）将连杆轴承盖按正常顺序装配到曲轴上，用磁座百分表测量连杆轴承盖的侧面与曲柄之间的间隙，如图 10-12 所示。轴向间隙最大应不超过使用极限，否则应更换连杆总成。

（4）曲轴主轴承间隙的检测

1）拆下曲轴主轴承盖，清洗并擦净轴承和曲轴轴径。

2）如图 10-13 所示，根据轴承宽度沿轴向在曲轴轴径与轴承之间放上等长的塑料塞尺（方法同前）。

3）安装轴承盖，以规定力矩拧紧，不得转动曲轴。

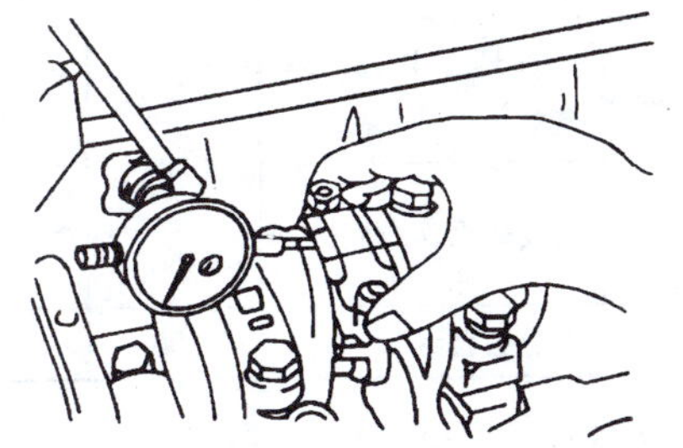

图 10-12　检查连杆轴承轴向间隙

4）拆下轴承盖，将轴承盖与轴颈间被压扁的塑料塞尺取出，将其压扁的宽度与印制的刻度相比较，即可得出曲轴轴承的径向间隙值。

5）如图 10-14 所示，将主轴承盖按规定装合紧固，把百分表装在缸体上，用撬棍别住曲轴，使其不能转动；测量曲轴的轴向间隙，最大应不超过规定值。否则应更换曲轴止推垫片。

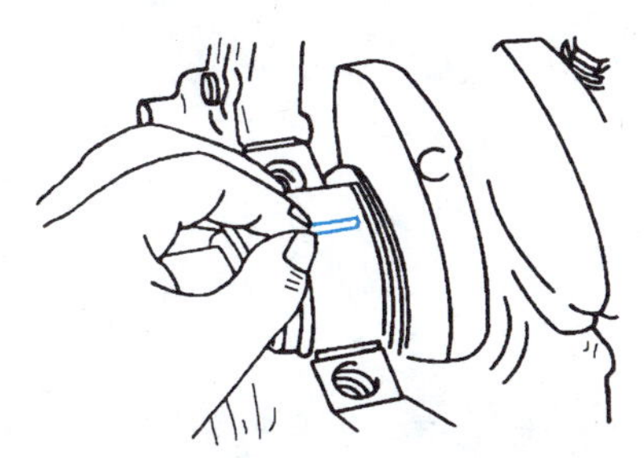

图 10-13　用塑料塞尺检查曲轴轴承径向间隙

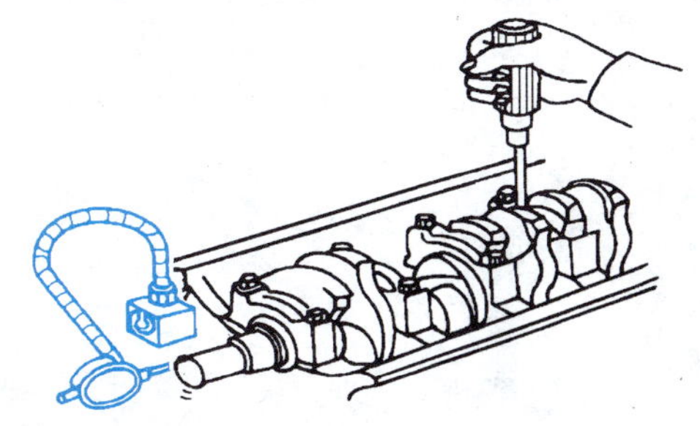

图 10-14　检查曲轴轴承轴向间隙

六、考核要点与评分标准

轴承检修的考核要点和评分标准见表 10-2。

表 10-2　轴承检修的考核要点和评分标准

序号	考核要点	配分	评分标准	考核记录	得分
1	正确使用工具、量具	10	工具、量具使用方法不当，1次扣2分		
2	外观检验与选配	20	外观检验错误，扣5分；选配错误，扣5分		
	连杆轴承径向间隙	10	测量方法错误，扣10分；测量结果错误，扣10分		
3	连杆轴承轴向间隙	20	测量方法错误，扣10分；测量结果错误，扣10分		
4	曲轴主轴承径向间隙	10	测量方法错误，扣10分；测量结果错误，扣10分		
5	曲轴主轴承轴向间隙	20	测量方法错误，扣10分；调整方法错误，扣10分		
6	整理工具、清理现场	10	违章每项扣2分		
	安全操作方面		操作不当发生事故，记0分		
7	分数合计	100			

七、思考题

1. 如何对曲轴轴承进行选配？
2. 如何对连杆轴承轴向间隙进行检测？
3. 如何对连杆轴承径向间隙进行检测？
4. 如何对曲轴主轴承轴向间隙进行检测？
5. 如何对曲轴主轴承径向间隙进行检测？

项目十一 检修气门组零件

11.1 检修气门与气门座圈

一、教学目的

1）了解气门外观检验的内容及报废条件。

2）掌握气门弯曲变形及磨损的检验方法及主要技术要求。

3）掌握气门座圈的铰削、研磨工艺，以及气门与座圈的密封性检查。

二、教学设备、工具与量具

配气机构完整的发动机气缸盖。

气门修磨机，气门座圈铰刀，检测平台，V 形铁（与气门相适用），研磨膏。

量程为 25mm 的外径千分尺，带表架的百分表。

三、课时

4 课时。

四、相关基础知识

气门分为进气门和排气门，其构造基本相同。气门由头部与杆部两部分组成，如图 11-1 所示。气门头部的作用是与气门座配合，对气缸进行密封；气门杆部则与气门导管配合，为气门的运动起导向作用。

气门头部的形状有平顶、喇叭顶和球面顶，如图 11-2 所示。平顶结构的气门具有结构简单、制造方便、受热面积小等优点，多数发动机的进气门和排气门均采用此形状的气门。喇叭顶气门的进气阻力小，质量轻，适合作进气门。球面顶气门的排气阻力小，耐高温能力强，适合作排气门。

气门头部与气门座接触的工作面称为气门密封锥面。该密封锥面与气门顶平面的夹角称为气门锥角，如图 11-3 所示。气门锥角一般为 45°，有些发动机的进气门锥角为 30°。

进气门与排气门的头部直径一般不等，进气门头部的直径较大。

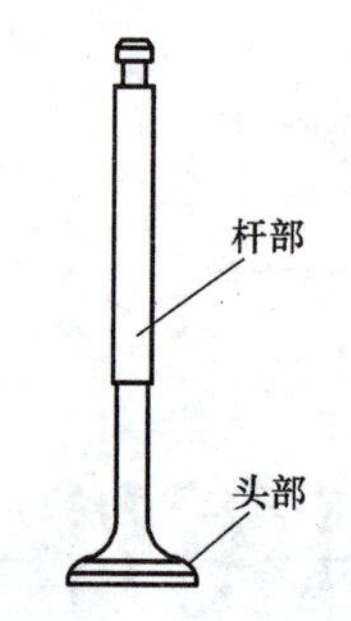

图 11-1 气门的组成

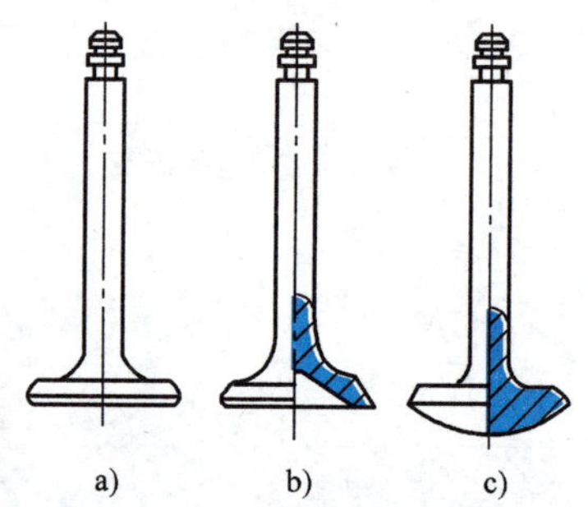

图 11-2 气门头部形状

a）平顶 b）喇叭顶 c）球面顶

气门杆部为圆柱形，在靠近尾部处加工有环形槽或锁销孔，以便用锁片或锁销固定气门弹簧座。其固定方式如图 11-4 所示。锁片式固定方式的气门杆上有环形槽，外圆为锥形、内孔有环形凸台的锁片分成两半。气门组装配到气缸盖上后，锁片内孔环形凸台卡在气门杆上的环槽内，在气门弹簧作用下，锁片外圆锥面与气门弹簧座锥形内孔配合，使气门弹簧座固定。锁销式固定方式是将锁销插入气门杆上的孔内，由于锁销长度大于气门弹簧座孔径，所以可使气门弹簧座固定。

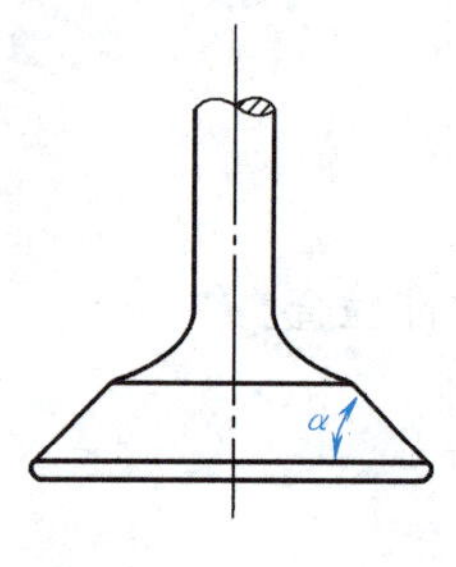

图 11-3 气门锥角

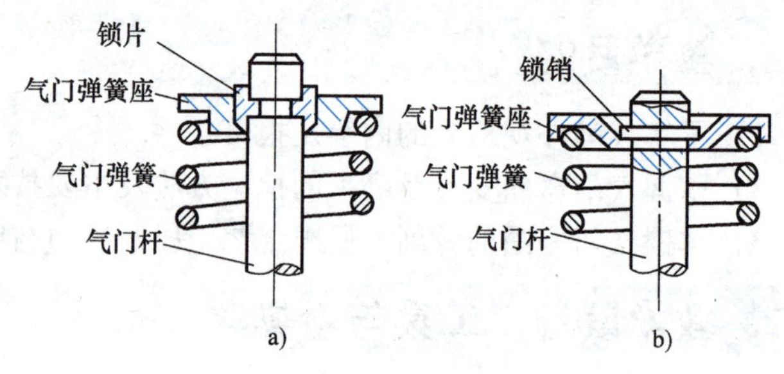

图 11-4 气门弹簧的固定方式

a）锁片式 b）锁销式

进、排气道口直接与气门密封锥面接触的部位称为气门座，如图 11-5 所示。气门座一般与气门配合，使气缸密封。

大部分发动机的气门座单独制成座圈，然后压装到燃烧室内的进、排气道口处，气门座圈与座孔应有足够的过盈配合量，以防止发动机工作时气门座脱落。

为保证气门与气门座可靠密封，气门座上加工有与气门相适应的锥面。气门座的锥面包括三部分，如图 11-6 所示，45°（或 30°）锥面是与气门密封锥面配合的工作面，宽度 b 为 1～3mm，15°锥面和 75°锥面是用来修正工作面位置和宽度的。

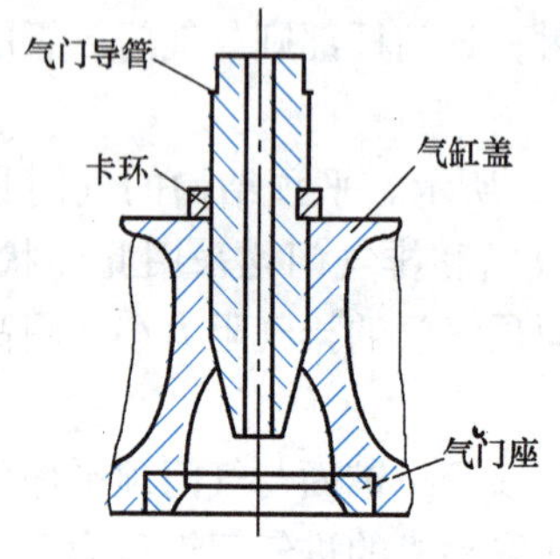

图 11-5 气门导管及气门座

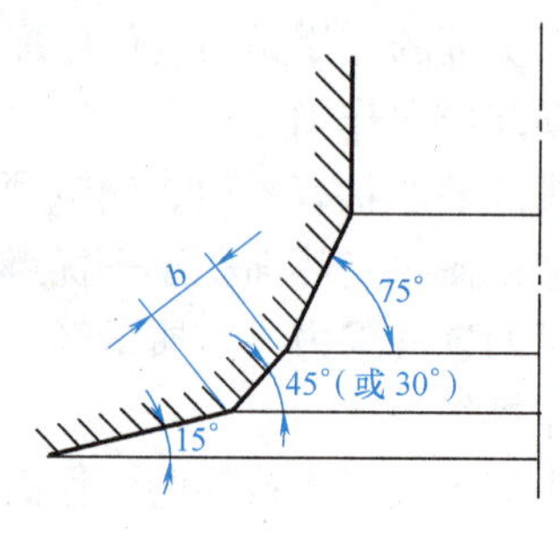

图 11-6 气门座锥面

五、实训操作

1. 注意事项

1）测量气门杆的弯曲变形时，应使其支撑稳妥，百分表架牢靠无晃动。

2）铰削气门座圈时，一定要按照角度顺序的要求铰削，以免座圈报废。

3）气门座圈工作位置低于原平面 1.5mm 时，应更换气门座圈。

4）铰销、研磨后，必须彻底清洁，不得有残留的金属屑与研磨材料。

2. 操作步骤

（1）气门的检修

1）外观检验。气门有裂纹、破损或严重烧蚀时，应更换气门。

2）气门杆弯曲和气门头部歪斜的检验。气门杆的弯曲变形检验如图 11-7 所示。

①将气门支承在两个距离为 100mm 的 V 形块上，用百分表触头测量气门杆中部的弯曲度。气门旋转一周，百分表上最大读数与最小读数之差的 1/2 为直线度误差。其值大于 0.03 mm 时，应予以更换或校正。

②在气门头部，工作锥面用百分表测量。转动气门头部一圈，百分表上最大读数与最小读数之差的 1/2 为倾斜度误差。其值大于 0.02mm 时，应予以更换。

3）气门杆磨损检验。如图 11-8 所示，气门杆的磨损可用外径千分尺进行测量。气门杆径向磨损量大于规定值时，应予以更换。

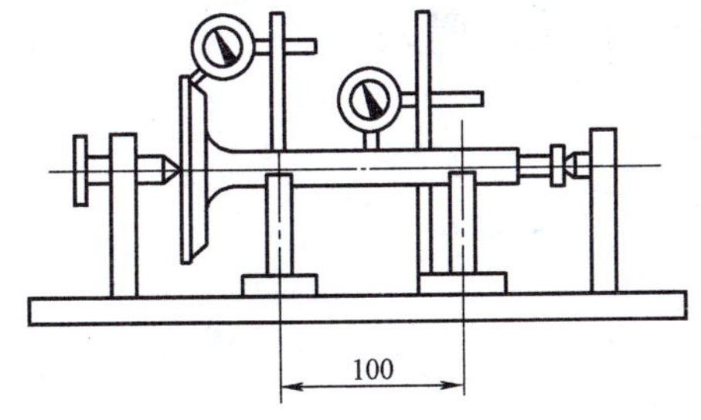

图 11-7　气门杆的弯曲变形检验

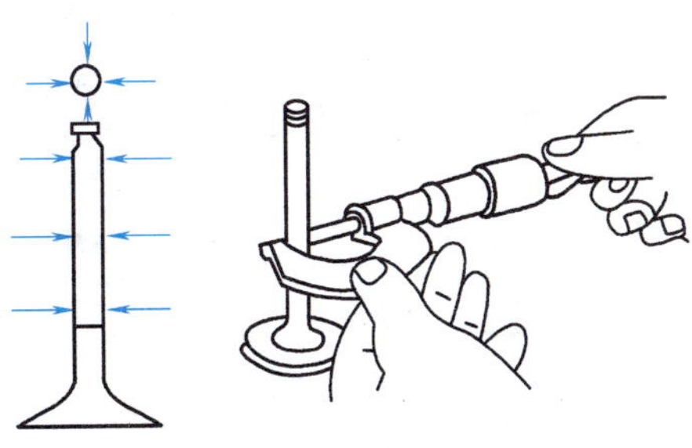

图 11-8　用外径千分尺测量气门杆

4）气门杆端面磨损检验。用金属直尺在平台上检查气门的长度。轴向磨损量大于规定值时，应予以更换。若轴向磨损未超过极限值，而杆端面出现不平、疤痕时，可用气门光磨机修磨。

5）气门工作面磨损检验。气门头部工作面若有斑点、严重烧蚀等，可用气门光磨机修磨。

6）气门的修磨。修磨气门通常在气门光磨机上进行，如图 11-9 所示。

①气门光磨后，进气门、排气门、气门头最小边缘厚度不得小于 0.50mm，否则应更换气门。

②修磨后，气门工作锥面对气门杆轴线的斜向圆跳动应不大于 0.03mm，否则予以更换。

光磨的气门可与气门座之间有 0.5°～1.0°的气门密封干涉角，这样有利于气门与气门座的磨合。

(2) 气门座圈的检修　将气门座圈清理干净并检查工作面。气门座圈工作面磨损变宽超过1.4mm，工作面烧蚀出现斑点、凹陷时，应进行铰削与修磨。

1) 气门座圈的铰削。

①如图11-10所示，根据气门直径选用合适的气门座铰刀，根据气门导管内径选择合适的铰杠，并插入气门导管内，以无明显旷动为宜。

②将砂布垫在铰刀表面砂磨气门座圈工作表面的硬化层。

③用与气门工作面锥角相同的铰刀铰削工作锥面，直到将烧蚀、斑点等铰除为止，如图11-11所示。

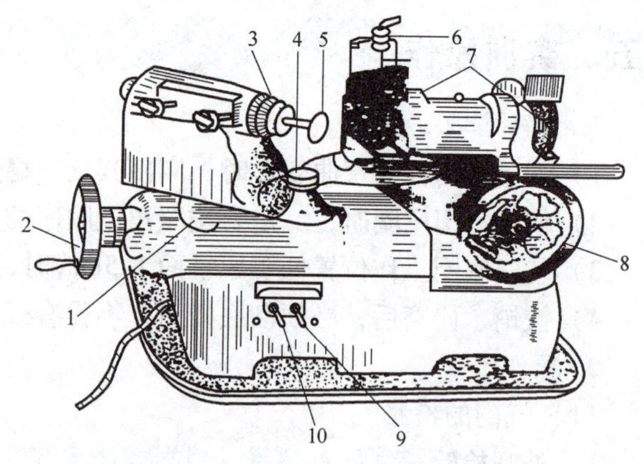

图11-9　气门光磨机

1—刻度盘　2—横向手柄　3—夹架　4—夹架固定螺钉　5—气门　6—切削液开关　7—砂轮　8—纵向手柄　9—砂轮电动机开关　10—夹架电动机开关

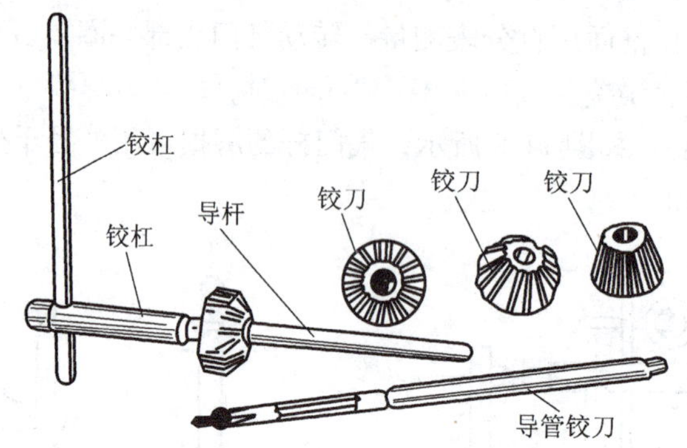

图11-10　气门座铰刀

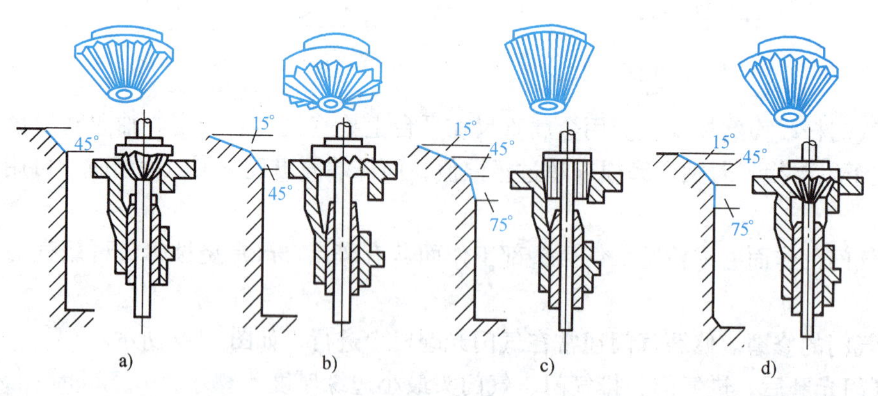

图11-11　铰削顺序

a) 用45°粗刃铰刀粗铰　b) 用75°铰刀铰削气门座上平面
c) 用15°铰刀扩大气门座孔内径　d) 用45°细刃铰刀铰削

④在新气门或修磨过的气门锥面上涂一层红丹油，检查接触面的位置，应在气门锥面的中下部，宽度为1.0～1.4mm。

⑤如果接触面偏上，则应用30°铰刀铰削，使接触面下移；如果接触面偏下，则应用75°铰刀铰削，使接触面上移。

⑥用45°细铰刀或铰刀下面垫上细砂布铰磨，以降低接触表面粗糙度值。

2）气门的研磨。如气门与气门座圈配合不严密，可对气门进行研磨。其步骤如下：

①清洗气门座、气门及气门导管，并在气门顶部做出标记。

②在气门工作面上涂以薄层研磨砂，气门杆上涂以清洁润滑油，插入气门导管内。

③变换气门与气门座圈的位置，正确研磨，如图11-12所示。粗研后，接触环带应整齐、无斑痕、无麻点状。

④粗研完毕后清洗各部位，用细研磨砂研磨，直至工作面出现一条灰色无光的环带为止。

⑤洗净研磨砂，涂以润滑油，继续研磨数分钟。

3）气门与气门座圈的密封性检查

①画线法。检查前，将气门与气门座圈清洗干净，在气门锥面上用软铅笔沿轴向均匀地画上若干条线，然后与气门座圈接触。略压紧并转动气门90°，取出气门，检查铅笔线是否被切断。若被切断，说明密封性良好；否则，应重新研磨。

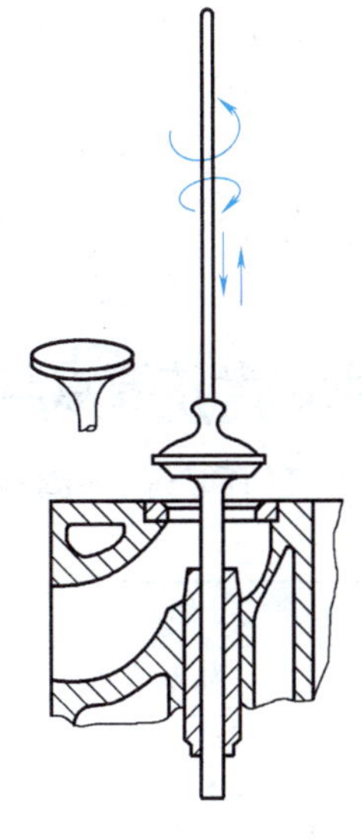

图11-12　用橡胶捻子研磨气门

②渗油法。将气缸盖倒放在检测平台上，并装上待检测气缸同一缸的气门和火花塞。向燃烧室注入煤油或汽油，5min内气门与气门座圈接触处应无渗漏现象。

③拍击法。将气门与相配气门座轻轻敲击几次并查看接触带，如有明亮的连续光环，即为合格。

④涂红丹。在气门工作面上涂抹一层轴承蓝或红丹，然后用橡胶捻子吸住气门并在气门座上旋转1/4圈，再将气门提起，若轴承蓝或红丹布满气门座工作面一周而无间断，又十分整齐，即表示密封良好。

⑤气压试验。如图11-13所示，气门与气门座密封性试验器由气压表2、空气容筒3及橡胶球5等组成。试验时，先将空气容筒紧密地贴在气门头部周围，再压缩橡胶球，使空气容筒内具有一定的压力（68.6 kPa左右）。如果在半分钟内气压表的读数不下降，则表示气门与气门座的密封性良好。

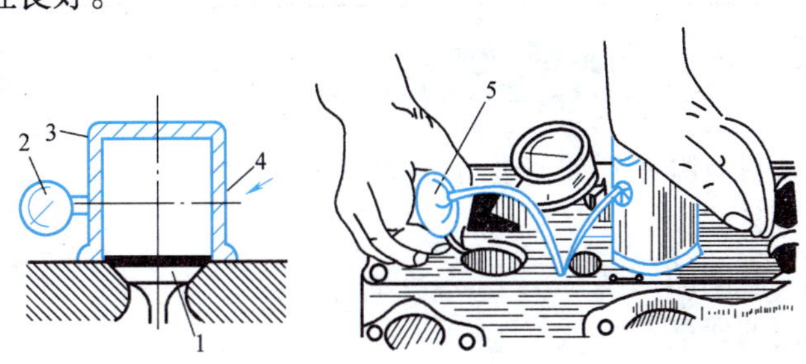

图11-13　用气压密封检验器检验气门的密封性

1—气门　2—气压表　3—空气容筒

4—与橡胶球相通的小孔　5—橡胶球

4）气门座圈的镶配。气门座圈损坏、严重烧蚀、松动或下沉1.5mm（指测量的气门顶部下沉量）以上时，应更换气门座圈。若气门座是在气缸盖上直接加工的，则必须更换气缸盖。

更换气门座圈时，对铝合金气缸盖不可用撬动的方法拆卸旧气门座圈，用镗削加工方法将旧气门座圈镗削只剩一薄层，即可很容易地拆下旧气门座圈；也可将一合适的旧气门焊接到旧气门座圈上，然后敲击气门杆拆下旧气门座圈。安装新气门座圈前，应对座孔进行加工，使新气门座圈与座孔的过盈配合量约为0.08 ~0.12mm。安装新座圈时，应将气门座圈放在固体二氧化碳（干冰）或液态氮中冷却使其冷缩，然后再将气门座圈敲入座孔。

六、考核要点与评分标准

气门和气门座圈检修的考核要点和评分标准见表11-1。

表11-1 气门和气门座圈检修的考核要点和评分标准

<table>
<tr><th>序号</th><th>考核内容</th><th>配分</th><th>评分标准</th><th>考核记录</th><th>得分</th></tr>
<tr><td>1</td><td>外观检验，判断气门是否可以继续使用</td><td>10</td><td>判断结果错误，1处扣2分</td><td></td><td></td></tr>
<tr><td>2</td><td>测量气门杆弯曲</td><td>20</td><td>支撑位置错误，扣5分；百分表安装错误，扣5分；测量结果错误，扣10分</td><td></td><td></td></tr>
<tr><td rowspan="2">3</td><td>气门杆磨损检验</td><td>10</td><td>测量方法错误，扣5分；测量结果错误，扣5分</td><td></td><td></td></tr>
<tr><td>气门座圈的铰削、研磨，检查密封性</td><td>50</td><td>铰削程序错误，扣10分；铰削质量不符合要求，1处扣3分；研磨方法不正确，扣10分；研磨质量不符合要求，1处扣3分</td><td></td><td></td></tr>
<tr><td rowspan="2">4</td><td>整理工具、清理现场</td><td rowspan="2">10</td><td>违章每项扣2分</td><td rowspan="2"></td><td rowspan="2"></td></tr>
<tr><td>安全生产方面</td><td>因操作不当发生事故，记0分</td></tr>
<tr><td>5</td><td>分数合计</td><td>100</td><td></td><td></td><td></td></tr>
</table>

七、思考题

1. 气门的检验项目有哪些？如何进行检验？
2. 如何对气门进行修磨？
3. 如何进行气门座圈的铰削？
4. 如何进行气门的研磨？
5. 如何对气门与气门座圈密封性进行检查？
6. 如何镶配气门座圈？

11.2 检测气门导管的磨损

一、教学目的

1）了解气门导管的结构及工作原理。

2）掌握气门导管磨损检验的方法。

3）掌握气门导管的铰削工艺。

4）掌握更换气门导管的油封的方法。

二、教学设备、工具与量具

气缸盖、气门导管、气门油封。

榔头、铜铳、气门导管铰刀、气门油封安装套筒。

百分表、外径千分尺。

三、课时

4 课时。

四、相关基础知识

气门导管的功用是给气门的运动导向，并将气门杆所承受的热量传给气缸盖。

如图 11-14 所示，气门导管为一空心管状结构。气门导管压装在气缸盖上的导管孔中，其外圆柱面与导管孔的配合有一定的过盈量，以保证良好的传热性能和防止松脱。有些发动机为防止气门导管脱落，利用卡环对气门导管定位。气门导管的下端伸入气道，为减少对气流造成的阻力，伸入气道的部分制成锥形。

气门导管内孔与气门杆之间为间隙配合。为防止润滑油从气门杆与气门导管的间隙中漏入燃烧室，在气门导管的上端安装有气门油封。

气门杆与导管在工作中会因相互摩擦而产生磨损，使它们的配合间隙增大，造成气门工作时摆动、关闭不严。

五、实训操作

1. 气门导管磨损的检查与修理

气门导管的磨损情况可通过测量气门导管与气门杆配合间隙间接检查。配合间隙的检查有两种方法：一种是在发动机分解清洗后，直接测量气门导管内径和气门杆直径（图 11-14a），两者之差即为气门杆与导管的配合间隙；另外一种是先把气门安装在气门导管内，再将气门提起 10 ~ 15mm（相对气缸盖平面），然后用百分表测量气门头部的摆动量（图 11-14b）。

气门导管与气门杆配合间隙若超过允许极限时，可换用一个新气门重新进行检查，根据测量结果视情况确定更换气门还是气门导管，必要时两者一起更换。

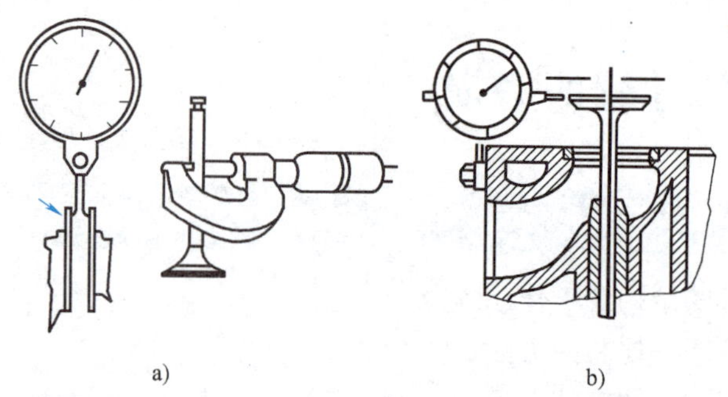

图 11-14 气门导管与气门杆配合间隙间接检查

2. 更换气门导管

（1）气门导管的选择与镶入　选用的新气门导管应有一定的过盈量。新导管的直径比旧导管的直径大0.01～0.02mm即为合适。镶换气门导管的方法是：

1）铳压出旧导管，应用铳子和锤子按规定方向（一般为气缸盖上方）拆出旧气门导管，如图11-15所示；如果旧气门导管装有限位卡环，拆卸前应将其露出气门导管孔的部分敲掉。对于铝合金气缸盖，拆卸旧气门导管前应先加热气缸盖，以免气缸盖裂损。

2）拆下旧导管后，应根据新导管的外径适当铰削导管孔，使气门导管与气门导管孔有适当的过盈量，一般为0.015～0.065mm。

3）安装新气门导管，将选用的新导管外壁上涂一层润滑油，按正确的方向正直的放在导管孔上，用铳子冲入或压入导管承孔内。镶入后，要求气门导管伸出进、排气道的高度应符合规定。气门导管安装好后，应铰削气门导管内孔，使气门导管与气门杆配合间隙符合标准。

铝合金气缸盖安装气门导管时，应先用60～80℃的热水或喷灯加热气缸盖。

（2）气门杆与导管铰配　气门导管镶入后，与气门杆的配合间隙应符合规定。若配合间隙过小，可用气门导管铰刀进行铰削。气门导管铰刀如图11-16所示。

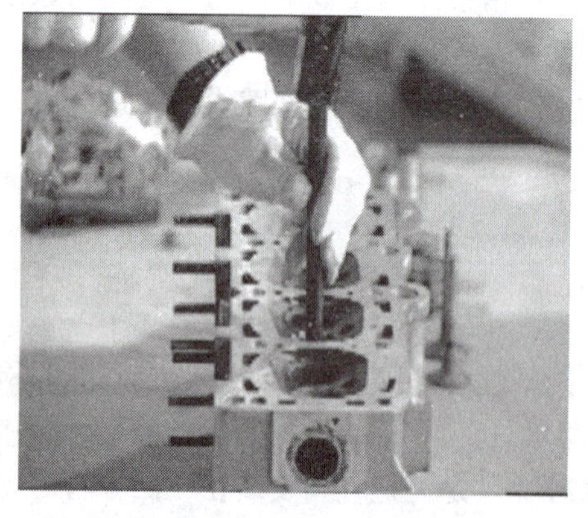

图 11-15 铳出气门导管

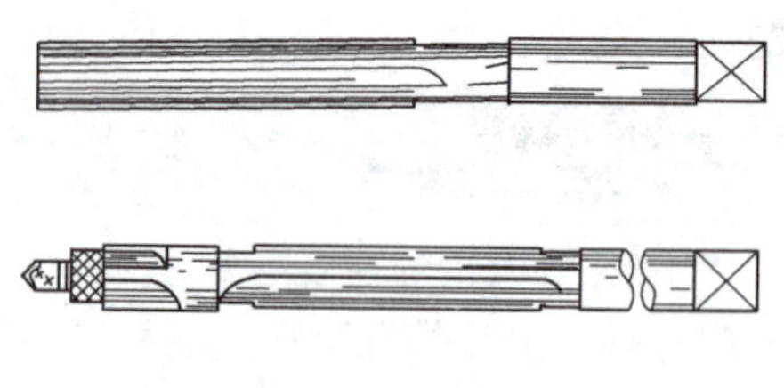

图 11-16 气门导管铰刀

气门杆与导管配合间隙的检验，除采用百分表检查外，经验的做法是：将气门杆和导管内孔擦干净，在气门杆上涂一层润滑油，插入导管内，上下拉动几次；如果气门能借自身的质量徐徐下降，则认为配合适当。

3. 更换气门油封

润滑油无泄漏而消耗异常，一般是活塞与气缸配合间隙过大或气门油封损坏所致。更换气门油封时，应使用专用工具安装气门油封，如图 11-17 所示。注意：有些发动机进气门油封与排气门油封是不同的，如广州本田轿车的进气门油封的弹簧为白色，而排气门油封的弹簧为黑色，安装时不能装错。

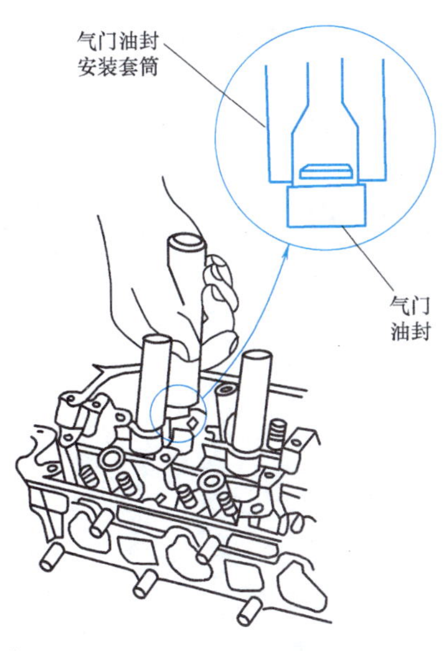

图 11-17　气门油封的安装

六、考核要点与评分标准

气门导管检修的考核要点和评分标准见表 11-2。

表 11-2　气门导管检修的考核要点和评分标准

<table>
<tr><th>序号</th><th>考核要点</th><th>配分</th><th>评分标准</th><th>考核记录</th><th>得分</th></tr>
<tr><td>1</td><td>正确使用工具、量具</td><td>10</td><td>使用工具、量具不当，一次扣 2 分</td><td></td><td></td></tr>
<tr><td rowspan="3">2</td><td>气门导管磨损检查</td><td>20</td><td>检查方法不对，扣 10 分；检查结果错误，扣 10 分</td><td></td><td></td></tr>
<tr><td>气门导管更换</td><td>20</td><td>测量方法错误，扣 10 分；测量结果错误，扣 10 分</td><td></td><td></td></tr>
<tr><td>气门导管铰削</td><td>20</td><td>铰削程序错误，扣 10 分；铰削质量不符合要求，1 处扣 5 分；检验方法不正确，扣 10 分</td><td></td><td></td></tr>
<tr><td>3</td><td>更换气门油封</td><td>20</td><td>更换方法不正确，扣 10 分；更换结果不符合要求，扣 10 分</td><td></td><td></td></tr>
<tr><td rowspan="2">4</td><td>整理工具、清理现场</td><td rowspan="2">10</td><td>违章每项扣 2 分</td><td rowspan="2"></td><td rowspan="2"></td></tr>
<tr><td>安全操作方面</td><td>若因操作不当发生事故，记 0 分</td></tr>
<tr><td>5</td><td>分数合计</td><td>100</td><td></td><td></td><td></td></tr>
</table>

七、思考题

1. 如何对气门导管的磨损进行检查？如何镶换气门导管？
2. 如何进行气门杆与导管的铰配？
3. 如何更换气门油封？更换时注意什么？

项目十二 检修气门传动组

12.1 检修凸轮轴

一、教学目的

1）了解凸轮轴的结构与工作原理。

2）掌握凸轮轴的检修内容和检修方法。

二、教学设备、工具与量具

发动机总成1台、凸轮轴若干；V形铁若干、百分表、外径千分尺等。

三、课时

4课时。

四、相关基础知识

凸轮轴是气门传动组的主要零件，其功用主要是利用凸轮控制气门的开启和关闭。此外，在有些发动机上还利用凸轮轴驱动分电器、汽油泵和机油泵。

凸轮轴的构造如图12-1所示。凸轮和凸轮轴轴颈是凸轮轴的基本组成部分。凸轮用来驱动气门开启，并通过其轮廓形状控制气门开启和关闭的规律，轴颈则用来支承凸轮轴。凸轮轴上的偏心轮用来驱动油泵，螺旋齿轮则用来驱动机油泵和分电器。有些发动机的凸轮轴上没有偏心轮和螺旋齿轮。凸轮轴的前端用以安装正时齿轮（正时链轮或正时带轮）。

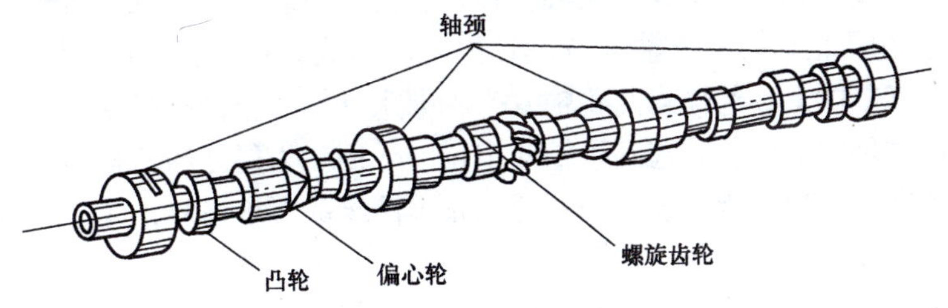

图12-1 凸轮轴的构造

每根凸轮轴上的凸轮数量因发动机结构形式而异，如直列六缸发动机只装有一根凸轮轴，每个凸轮只驱动一个气门，每缸采用一进、一排两个气门，所以凸轮轴上有 12 个凸轮。

凸轮可分为两类：驱动进气门的进气凸轮和驱动排气门的排气凸轮。各缸的进气凸轮（或排气凸轮）称为同名凸轮。以直列发动机为例，从凸轮轴前端看，同名凸轮的相对角位置按各缸做功顺序逆凸轮轴转动方向排列，夹角为做功间隔角的一半。根据这一规律可按凸轮轴转动方向和同名凸轮位置判断发动机的做功顺序。异名凸轮相对角位置与凸轮转动方向及发动机的配气相位有关。做功顺序为 1-3-4-2 的直列四缸发动机和做功顺序为 1-5-3-6-2-4 的直列六缸发动机同名凸轮相对角位置如图 12-2 所示。

凸轮的轮廓形状决定了气门的最大升程及气门开启和关闭时的运动规律及持续时间。

凸轮的轮廓形状是由制造厂根据发动机工作需要设计的。

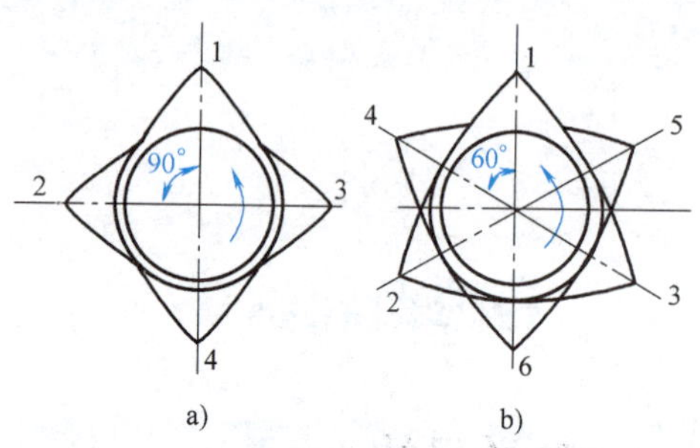

图 12-2　同名凸轮相对角位置

在下置凸轮轴式配气机构和侧置凸轮轴式配气机构中，安装凸轮轴的座孔和压装在座孔内的凸轮轴轴承一般为整体式；为拆装方便，凸轮轴轴颈直径由前至后逐渐减小。在顶置凸轮轴式配气机构中，安装凸轮轴的座孔和凸轮轴轴承一般为剖分式，凸轮轴各轴颈直径相等。有些凸轮轴的轴颈上加工有不同形状的油槽或油孔，如图 12-3 所示，这些油槽或油孔用来储存润滑油或作为润滑油通道。

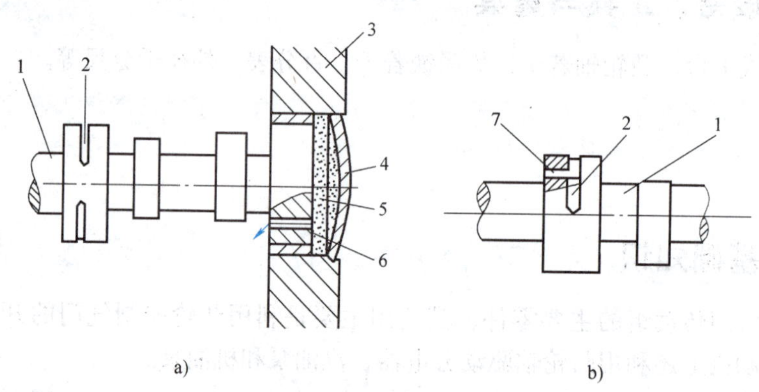

图 12-3　凸轮轴轴颈上的油槽和油孔

1—凸轮轴　2—节油槽　3—气缸体　4—油堵　5—空腔　6—泄油孔　7—油孔

为防止凸轮轴发生轴向窜动，凸轮轴都设有轴向定位装置。常见的凸轮轴轴向定位装置如图 12-4 所示。在凸轮轴第一道轴颈与正时齿轮之间装有隔圈，止推凸缘松套在隔圈外面并用螺栓固定在气缸体上，这样当凸轮轴发生轴向窜动时，止推凸缘顶靠住正时齿轮的轮毂或凸轮轴第一道轴颈的端面，即起到了轴向定位的作用。为保证凸轮轴的正常转动，允许凸轮轴有一定的轴向窜动量，所以隔圈的厚度比止推凸缘的厚度略厚，两者的差值即为凸轮轴的轴向间隙，此间隙一般为 0.08～0.20mm。

凸轮轴的损伤主要有弯曲、轴颈磨损和凸轮磨损等。

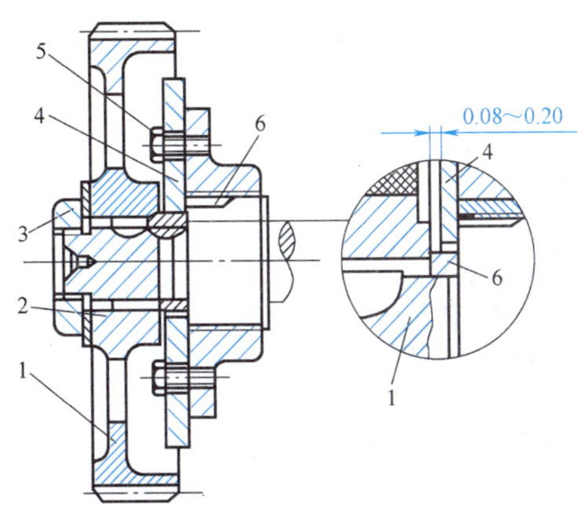

图 12-4 常见的凸轮轴轴向定位装置

1—正时齿轮 2—齿轮轮毂 3—齿轮固定螺母
4—止推凸缘 5—凸缘安装螺栓 6—隔圈

五、实训操作

1. 注意事项

1）拆顶置凸轮轴正时带时，必须使第一缸处于压缩上止点，并注意装配记号。

2）拆卸凸轮轴轴承盖时，要按顺序进行并保持水平，以免引起凸轮轴卡住或损坏。

3）装配凸轮轴时，要按规定的顺序和力矩均匀地分几次拧紧，以免引起轴承盖或缸盖的开裂。

2. 操作步骤

（1）凸轮轴轴向间隙的检修　凸轮轴轴向间隙的检查如图 12-5 所示。拆下气门传动组其他零件后，用百分表测头抵在凸轮轴端，前后推拉凸轮轴，百分表指针的摆动量即为凸轮轴的轴向间隙。

若凸轮轴轴向间隙超过了允许极限，可减小隔圈的厚度或更换止推凸缘。

（2）凸轮轴弯曲的检修　检查凸轮轴弯曲变形可用其两端轴颈外圈或两端的中心孔做基准，测量中间一道轴颈的径向圆跳动量，如图 12-6 所示。凸轮轴径向圆跳动量一般为 0.01 ~0.03mm，允许极限一般为 0.05 ~0.10mm。若凸轮轴径向圆跳动量超过极限值，可对凸轮轴进行冷压校正，必要时应更换。

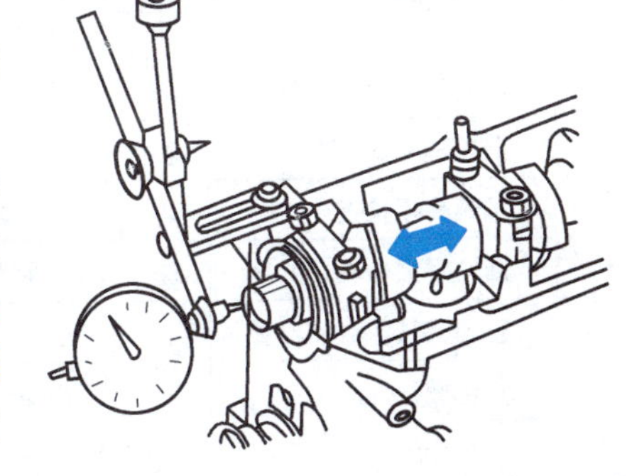

图 12-5 凸轮轴轴向间隙的检查

（3）凸轮磨损的检查　凸轮的常见故障有表面磨损、擦伤和麻点剥落等，其中以磨损最为常见。凸轮的磨损是不均匀的，一般凸轮的顶尖附近磨损较严重。凸轮磨损后，凸轮高度减小，会使气门的最大升程减小，影响发动机工作时的进、排气阻力。凸轮的磨损程度可通过测量凸轮的高度（H）或凸轮升程（h）来检查。凸轮的高度（H）和升程（h）如图 12-7 中所示。

凸轮高度可用外径千分尺或游标卡尺测量，凸轮升程为凸轮高度与基圆直径之差。凸轮高度或升程若超过允许极限，应更换凸轮轴。

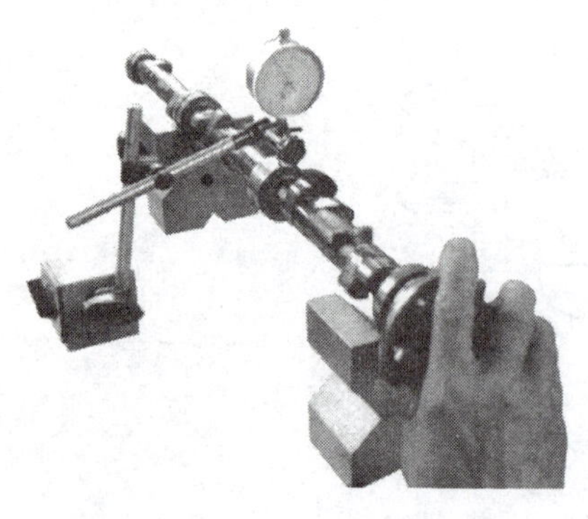

图 12-6　凸轮轴弯曲检查

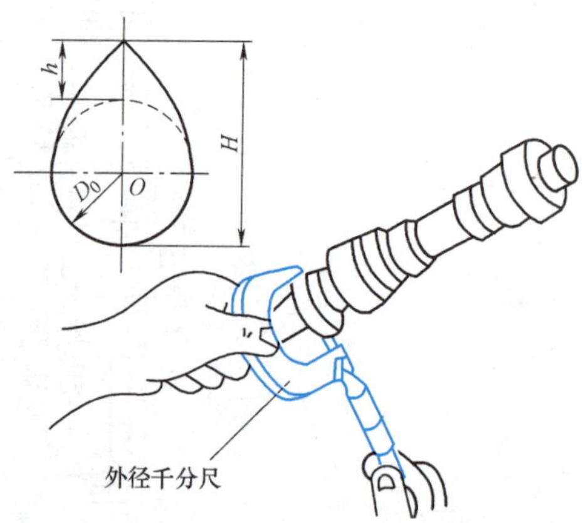

图 12-7　凸轮磨损检查

（4）凸轮轴轴颈及轴承磨损的检修　凸轮轴轴颈及轴承的磨损情况可通过测量其配合间隙来检查。凸轮轴轴承间隙一般为 0.02～0.10mm，允许极限一般为 0.10～0.20mm。

有些发动机的凸轮轴轴颈允许修磨，当凸轮轴轴承间隙超过允许极限时，可磨削凸轮轴轴颈，并选配同级修理尺寸的凸轮轴轴承。

多数发动机凸轮轴轴颈和轴承无修理尺寸，当轴承间隙超过其允许极限时，必须更换凸轮轴或凸轮轴轴承，必要时两者一起更换。对于无凸轮轴轴承的发动机，若凸轮轴座孔磨损严重，只能更换气缸体或气缸盖。

六、考核要点与评分标准

凸轮轴检修的考核要点和评分标准见表 12-1。

表 12-1　凸轮轴检修的考核要点和评分标准

序号	考核要点	配分	评分标准	考核记录	得分
1	正确使用工具、量具	10	使用工具、量具不当，1 次扣 2 分		
2	轴向间隙检查	20	检查方法不对，扣 10 分；检查结果错误，扣 10 分		
	凸轮轴弯曲检查	20	测量方法错误，扣 10 分；测量结果错误，扣 10 分		
	轴颈磨损检查	20	测量方法错误，扣 10 分；测量结果错误，扣 10 分		
	凸轮磨损检查	20	测量方法错误，扣 10 分；测量结果错误，扣 10 分		
3	整理工具、清理现场	10	违章每项扣 2 分		
	安全操作方面		因操作不当发生事故，记 0 分		
4	分数合计	100			

七、思考题

1. 如何检查凸轮轴的轴向间隙？
2. 如何检测凸轮轴的弯曲变形？
3. 如何检测凸轮的磨损？
4. 如何检测凸轮轴轴颈及轴承的磨损？

12.2 检修正时传动装置

一、教学目的

1）了解正时传动装置的结构与工作原理。

2）掌握正时传动装置的检修内容和检修方法。

二、教学设备、工具与量具

正时齿轮传动发动机、正时链传动发动机、正时带传动发动机。

常用工具。

游标卡尺 、塞尺 、百分表 。

三、课时

4 课时。

四、相关基础知识

凸轮轴靠曲轴来驱动，传动方式有齿轮传动、链传动和带传动三种。气门的开启和关闭时刻、凸轮轴与曲轴的传动比均靠传动装置来保证。

正时齿轮传动具有传动平稳、可靠、不需调整等优点，下置凸轮轴式配气机构一般都采用此种传动装置。正时齿轮分别安装在曲轴和凸轮轴的前端，用螺栓或螺母固定，齿轮与轴靠键传动。为了减小传动噪声，正时齿轮一般采用斜齿轮且用不同的材料制成。通常，曲轴上的小齿轮用金属材料制造，而凸轮轴上的大齿轮用非金属材料制造。凸轮轴正时齿轮的齿数为曲轴正时齿轮齿数的两倍，以实现曲轴与凸轮轴的传动比为2∶1。为保证气门的开启和关闭时刻正确，装配时，应对正两正时齿轮上的正时标记，如图12-8所示。

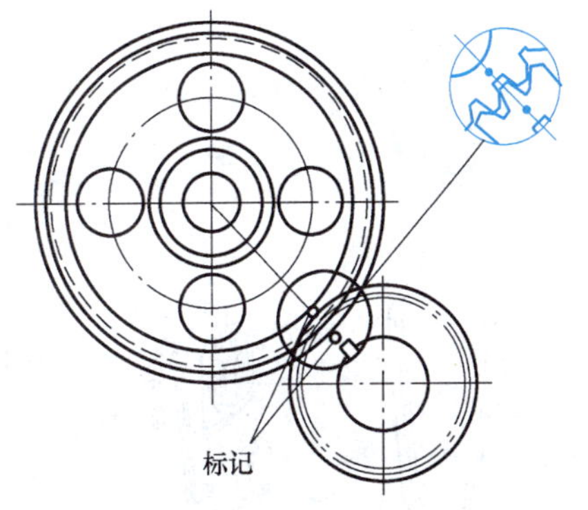

图 12-8 正时齿轮传动装置及正时标记

有些侧置凸轮轴式发动机也采用正时齿轮传动装置，但由于凸轮轴离曲轴较远，中间通常加入惰轮传动。装配时，两个正时齿轮与中间惰轮之间的两个正时标记必须对正。

侧置凸轮轴式配气机构或顶置凸轮轴式配气机构均可采用正时链传动装置。正时链传动装置的组成如图12-9所示，主要由正时链、正时链轮、正时链张紧装置等组成。凸轮轴正时链轮的齿数为曲轴正时链轮的两倍，以实现传动比为2∶1。为防止正时链抖动，正时链传动装置设有导链板和张紧装置。导链板采用橡胶导向面为链导向，一般应与链一起更换。张紧装置使正时链保持一定的紧度，可分为机械式和液压式两种，应用较多的是液压式正时链张紧装置。液压式正时链张紧装置在发动机工作时，利用润滑油压力推动液压缸活塞，使张紧链轮压紧正时链。

采用正时链传动装置的配气机构，其正时标记多种多样，装配时应特别注意。常用的正时方法有：对正两链轮上的标记、在两链轮标记之间保持一定的链节数、对正链与链轮上的标记、一缸活塞处于压缩上止点时对正凸轮轴链轮与缸盖或缸体上的标记等4种。

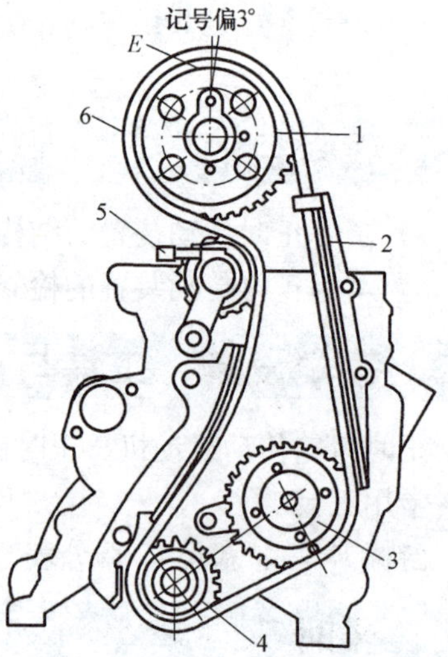

记号偏3°

图 12-9　正时链条传动装置的组成

1—凸轮轴正时链轮　2—导链板　3—机油泵链轮　4—曲轴正时链轮　5—正时链张紧装置　6—正时链

正时带传动装置主要由同步带、同步带轮和张紧轮等组成，如图12-10所示。张紧轮靠弹簧压紧同步带，张紧轮也起到对同步带轴向定位的作用。凸轮轴同步带轮的直径等于曲轴同步带轮直径的两倍，传动比为2∶1。

正时带传动装置的正时标记多种多样，装配时必须按相关维修手册中的规定对正正时标记。常见正时带传动装置的正时标记如图12-11所示。装配时，应对正下列标记：凸轮轴同步带轮与气缸盖上的标记、曲轴同步带轮与气缸体前端的标记。同步带安装、调整或保护不当时，会造成同步带的磨损和损伤。安装时，同步带齿必须与带轮相吻合。

大部分发动机利用弹簧使张紧轮将同步带压紧，安装后完全放松张紧轮即可使同步带张紧；有些发动机的同步带是需要调整的，必须按原厂的规定调整同步带的松紧度。

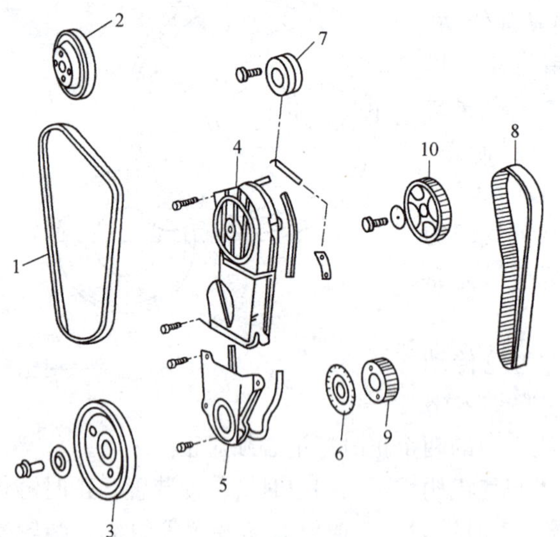

图 12-10　正时带传动装置

1—水泵传动带　2—水泵带轮　3—曲轴带轮　4—同步带上罩　5—同步带下罩　6—曲轴同步带轮法兰盘　7—张紧轮　8—同步带　9—曲轴同步带轮　10—凸轮轴同步带轮

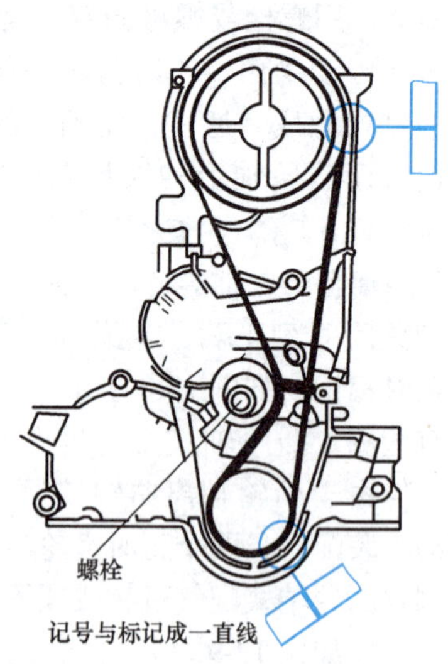

图 12-11　常见正时带传动安装的正时标记

五、实训操作

1. 注意事项

1）松开正时带张紧轮（顶置凸轮轴发动机）前，应将曲轴转到1缸上止点位置。

2）在取下正时带时，应在正时带上标上其原转动方向，以防安装时装反。否则，会加速正时齿轮传动带的磨损。

2. 操作步骤

（1）正时齿轮传动装置的检修　在检修时，应检查正时齿轮有无裂损及磨损情况。磨损情况可用塞尺或百分表测量其齿隙来检查，如图12-12所示。正时齿轮若有裂损或齿隙超过0.30～0.35mm，应成对更换正时齿轮。通常情况下，正时齿轮不会发生严重磨损，也不易损坏。

（2）正时链传动装置的检修　正时链传动装置常见故障是链轮磨损或正时链变长，严重时会产生噪声和改变气门开闭时刻。因此，在发动机维修时，应检查链轮的磨损和正时链的伸长情况。

为便于检查链轮的磨损情况，可将新正时链扣于链轮上，并环绕其一周拉紧，再用游标卡尺测量其直径，如图12-13所示。若测量直径小于极限直径，应更换新件。

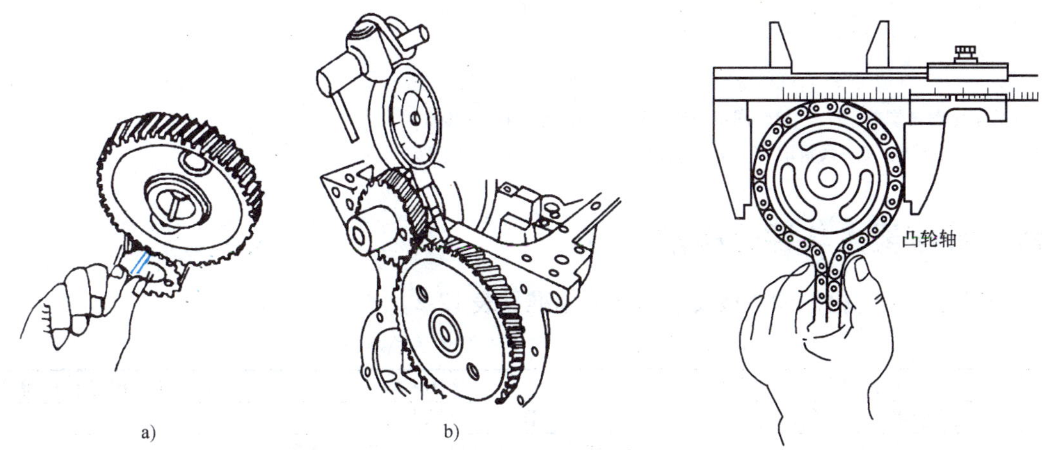

图12-12　正时齿轮磨损检查

a）用塞尺检查　b）用百分表检查

图12-13　正时链轮磨损的检查

正时链伸长情况的检查可测量正时链的全长或规定链节数的长度。测量正时链长度时，为使测量准确，应将正时链拉直后再用游标卡尺测量，如图12-14所示。

（3）正时带传动装置的检修　更换同步带时，新、旧同步带必须完全相同。同步带不能过度弯曲（如扭转90°以上或盘起存放等），也不能沾水或油，否则很容易造成同步带的损坏。

同步带的使用寿命一般厂家推荐为32000～96000km。检查同步带时，若发现有胶面受伤或磨损、缺齿、裂纹、芯线外露、脱胶等缺陷之一，必须更换同步带。

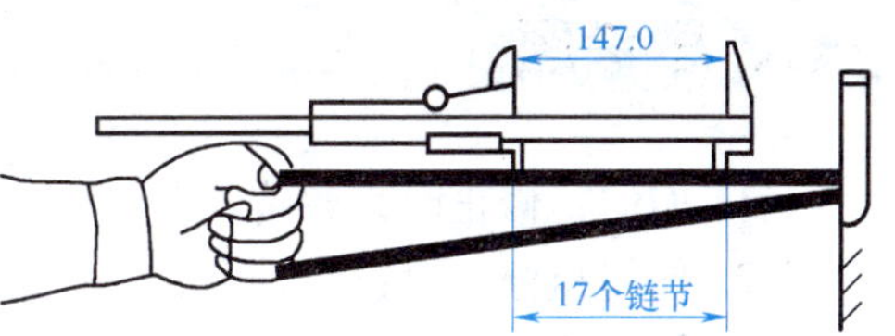

图12-14　正时链长度的检查

富康轿车TU32K发动机的同步带松紧度是需要调整的，其调整方法如图12-15所示。将专用工具插入张紧轮的方孔内，挂上重块，慢慢松开张紧轮的锁紧螺母，同步带张紧后再以23N·m的力矩拧紧锁紧螺母，最后拆下重块和专用工具。

凸轮轴或曲轴同步带轮的常见故障是磨损，可用卡尺测量同步带轮直径，检查其磨损情况，如图12-16所示。若同步带轮的直径超过允许极限，应更换同步带轮。

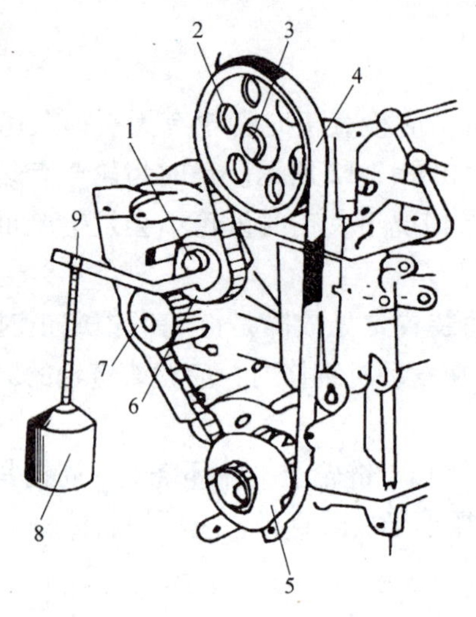

图12-15 富康轿车TU32K发动机的同步带松紧度的调整

1—张紧轮锁紧螺母 2—凸轮轴同步带轮 3—紧固螺栓 4—同步带
5—曲轴同步带轮 6—张紧轮 7—水泵带轮 8—重块 9—专用工具

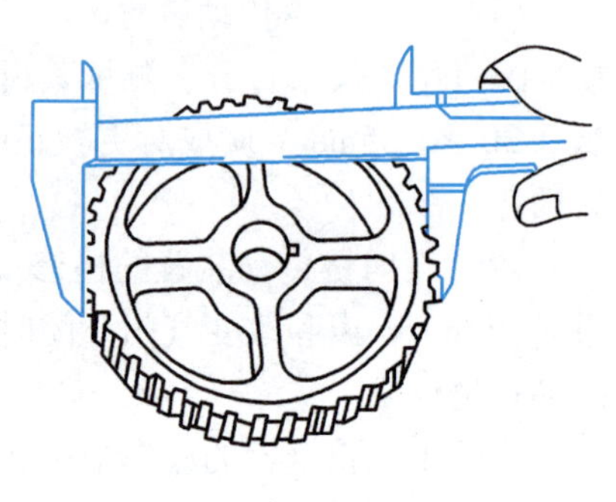

图12-16 同步带轮磨损的检查

六、考核要点与评分标准

正时传动装置检修的考核要点和评分标准见表12-2。

表12-2 正时传动装置检修的考核要点和评分标准

序号	考核要点	配分	评分标准	考核记录	得分
1	正确使用工具、量具	10	使用工具、量具不当，1次扣2分		
2	正时齿轮齿隙检查	20	检查方法不对，扣10分；检查结果不准确，扣10分		
	链轮磨损检验	15	测量方法错误，扣10分；测量结果不准确，扣5分		
	正时链变长检验	15	测量方法错误，扣10分；测量结果错误，扣5分		
3	同步带磨损检验	15	测量方法错误，扣10分；测量结果不准确，扣5分		
	同步带松紧度调整	15	调整方法不正确，扣10分；调整结果不准确，扣5分		
4	整理工具、清理现场	10	违章每项扣2分		
	安全操作方面		因操作不当发生事故，记0分		
5	分数合计	100			

七、思考题

1. 如何检修正时齿轮传动装置？
2. 如何检修正时链传动装置？
3. 如何检修正时带传动装置？

12.3 检查与调整气门间隙

一、教学目的

1）了解配气机构中气门间隙的作用及工作原理。

2）掌握配气机构中气门间隙的检验与调整方法。

二、教学设备、工具与量具

气门间隙可调发动机。

梅花扳手、一字旋具、塞尺。

三、课时

4课时。

四、相关基础知识

气门间隙的作用是补偿气门受热后的膨胀量。

发动机冷机状态装配时，在不装用液力挺杆的配气机构中，气门组与气门传动组之间必须留有一定的间隙，这一间隙称为气门间隙。在凸轮轴通过摇臂间接驱动气门开启的配气机构中，气门间隙是指摇臂与气门杆尾部之间的间隙（图12-17）。在凸轮轴直接驱动气门开启的配气机构（如上海桑塔纳轿车发动机装用普通挺杆的配气机构）中，气门间隙是指凸轮与挺杆之间的间隙。

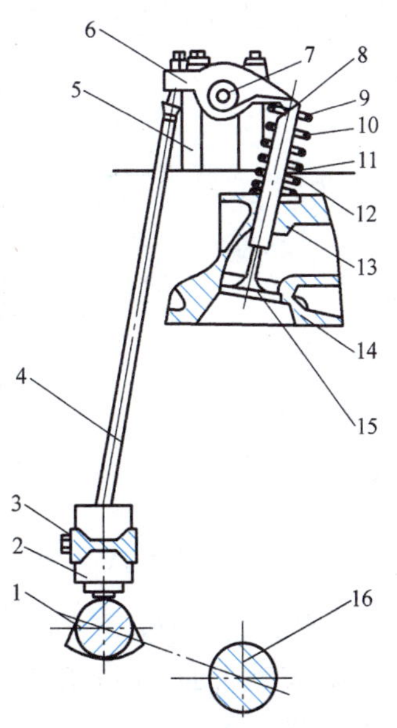

图12-17 配气机构基本组成

1—凸轮轴 2—气门挺杆 3—挺杆导向体 4—推杆 5—摇臂轴承座 6—摇臂 7—摇臂轴 8—气门间隙 9—气门锁片 10—气门弹簧座 11—气门油封 12—气门弹簧 13—气门导管 14—气门座 15—气门 16—曲轴

在装有液力挺杆的配气机构中，由于液力挺杆能自动“伸长”或“缩短”以补偿气门的热胀冷缩，所以不需要留气门间隙。

在发动机的使用过程中，气门间隙的大小会发生变化。如果气门间隙过小或没有气门间隙，就会导致发动机工作时气门关闭不严而漏气；若气门间隙过大，不仅会造成配气机构产生异响，而且气门开启升程和开启持续角度也会减小，影响发动机的进、排气过程。因此，在发动机维修中，经常需要检查、调整气门间隙。

气门间隙的检查与调整必须在该气门完全关闭状态时进行。在检查与调整气门间隙之前，必须分析判断各气缸所处的工作行程，以确定可调整的气门。其基本原则是：处于压缩上止点的气缸，进气门和排气门均可调；处于排气行程上止点的气缸，进气门和排气门均不可调；处于进气行程和压缩行程的气缸，排气门可调；处于做功行程和排气行程的气缸，进气门可调。

气门间隙必须在规定的冷机或热机状态下调整到标准值。各车型气门间隙有不同的标准，几种常见车型的气门间隙见表12-3。

表12-3 几种常见车型发动机的气门间隙 （单位：mm）

发动机型号	冷机时的气门间隙		热机时的气门间隙	
	进气门	排气门	进气门	排气门
CA6102发动机	0.20~0.25	0.20~0.25	—	—
EQ6100—1型发动机	0.45~0.50	0.55~0.60	0.20~0.25	0.25~0.30
上海桑塔纳轿车1.6L发动机	0.15~0.25	0.35~0.45	0.20~0.30	0.40~0.50
天津夏利轿车三缸发动机	—	—	0.20	0.20
二汽富康轿车TU3—2/K发动机	0.20	0.40	—	—
广州本田雅阁轿车发动机	0.24~0.28	0.28~0.32	—	—

五、实训操作

1. 确定第1缸压缩上止点位置

多数发动机都有点火正时标记（图12-18），只要转动曲轴对正标记，即说明第1缸处于上止点位置；是否是压缩上止点，还需用辅助方法判断，如：观察分电器分火头位置、气门状态、顶置凸轮轴发动机的凸轮位置等。

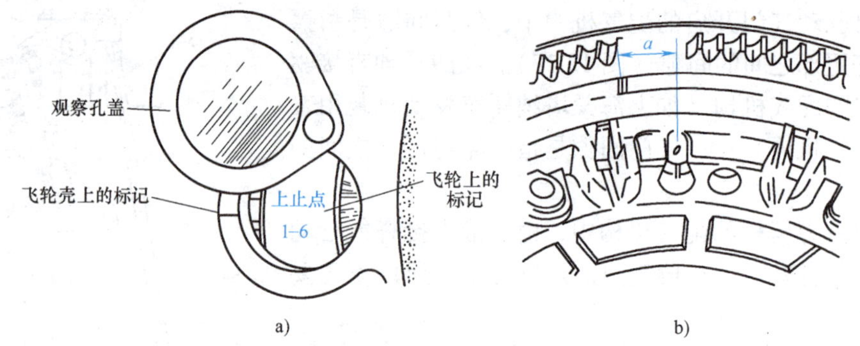

图12-18 发动机飞轮正时标记

a）CA6102发动机飞轮正时标记 b）一汽捷达轿车发动机飞轮正时标记

2. 调整气门间隙

多数发动机的气门间隙都是用装在摇臂上的调整螺钉来调整，如图12-19所示。将与规定气门间隙相等的塞尺插入可调气门的气门间隙中，用手前后移动塞尺，如能感到有适当的阻力，说明气门符合标准。若移动塞尺时，感觉无阻力或阻力过大，应松开锁紧螺母，转动调整螺钉，直到气门间隙符合规定后，再将锁紧螺母拧紧。

有些无摇臂总成的发动机，可通过改变挺杆内的垫片厚度来调整气门间隙。气门间隙调整后，应进行验证性检查，以保证调整无误。

（1）逐缸调整法 即在该缸活塞位于压缩行程终了上止点时，检查、调整该缸的进、排气门间隙。

调整气门间隙时（以 CA6102 六缸发动机为例），首先找出一缸（或六缸）压缩上止点位置，再松开 1 缸（或 6 缸）进、排气门锁紧螺母，将一定厚度的塞尺插入气门杆与气门摇臂之间，用一字旋具拧转调整螺钉，把塞尺轻轻压住，拉动塞尺感觉间隙合适后，再把锁紧螺母拧紧，然后用塞尺复查一次。

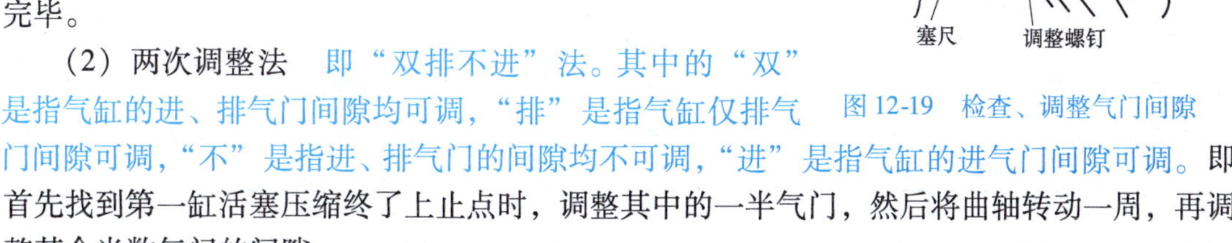

图 12-19　检查、调整气门间隙

当 1 缸（或 6 缸）的两只气门间隙均符合要求后，调整下一组气门间隙，摇转曲轴 120°，按点火顺序调整下一缸（5 缸或 2 缸）的进、排气门间隙。依次类推，逐缸调整完毕。

（2）两次调整法　即“双排不进”法。其中的“双”是指气缸的进、排气门间隙均可调，“排”是指气缸仅排气门间隙可调，“不”是指进、排气门的间隙均不可调，“进”是指气缸的进气门间隙可调。即首先找到第一缸活塞压缩终了上止点时，调整其中的一半气门，然后将曲轴转动一周，再调整其余半数气门的间隙。

以 CA6102 发动机（点火顺序为 1-5-3-6-2-4）为例，根据该发动机的做功循环表可知，当第 1 缸处于压缩上止点时，第 5 缸处于压缩行程初始阶段，第 3 缸处于进气行程，第 6 缸处于排气上止点位置，第 2 缸处于排气行程，第 4 缸处于做功行程后期；由检查与调整气门间隙的基本原则可确定：第 1 缸的“双”气门可调，第 5 缸和第 3 缸的“排”气门可调，第 6 缸的两气门均“不”可调，第 2 缸和第 4 缸的“进”气门可调。旋转曲轴一圈（360°），第 6 缸处于压缩上止点时，同理可确定：第 6 缸的“双”气门可调，第 2 缸和第 4 缸的“排”气门可调，第 1 缸的两气门均“不”可调，第 5 缸和第 3 缸的“进”气门可调。

两次调整法的操作程序如下：

1）确定第 1 缸压缩上止点。

①分火头判断法：记下第 1 缸分缸高压线的位置，打开分电器盖，转动曲轴，当分火头与第 1 缸分缸高压线位置相对时，第 1 缸在压缩上止点。

②逆推法：转动曲轴，观察与第 1 缸曲轴连杆轴颈同在一个方位的 6（4）缸（以六、四缸发动机为例）的排气门打开又逐渐关闭到进气门开始动作的瞬间，6（4）缸在排气上止点即第 1 缸在压缩上止点。

2）确定进气门和排气门。

①根据气门与所对应的气道确定。

②用转动曲轴观察确定。方法是：当第 1 缸活塞处于压缩上止点时，转动曲轴，观察第 1 缸的两个气门，先动的为排气门，后动的为进气门，并在一种气门上做记号；然后按点火顺序依次检查各缸，再与第 1 缸的同名气门做记号。

3）将发动机的气缸按工作顺序等分为两组调整。

①第 1 遍。将第 1 缸活塞转到压缩行程上止点，按“双排不进”调整其一半气门的间隙。

②第 2 遍。曲轴转动一周，将最后一缸活塞转到压缩行程上止点，仍按“双排不进”调整余下的一半气门的间隙。

按“双排不进”规律确定的多缸发动机可调气门见表 12-4。

表 12-4　多缸发动机可调气门

发动机类型	活塞处于上止点的气缸	可调气门对应气缸				点火顺序	气缸由前至后排列序号
		双	排	不	进		
直列三缸	1 缸压缩上止点	1	2	—	3	1-2-3	1-2-3
	1 缸排气上止点	—	3	1	2		
直列四缸	1 缸压缩上止点	1	3	4	2	1-3-4-2	1-2-3-4
	4 缸压缩上止点	4	2	1	3		
直列五缸	1 缸压缩上止点	1	2	4、5	3	1-2-4-5-3	1-2-3-4-5
	1 缸排气上止点	4、5	3	1	2		
直列六缸	1 缸压缩上止点	1	5、3	6	2、4	1-5-3-6-2-4	1-2-3-4-5-6
	6 缸压缩上止点	6	2、4	1	5、3		
V 型六缸	1 缸压缩上止点	1	6、5	4	3、2	1-6-5-4-3-2	左：1-3-5 右：2-4-6
	4 缸压缩上止点	4	3、2	1	6、5		
V 型八缸	1 缸压缩上止点	1	5、4、2	6	3、7、8	1-5-4-2-6-3-7-8	左：1-2-3-4 右：5-6-7-8
	6 缸压缩上止点	6	3、7、8	1	5、4、2		

（3）采用调整垫片调整气门间隙　采用无摇臂总成的发动机的气门间隙可通过改变挺杆内的调整垫片的厚度来调整。调整垫片安装在挺柱上。当气门间隙不符合要求时，要测量拆下调整垫片的厚度（图 12-20），通过计算新调整垫片的厚度，选择接近计算值的新调整垫片。如：丰田汽车公司提供 17 种不同尺寸的调整垫片，从 2.50 mm 到 3.30mm，每种相差 0.05mm。气门间隙调整后，应进行验证性检查，以保证调整无误。

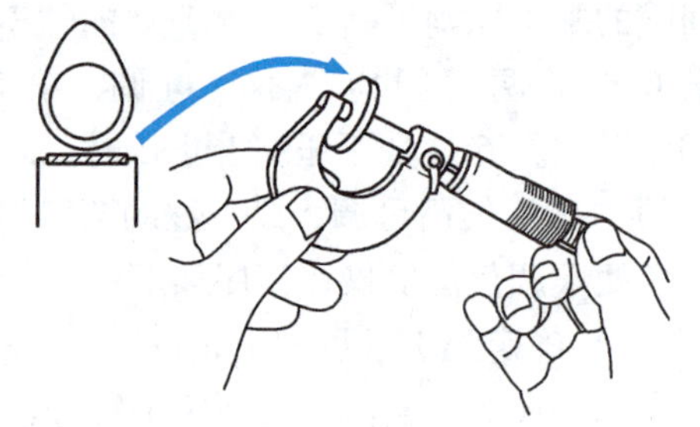

图 12-20　测量拆下调整垫片的厚度

六、考核要点与评分标准

调整气门间隙的考核要点和评分标准见表 12-5。

表 12-5　调整气门间隙的考核要点和评分标准

序号	考核要点	配分	评分标准	考核记录	得分
1	正确使用工具量具	10	使用工具量具不当，1 次扣 2 分		
2	逐缸检查、调整气门间隙	20	调整方法不对，扣 10 分；调整结果不准确，扣 10 分		
	用两次调整法检查、调整气门间隙	40	调整步骤错误，每处扣 10 分；调整结果不准确，扣 10 分		
	用调整垫片调整气门间隙	20	测量方法错误，扣 10 分；调整结果不准确，扣 10 分		

（续）

序号	考核要点	配分	评分标准	考核记录	得分
3	整理工具、清理现场	10	违章每项扣 2 分		
	安全操作方面		因操作不当发生事故，记 0 分		
4	分数合计	100			

七、思考题

1. 如何用逐缸调整法调整气门间隙？
2. 如何用两次调整法调整气门间隙？
3. 如何用调整垫片法调整气门间隙？

项目十三 检修散热器

一、教学目的

1）了解散热器构造与原理。

2）掌握散热器密封性的检查。

3）掌握散热器芯管堵塞的检查。

4）掌握散热器盖的检查及其维修。

二、教学设备工具及量具

汽车发动机拆装台架、散热器、汽车发动机常用拆装工具、专用拆装工具、相关量具、零部件存放台、油盆。

三、课时

4 课时。

四、相关基础知识

散热器的功用是将水套中流出的高温冷却液分成许多股细流，并利用散热片增大散热面积，以便使冷却液的温度迅速降低。

冷却液在散热器中的流动方向有自上而下竖向流动形式和自左而右横向流动形式，其结构和原理基本相同。图 13-1 所示为横流式散热器的结构，由左储水室、进水管、散热器芯、散热器盖、右储水室和出水管等组成。左储水室通过橡胶软管与气缸盖上的水套出水管连接，右储水室则通过橡胶软管与水泵进水口连接，两水室之间焊接有散热器芯。在散热器的顶部设有加水口，以便加注冷却液；在通常情况下，加水口用散热器盖封闭。右储水室的底部一般设有放水阀，以便必要时放出散热器内的冷却液。

常用的散热器芯为芯片式结构，如图 13-2 所示。散热器芯由许多芯管和散热片组成，芯管为扁圆形直管，芯管两端与两个储水室之间及芯管与散热片之间均用锡焊焊接。冷却液流经散热器时被芯管分成许多股细流，并经芯管上的散热片将热量散发到大气中。散热片不仅可以增加散热面积，而且可以提高散热器芯的刚度和强度。

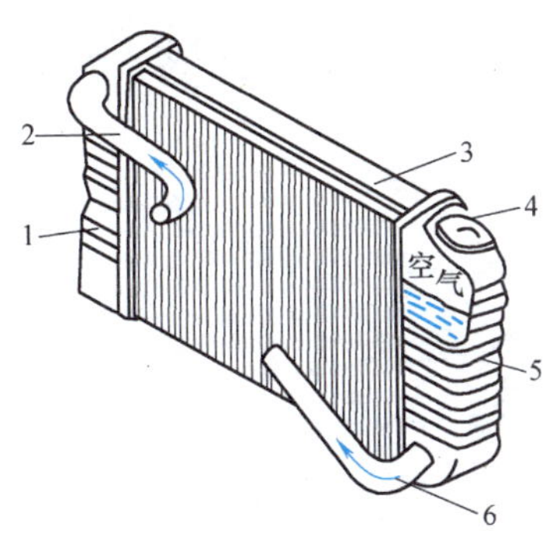

图 13-1　横流式散热器的结构

1—左储水室　2—进水管　3—散热器芯
4—散热器盖　5—右储水室　6—出水管

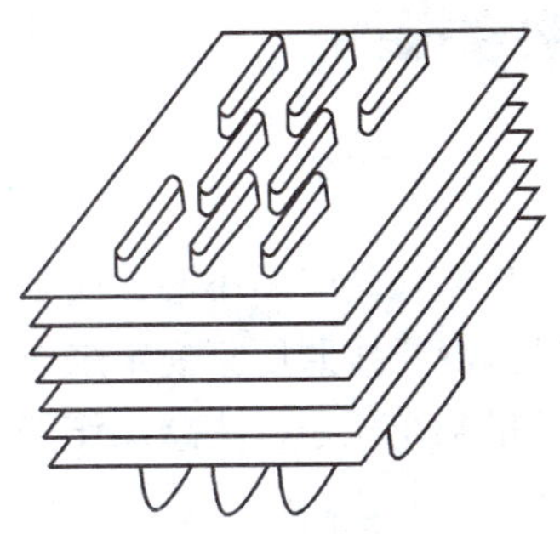

图 13-2　芯片式散热器芯的结构

散热器盖上一般设有蒸气阀和空气阀，以便保持冷却系统内部的适当压力，其结构如图 13-3 所示。当散热器内压力升高到一定值（一般为 126 ~ 127kPa）时，蒸气阀打开，使部分蒸气排入大气，以免胀坏散热器。当散热器内压力低到一定值（一般为 87 ~ 99kPa）时，空气阀打开，使空气进入散热器，以免大气将散热器压坏。

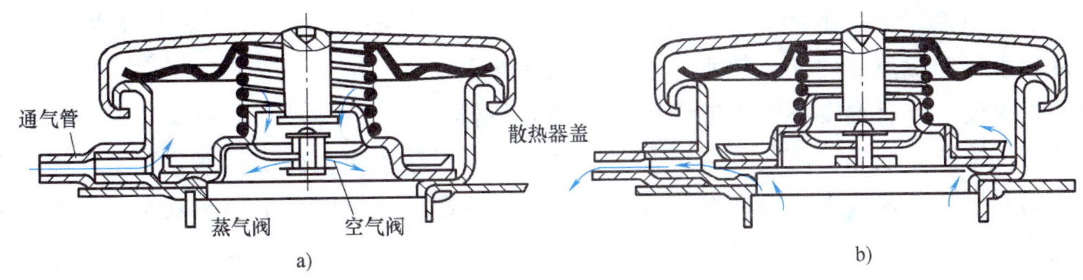

图 13-3　散热器盖的结构

a）空气间打开　b）蒸气阀打开

大部分轿车发动机水冷冷却系统中都装有膨胀水箱，它利用水管与散热器盖上的蒸气放出口相连，如图 13-4 所示。膨胀水箱的功用是减少冷却液的溢失。当冷却液受热膨胀时，散热器内多余的冷却液经水管流入膨胀水箱；而散热器温度下降，缺少冷却液时，散热器内产生一定的真空度，膨胀水箱内的冷却液又被吸回到散热器内。膨胀水箱上有“高”和“低”两个标记刻线，在使用中应保持膨胀水箱内的液面高度位于两个标记刻线之间。驾驶人应经常检查膨胀水箱内的液面高度，缺少冷却液时应及时加注。

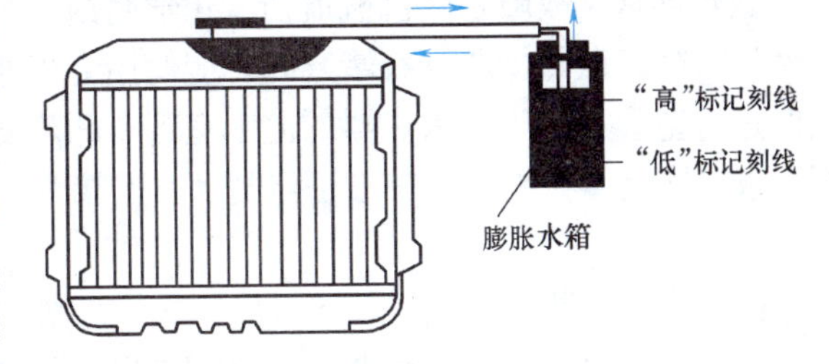

图 13-4　膨胀水箱示意图

五、实训操作

（一）注意事项

1）放出冷却液时要小心，因为冷却液有毒。

2）冷却液要按照厂家规定来选择和添加。

3）严格操作程序，注意操作安全。

（二）操作步骤

1. 散热器密封性检查

1）就车检查。用膨胀式橡胶塞堵住散热器进水管口和出水管口，向散热器内加水至加水口下方10～20mm处，用专用手动打压器从加水口向散热器内部施加0.8kPa压力，如图13-5所示。5min内打压器压力表上的指示压力应不下降，否则说明散热器有泄漏。

2）水槽检查。拆下散热器后，用膨胀式橡胶塞堵住进水管口和出水管口，从加水口向散热器内充入30～80kPa的压缩空气，将散热器浸入水槽；若有气泡冒出，说明散热器有泄漏。

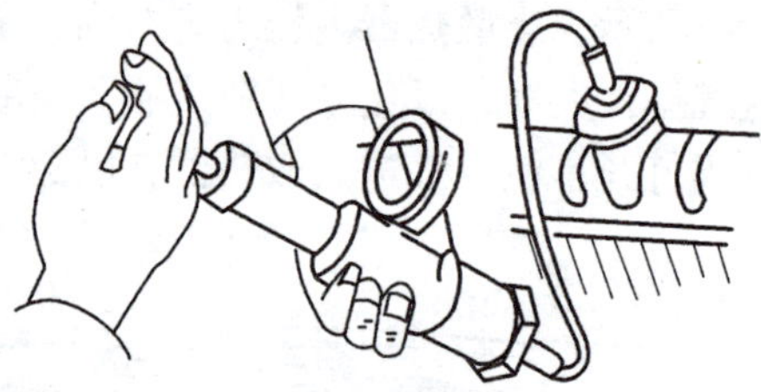

图13-5 散热器的就车检查

2. 散热器芯管堵塞的检查

从加水口向散热器内加入热水，用手触试散热器芯管各处温度，若有温度不升高的部位，说明散热器芯管该部位堵塞。散热器芯管是否堵塞，也可以拆下上储水室，再用根据芯管尺寸和断面形状制造的专用通条来检查。所有芯管都不允许有堵塞现象，个别因中部堵塞而确实无法疏通者，允许存在堵塞的芯管不超过两根。散热器芯管若存在压扁或通条不能通过现象，应更换芯管。

3. 散热器盖的检查

使用专用手动打压器给散热器盖加压，当打压器上的压力表读数突然下降时，说明蒸气放出阀打开。蒸气阀的开启压力应符合规定，如：CA6110型柴油发动机为29.428kPa。

4. 散热器的修理

散热器常见故障是因机械损伤、化学腐蚀、芯管堵塞等原因，导致泄漏、外观变形和散热性能下降。散热器芯管有堵塞时，应使用专用通条进行疏通。散热片有变形或倒伏时，应及时进行整形、扶正。散热器的储水室若有凹陷变形时，可在凹陷处焊一钩环，拉平后再解焊。散热器泄漏一般发生在芯管与储水室的接合处，散热器泄漏部位可用锡焊或粘接方法修复。

在使用中，散热器最常见的故障是芯管损伤。芯管的修理方法主要有两种：

（1）接管法　用尖嘴钳拆去已损坏的芯管上的散热片，剪下已损坏的一段芯管，从芯管的一端插入通条并使通条穿过剪去部分的上、下剪口，如图13-6所示，用尖嘴钳将上、下剪口整理平直；从废旧散热器上选取一根可以使用的芯管拆下，剪取一段比剪除的损坏部分长约10mm的芯管作为接管，将接管两端稍微扩口并套接到需要修理的芯管上，再插入通条将接口处整理平直；在接口处涂一层氧化锌铁溶液，用气焊加热，并用锡焊焊合接口；焊接修理后，尽可能将散热片予以恢复和整理平直。

（2）换管法　将散热器夹装在专用修理架上，用通条插入需要更换的芯管中并来回拉动以清除芯管内的水垢；如图13-7所示，将电阻加热器插入需要更换的芯管，给电阻加热器通24V直流电加热，通电约1min加热器烧红后，芯管上的焊锡开始熔化，这时再用气焊将芯管上、下底板连接处的焊锡加热使之熔化，当芯管分离松动后迅速切断电阻加热器电源，并趁热用手钳将芯管和电阻加热器一起抽出；清理各连接部位的污垢，将表面挂有焊锡的新散热器芯管（或从废旧散热器上拆下的、可以使用的芯管）插入芯管孔内，用焊锡将芯管焊牢，最后修整损坏的散热片。

图13-6　整理散热器芯管剪口

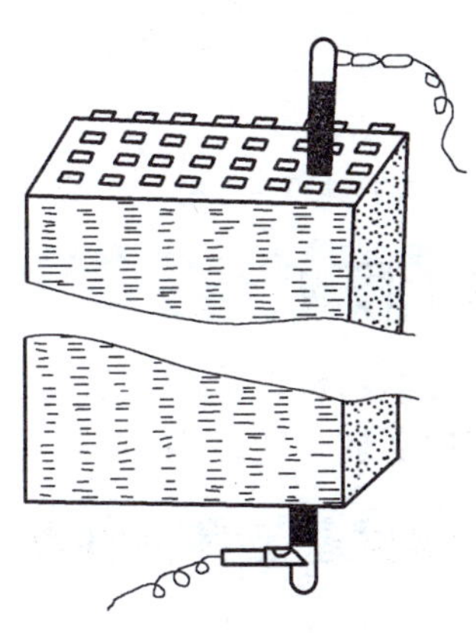

图13-7　用电阻加热器加热散热器芯管

六、考核要点与评分标准

散热器的检修考核要点及评分标准见表13-1。

表13-1　散热器的检修考核要点及评分标准

序号	考核内容	配分	评分标准	考核记录	得分
1	正确使用工具、仪表	10	使用不当，1项扣5分		
2	正确进行散热器检查	40	操作不熟练，1次扣2分；操作错误，扣10分		
3	正确进行散热器维修	40	操作不熟练，1次扣3分；操作错误，扣5分		
4	整理工具、清理现场	10	违章每项扣2分		
	安全生产方面		因操作不当发生事故，记0分		
5	分数合计	100			

七、思考题

1. 散热器的构造与原理是怎样的？
2. 如何进行散热器密封性的检测？

项目十四

检修水泵、节温器

一、教学目的

1）了解水泵和节温器的功用与基本原理。

2）掌握水泵、节温器的拆装及检修。

二、教学设备工具及量具

好的或坏的水泵、节温器。汽车发动机拆装台架、汽车发动机常用拆装工具、专用拆装工具、相关量具、零部件存放台、盆。

三、课时

4 课时。

四、相关基础知识

1. 水泵的功用与基本原理

水泵的功用是对冷却液加压，使冷却液在冷却系统内循环流动。

汽车发动机上装用的都是离心式水泵，它具有体积小、出水量大、工作可靠等优点。其基本组成与基本原理如图 14-1 所示。叶轮固定在水泵轴上，水泵壳体安装在发动机缸体上。发动机工作时，冷却系统内充满冷却液，曲轴通过传动带驱动水泵轴并带动叶轮转动，从而使水泵腔内的冷却液也一起转动，在离心力作用下，冷却液被甩向叶轮边缘，并经与叶轮成切线方向的出水口泵出。同时，叶轮中心部位形成一定的真空，将散热器内的冷却液经进水口吸入泵腔，使整个冷却系统内的冷却液循环流动。

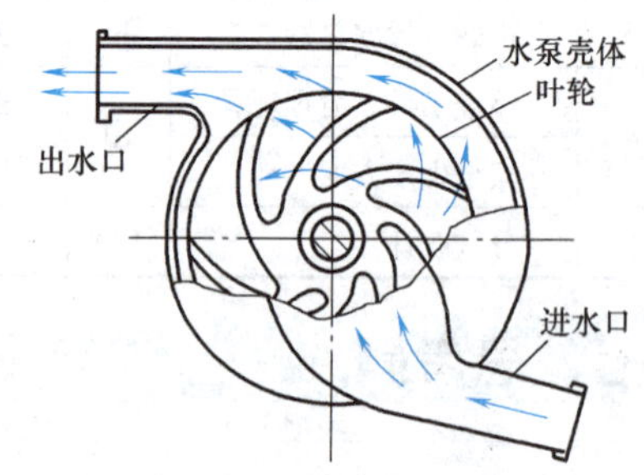

图 14-1　离心式水泵的基本组成与基本原理

离心式水泵的组成如图 14-2 所示。它主要由泵壳、泵盖、叶轮、水泵轴、轴承和水封等组成。

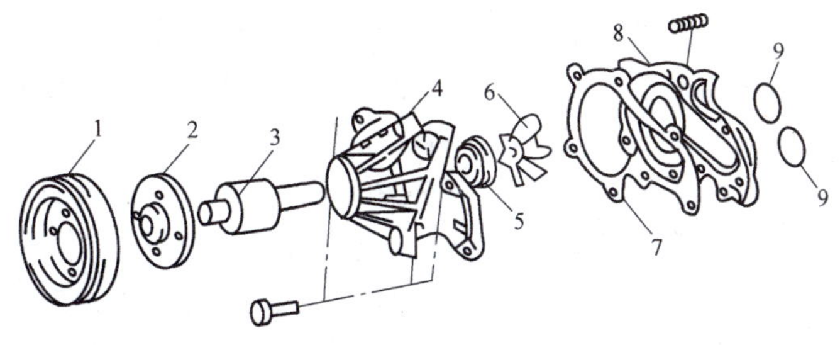

图 14-2　离心式水泵的组成

1—风扇带轮　2—带轮毂　3—水泵轴和轴承　4—泵壳　5—水封　6—叶轮　7—衬垫　8—泵盖　9—密封圈

泵壳的前半部分为水泵轴的轴承座孔，后半部分为叶轮工作室，泵壳上设有大循环进水口和小循环水管接头。泵盖和衬垫用螺钉安装在泵壳后面，用来封闭叶轮工作室。在泵盖上设有出水孔，水泵安装后出水孔与位于气缸体水套内的分水管相通。

水泵轴通过轴承支承在泵壳内。进口汽车发动机装用的水泵，水泵轴与轴承多数为不可分解的整体结构。国产汽车发动机装用的水泵，水泵轴一般采用两个球轴承支承，两轴承间用隔套定位。

叶轮通过其中心孔切削平面与水泵轴配合，并用螺钉紧固。水泵轴前端伸出泵壳，带轮毂通过半圆键与水泵轴连接，并用螺母紧固。风扇带轮用螺钉安装在轮毂上。

水封安装在叶轮前面的泵壳座上，用于防止叶轮工作室内的水漏出。水封多采用石墨密封圈结构，如图 14-3 所示。它主要由密封圈 6（采用石墨材料制成）、水封、弹簧 8 和弹簧垫圈 9 等组成。安装时，弹簧有一定的预紧力，使叶轮 4、密封圈 6、水封 7、泵壳 1 之间各接合面紧密接触，以保证密封。水封组件为固定件，当水泵工作时，滑磨发生在叶轮 4 与密封圈 6 之间。在水泵轴支承轴承后面的水泵轴上装有挡水圈 10，以防水封漏水时浸湿轴承而破坏其润滑，漏出的水被挡水圈挡住后可由泄水孔 3 漏出。

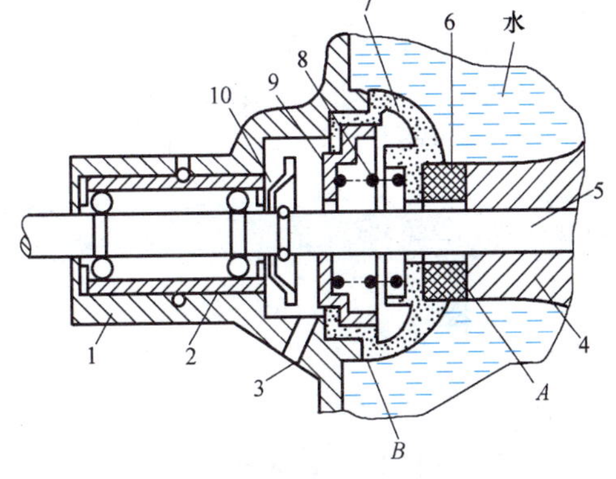

图 14-3　石墨密封圈水封结构

1—泵壳　2—轴承　3—泄水孔　4—叶轮　5—水泵轴　6—密封圈　7—水封　8—弹簧　9—弹簧垫圈　10—挡水圈　A—滑磨密封面　B—静止密封面

2. 节温器的功用与基本原理

节温器的功用是控制通过散热器的冷却液流量，使冷却液在散热器与水套之间进行大循环或小循环，调节冷却强度，保证发动机在最适宜的温度下工作。

汽车发动机装用的节温器一般都是蜡式节温器。蜡式节温器的结构如图 14-4 所示，主要由主阀门 2、副阀门 6、推杆 3、节温器壳体 7 和石蜡 4 等组成。推杆 3 的一端固定在支架 1 上，另一端插入胶管 5 内。石蜡 4 装在胶管与节温器壳体 7 之间的腔体内。

蜡式节温器的工作原理如图 14-5 所示。温度较低时石蜡呈固态，主阀门被弹簧推向上方与阀座压紧，主阀门处于关闭状态，如图 14-5a 所示；此时，副阀门开启，冷却液进行小循环，来自发动机水套的冷却液经副阀门、小循环水管直接进入水泵，被泵回到发动机水套内。温度升高时，石蜡逐渐熔化成液态，体积膨胀，迫使胶管收缩对推杆端部产生向上的推力，由于推杆固定在支架上，推杆对胶管、节温器壳体产生向下的反推力。当冷却液温度升高到一定值（一般为76℃）时，反推力克服弹簧的弹力使胶管、节温器壳体向下运动，主阀门开始开启，同时副阀门开始关闭。当冷却液温度进一步升高到一定值（一般为86℃）时，主阀门完全开启，而侧阀门也正好关闭小循环通路，如图14-5b所示；此时，来自发动机水套的冷却液全部经过散热器进行大循环。冷却液温度在主阀门开始开启温度与完全开启温度之间时，主阀门和副阀门均部分开启，在整个冷却系统内，部分冷却液进行大循环，部分冷却液进行小循环。

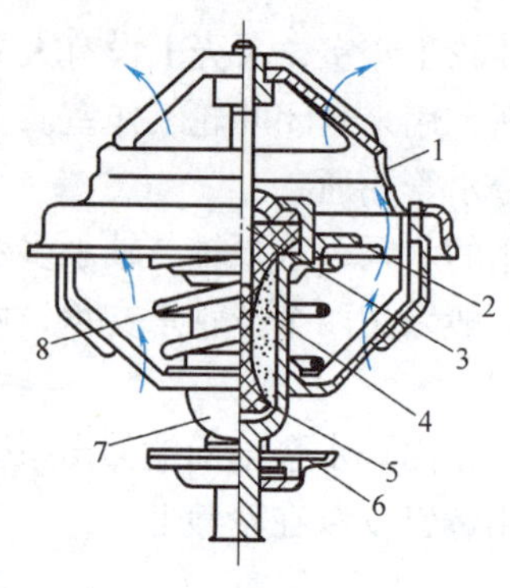

图14-4　蜡式节温器的结构

1—支架　2—主阀门　3—推杆　4—石蜡
5—胶管　6—副阀门　7—节温器壳体　8—弹簧

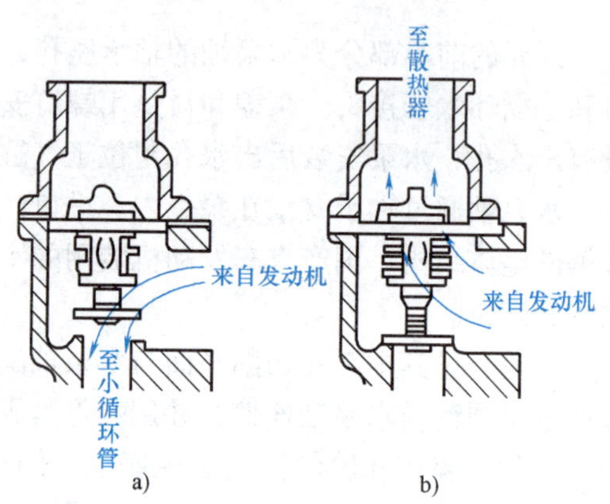

图14-5　蜡式节温器的工作原理

五、实训操作

（一）注意事项

1）水泵的拆装不能用锤子直接敲击零件，应选用拉压工具。

2）对于叶轮压配在水泵轴上的结构，使用顶拔器从水泵轴上拆下叶轮。对于用螺栓将叶轮紧固在水泵轴上的结构，应先拧下螺栓，再用顶拔器拆下叶轮。

（二）操作步骤

1. 水泵拆装

水泵的结构比较简单，但进行解体修理时仍应注意结构上的差别和工艺上的要求。水泵的拆装程序如下：

1）拆下驱动带，拆下风扇带轮紧固螺母和垫片，用顶拔器拆下风扇带轮和轮毂，并注意收好半圆键。

2）拆下泵盖固定螺栓，取下泵盖和衬垫。

3）对于叶轮压配在水泵轴上的结构，使用顶拔器从水泵轴上拆下叶轮。对于用螺栓将叶轮紧固在水泵轴上的结构，应先拧下螺栓，再用顶拔器拆下叶轮。

4）采用两个球轴承支承水泵轴的结构，应预先测量轴承定位卡环外径。若外径小于泵壳上的水封座孔，可将叶轮和水泵轴一起从泵盖一侧压出；若卡环外径大于泵壳上的水封座孔，可用顶拔器将叶轮从水泵轴上拆下。采用整体式泵轴和轴承的结构，如果轴承中部装有卡环，应从轴承座中间切槽处撑开卡环后再压出泵轴。

5）采用石墨密封圈的水封，可用芯轴向泵盖一侧顶出水封。一些国产汽车发动机水泵采用组合式水封，水封零件安装在叶轮中，拆下卡环即可取出各零件。

6）水泵的装配按分解的相反顺序进行。装配后，用手转动带轮，应灵活无卡滞现象；用手摇动带轮，泵轴不应有明显的松旷；检查泄水孔应通畅；最后应从滑脂嘴注入适量的指定润滑脂。如果有条件，水泵经过修理后，应在实验台上进行流量检验。

泵壳
泄水孔

图 14-6　水泵泄水孔的位置

2. 水泵的常见故障与修理

水泵的常见故障是漏水、轴承松旷和泵水量不足。

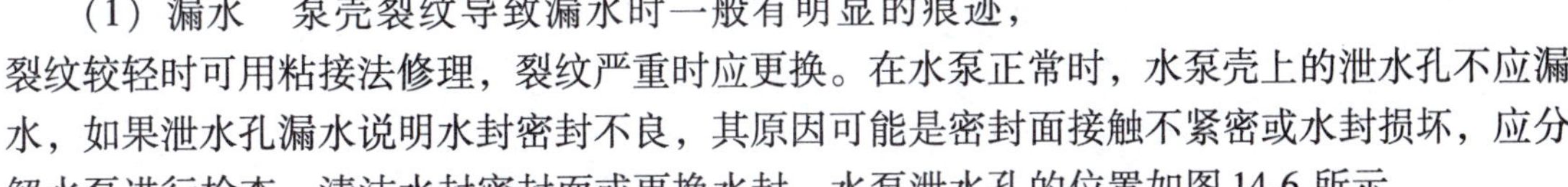

（1）漏水　泵壳裂纹导致漏水时一般有明显的痕迹，裂纹较轻时可用粘接法修理，裂纹严重时应更换。在水泵正常时，水泵壳上的泄水孔不应漏水，如果泄水孔漏水说明水封密封不良，其原因可能是密封面接触不紧密或水封损坏，应分解水泵进行检查，清洁水封密封面或更换水封。水泵泄水孔的位置如图 14-6 所示。

（2）轴承松旷　在发动机怠速运转时，若水泵轴承有异响或带轮转动不平衡，一般是轴承松旷所致。发动机熄火后，用手扳动带轮进一步检查其松旷量，若有明显松旷，应更换水泵轴承；若水泵轴承有异响，但用手扳动带轮无明显松旷，则可能是水泵轴承润滑不良所致，应从滑脂嘴加注润滑脂。

（3）泵水量不足　水泵泵水量不足一般是因水道堵塞、叶轮与轴滑脱、漏水或传动带打滑，可通过疏通水道、重装叶轮、更换水封、调整风扇传动带松紧度来排除故障。

图 14-7　节温器的检查

3. 节温器的检查

节温器一般安装在发动机水套出水口处，拆下节温器后将其浸入水中，如图 14-7 所示，逐渐将水加热，检查节温器主阀门开启温度。如果节温器主阀门开启温度不符合要求，或在常温下关闭不严，应更换节温器。

六、考核要点与评分标准

水泵、节温器的检修考核要点及评分标准见表 14-1。

表 14-1　水泵、节温器的检修考核要点及评分标准

序号	考核内容	配分	评分标准	考核记录	得分
1	正确使用工具、仪表	10	使用不当，1 项扣 5 分		
2	正确进行水泵的拆装	30	操作不熟练，1 次扣 2 分；操作错误，扣 10 分		
3	正确对节温器进行检查	30	操作不熟练，1 次扣 3 分；操作错误，扣 5 分\		

（续）

序号	考核内容	配分	评分标准	考核记录	得分
4	正确实施水泵的修理	20	（口述）错误，1次扣5分		
5	整理工具、清理现场	10	违章每项扣2分		
	安全生产方面		因操作不当发生事故，记0分		
6	分数合计	100			

七、思考题

1. 简述水泵的工作原理与检修。
2. 简述节温器的工作原理与检修。

项目十五 检修风扇及控制系统

一、教学目的

1）了解风扇、电动风扇及电控风扇的构造。

2）掌握风扇、电动风扇及电控风扇的检修。

二、教学设备工具及量具

汽车发动机拆装台架、汽车发动机常用拆装工具、专用拆装工具、相关量具；传统风扇、电动风扇及电控风扇等零部件。

三、课时

4 课时。

四、相关基础知识

1. 风扇的构造

风扇的功用是提高流经散热器的空气流量和流速，以提高冷却强度。

机械传动风扇一般安装在散热器与发动机之间，并与水泵同轴。在水冷冷却系统中，常用风扇的结构及类型如图 15-1 所示。一般发动机冷却风扇都采用金属钢板冲压而成的叶片，

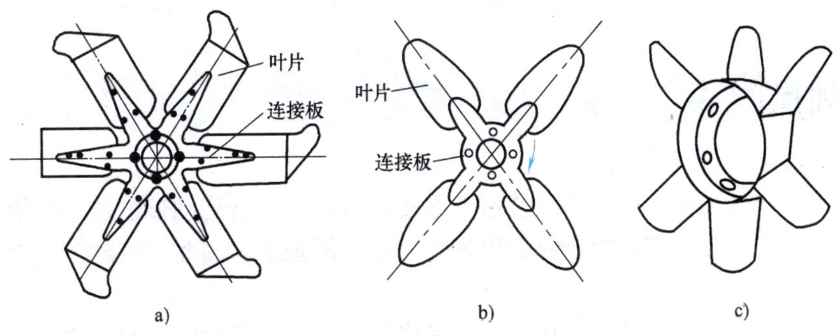

图 15-1　常用风扇的结构及类型

a）叶尖弯曲式风扇　b）尖窄根宽式风扇　c）塑料整体式风扇

叶片用螺钉固定在连接板上。近年来采用塑料压铸而成的整体式风扇越来越多。风扇一般有4~6片叶片，叶片相对风扇旋转平面有一定的扭转角度（30°~45°），从叶根到叶尖扭转角度逐渐减小，有些风扇叶片的扭转角度是可调的。为减小风扇噪声，各风扇叶片之间的夹角不等。

2. 电动风扇的组成

电动风扇是指用电动机驱动的风扇，如图15-2所示。在前置发动机前驱动的轿车上，由于发动机横置，散热器与曲轴的方向和位置变化，很难利用发动机通过传动带驱动风扇，为此装用电动风扇。

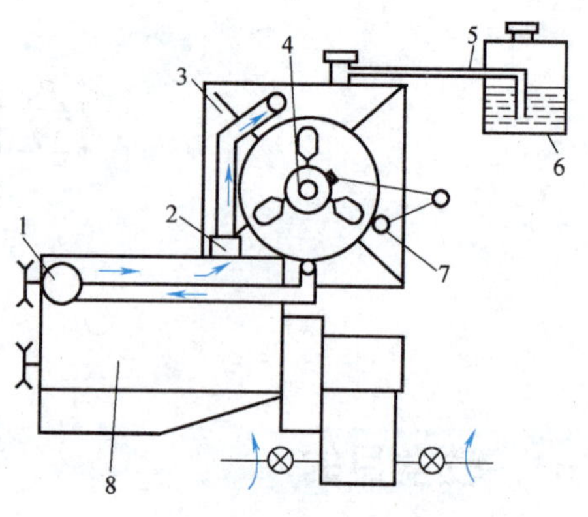

图15-2　电动风扇

1—水泵　2—节温器　3—散热器　4—电动机和风扇　5—软管　6—膨胀散热器　7—温控开关　8—发动机

驱动风扇的电动机一般有高速和低速两个档位，其工作状态通过热敏开关由冷却液温度控制。当散热器出口冷却液温度为92~97℃时，热敏开关接通电动机低速档，风扇开始运转，保证有足够的空气流经散热器；当冷却液温度在99~105℃时，热敏开关接通电动机高速档，风扇以更高的转速运转，以提高冷却强度，防止发动机过热。当冷却液温下降到91~98℃时，电动机恢复低速档运转；当冷却液温度下降到84~91℃时，风扇电动机停止工作。

3. 电控风扇的构造

电控风扇与电动风扇都是由电动机驱动，不同的是在电控风扇系统中，由ECU根据冷却液温度和空调开关信号，通过风扇继电器来控制风扇电动机电路的通断，以实现对风扇工作状态的控制。

北京切诺基轿车4.0L发动机风扇控制系统电路如图15-3所示。发动机控制ECU控制风扇继电器线圈的搭铁回路，当发动机温度低于98℃时，ECU断开风扇继电器搭铁回路，冷却风扇不工作；当发动机温度高于103℃时，ECU接通风扇继电器搭铁回路，冷却风扇工作。如果选择空调，ECU接到空调开关信号后，不管发动机温度高或低，ECU都将接通风扇继电器搭铁回路，使散热器风扇工作。

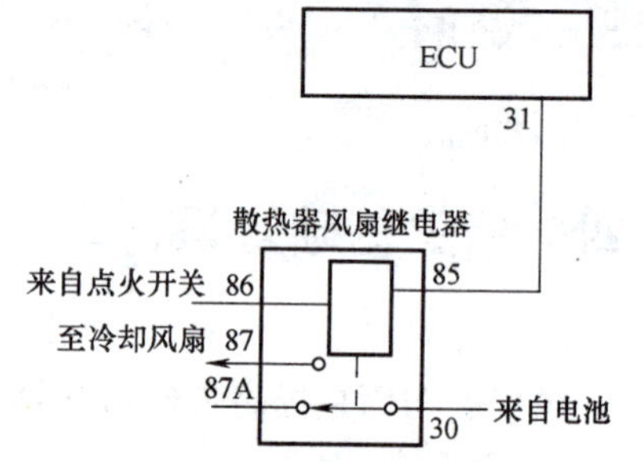

图15-3　北京切诺基轿车4.0L发动机风扇控制系统电路

五、实训操作

1. 风扇传动带松紧度的调整

风扇、水泵和电动机一般由曲轴通过1根传动带驱动。若传动带过紧，将使水泵轴承和传动带的磨损加剧；传动带过松，将会出现传动带打滑现象。因此，应经常检查并及时调整风扇传动带的松紧度。

检查风扇传动带的松紧度时，用拇指在风扇与电动机两带轮中间的传动带上施加一定的压力（一般为40N），传动带的挠度应符合规定（一般为12~15mm），否则应调整风扇传动带的松紧度。也可用两手指夹住传动带使其扭转，扭转角度一般应在90°以下，否则应调整传动带的松紧度。

风扇传动带松紧度的调整如图 15-4 所示。松开电动机在移动支架上的固定螺栓，用撬棒向外或向内移动电动机，即可改变风扇传动带的松紧度。调整后，拧紧电动机在移动支架上的固定螺栓。

2. 电动风扇的检查

电动风扇常见故障是风扇电动机或温控开关故障。

检查风扇电动机应在冷却液温度低于 83℃的状态下进行。此时将点火开关转置“ON”，风扇电动机应不工作。如图 15-5 所示，当拆下散热器上的温控开关线束插头并使其搭铁时，风扇电动机应转动；接上温控开关线束插头时，风扇电动机应停止工作。若不符合上述要求，说明风扇电动机或其电路有故障。

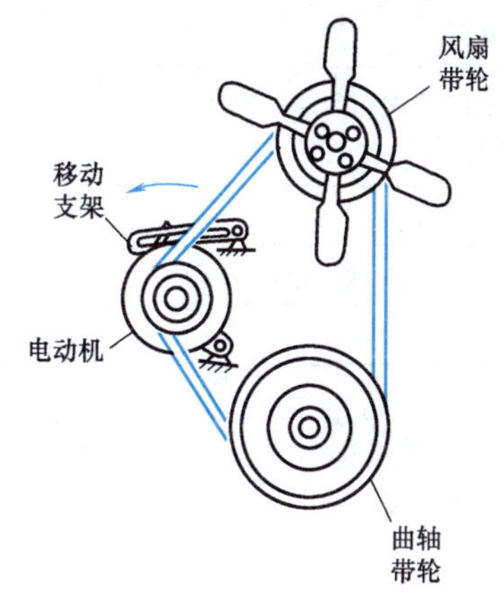

图 15-4　风扇传动带松紧度的调整

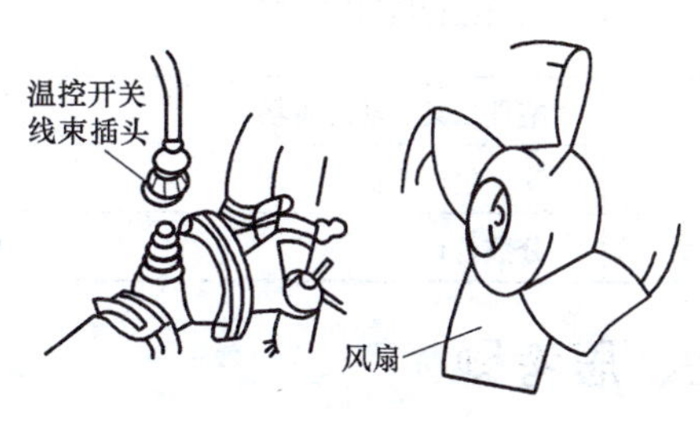

图 15-5　拆下温控开关线束插头

进一步检查风扇电动机可按图 15-6 所示，在电路中串联万用表检查风扇电动机的工作电流，如果风扇能够平稳运转且工作电流在 5～8A 范围内，说明风扇电动机良好。

就车检查温控开关时，首先使发动机运转，直到冷却液温度达到风扇电动机开始工作的最低温度（约 90℃）以上。此时，拆下温控开关线束插头，用万用表检查温控开关线束插头与搭铁之间的导通情况，如图 15-7 所示，正常时应导通；然后拆下散热器盖，用温度计直接测量散热器内冷却液的温度，当冷却液温度下降到 83℃以下时，温控开关线束插头与搭铁之间应不导通。若不符合上述要求，说明温控开关不良，应更换。

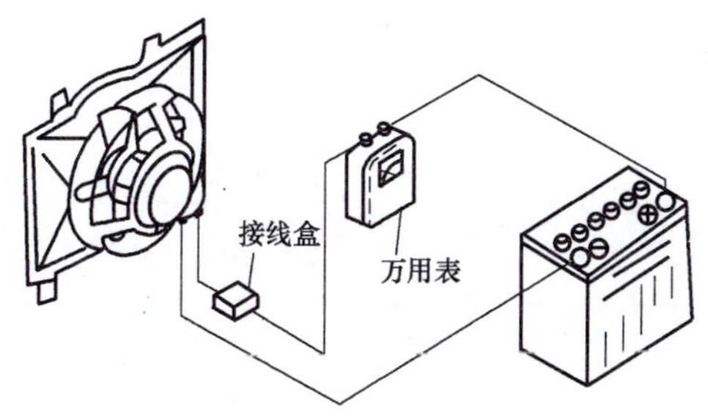

图 15-6　风扇电动机的检查

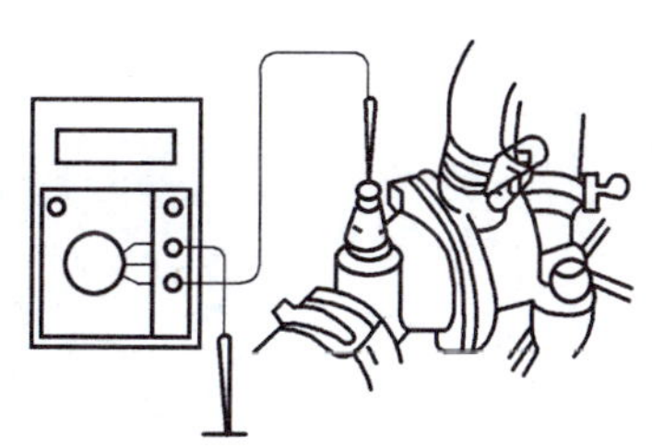

图 15-7　检查风扇温控开关

3. 电动风扇的检查

冷却风扇控制系统发生故障时，应主要对电源电路、风扇电动机及其电路、风扇继电器线圈电阻及继电器电路进行检查。

六、考核要点与评分标准

风扇及控制系统的检修考核要点及评分标准见表15-1。

表15-1 风扇及控制系统的检修考核要点及评分标准

序号	考核内容	配分	评分标准	考核记录	得分
1	正确使用工具、仪表	10	使用不当，1项扣5分		
2	正确、熟练地进行风扇的拆装	40	操作不熟练，1次扣2分；操作错误，扣10分		
3	正确进行风扇的检修	40	操作不熟练，1次扣3分；装配错误，扣5分		
4	整理工具、清理现场	10	违章每项扣2分		
	安全生产方面		因操作不当发生事故，记0分		
5	分数合计	100			

七、思考题

1. 风扇的构造、组成及工作原理是怎样的?
2. 如何进行电动风扇的检修?
3. 如何进行风扇传动带松紧度的调整?

项目十六 添加与更换冷却液

一、教学目的

1）了解冷却液的组成和分类。

2）掌握加注、更换冷却液以及清除冷却系统水垢的方法。

二、教学设备工具及量具

汽车发动机拆装台架、汽车发动机常用拆装工具、专用拆装工具、相关量具、零部件存放台及盆。

三、课时

4 课时。

四、相关基础知识

发动机冷却液与润滑油一样，是使发动机正常工作、运转必不可少的组成部分。冷却液是冷却系统中的传热介质，具有冷却、防腐、防垢以及防冻等作用。冷却液包括冷却水和防冻液。

1. 冷却水

汽车发动机中使用的冷却水应是清洁的软水，如雨水、自来水等；而井水、河水等硬水中含有矿物质，在高温下易生成水垢，不能作为发动机冷却水。

2. 防冻液

为防止在冬季寒冷地区，因冷却水结冰而发生散热器、气缸体、气缸盖变形或胀裂的现象，在冷却水中加入一定量的防冻液以达到降低冰点、提高沸点的目的。

防冻液是水与防冻剂的混合物。防冻液用水最好是软水，否则将在发动机水套中产生水垢，使传热受阻，易造成发动机过热。

最常用的防冻剂是乙二醇。冷却液中水与乙二醇的比例不同，其冰点也不同。50% 的水与 50% 的乙二醇混合而成的冷却液，其冰点为 -35.5℃。

在水中加入防冻剂可提高冷却液的沸点。例如，含 50% 乙二醇的冷却液在大气压力下的沸点是 103℃。因此，防冻液有防止冷却液过早沸腾的附加作用。

防冻液中通常含有防锈剂和泡沫抑制剂。防锈剂可延缓或阻止发动机水套壁及散热器的锈蚀或腐蚀。冷却液中的空气在水泵叶轮的搅动下会产生很多泡沫，这些泡沫将妨碍水套壁的散热，泡沫抑制剂能有效地抑制泡沫的产生。

有些防冻液具有堵漏的功能，因其含有微细塑胶颗粒或无机纤维，在随防冻液循环过程中自动堵住散热器上的细小渗漏部位。

防冻剂中一般加入着色剂，使冷却液呈蓝色或黄色以便识别。

五、实训操作

（一）注意事项

1）放出冷却液时要小心，冷却液有毒。

2）冷却液要按照厂家的规定来选择和添加。

3）严格操作程序，注意操作安全。

（二）操作步骤

1. 加注或更换冷却液

为保证汽车安全行驶，出车前应在发动机冷机状态下检查冷却系统的冷却液是否足够。对于带膨胀水箱的冷却系统，膨胀水箱内的液面应在上限标记与下限标记之间；若液面低于下限，应添加冷却液。

注意：不同的冷却液不允许混合使用；在冷却液温度较高时，不要打开散热器盖，以免冷却液喷出，造成人员烫伤。

防冻液可以长期使用，但时间过长时添加剂会因受热而变质。因此，汽车每行驶40000km（或两年）或防冻液中出现锈红色，就应更换防冻液。

更换冷却液时，应放净散热器、膨胀水箱及气缸体水套中的冷却液。放水阀一般设在散热器底部，有些发动机气缸体上也设有放水阀。将冷却系统的冷却液放完后，拧紧放水阀，从散热器加水口向冷却系统中加注新的冷却液，直到液面达到规定位置为止。加满新的冷却液后，应使发动机怠速运转几分钟，除检查发动机有无渗漏之处外，停机后还应检查冷却液液面有无变化。

2. 清除冷却系统中的水垢

冷却系统中的水垢是由于冷却水中有可溶性矿物盐和泥沙等杂质，这些杂质受热析出或变硬而形成的。冷却系统积垢严重时，会使热量传递困难，影响发动机正常工作。因此，定期清除冷却系统水垢是必不可少的维护作业项目。

冷却系统积垢较轻时，可拆下节温器，将清水沿正常循环相反的方向从出水口压入水套和散热器，直到流出的水清洁为止。

如果冷却系统积垢严重，应用化学方法清除。将冷却系统除垢剂按规定的比例稀释后加入冷却系统，发动机工作达到一定时间后，再改用清水冷却，即可清除冷却系统的水垢。使用化学方法除垢，必须按使用说明中的要求进行操作。

六、考核要点与评分标准

冷却液的添加与更换考核要点及评分标准见表16-1。

表 16-1　冷却液的添加与更换考核要点及评分标准

序号	考核内容	配分	评分标准	考核记录	得分
1	正确使用工具、仪表	10	使用不当，1 项扣 5 分		
2	正确阐述冷却液的使用	25	（口述）错误 1 处扣 3 分		
3	正确加注、更换冷却液	25	操作不熟练，1 次扣 2 分；操作错误，扣 10 分		
4	正确操作，清除冷却系统水垢	30	操作不熟练，1 次扣 3 分；操作错误，扣 5 分		
5	整理工具、清理现场	10	违章每项扣 2 分		
	安全操作方面		因操作不当发生事故，记 0 分		
6	分数合计	100			

七、练习与思考

1. 冷却液的作用及分类是怎样的？
2. 冷却液中的添加剂都有哪些？它们的作用分别是什么？

项目十七
添加与更换润滑油

一、教学目的

1）掌握正确判断润滑油品质的方法。

2）掌握润滑油的添加与更换的方法。

二、教学设备、工具及量具

汽车发动机实验台架，汽车发动机常用拆装工具、专用拆装工具，零部件存放台、盆，汽车发动机常用润滑油样品（含汽油机润滑油与柴油机润滑油各种牌号），机油壶，润滑油，棉纱等。

三、课时

4课时。

四、相关基础知识

随着发动机使用时间的延长，润滑油质量也逐渐降低。因此必须定期检查，发现质量不符合使用要求时，应立即更换。

对润滑油的检查通常是观察润滑油的外观和油斑痕迹，来确定润滑油能否继续使用。

1）若从外观上发现润滑油中有大量呈黄白色乳化油膜，说明润滑油中已混入大量水分，粘度降低，添加剂遭到破坏。

2）油斑痕迹检查就是把机油尺洁净后，插入曲轴箱再取出，把粘附在油尺上的润滑油滴落在白色滤纸上，观察油滴的扩散情况和油斑核心部分的颜色，以判明润滑油的质量。如果油滴扩散的范围较大，且外围的颜色较浅，中心区无明显痕迹，则说明润滑油中杂质颗粒小，清净分散性能良好；如果油滴中心部分颜色呈褐黑色或墨黑色，则润滑油已变质。正常的润滑油颜色还与润滑油及其添加剂的种类有关。使用滤纸油斑法需有一定的经验。

发动机润滑油使用得好坏是用好汽车的关键，若使用不当，会使发动机在较短时间内损坏。因此，对润滑油的使用必须高度重视。更换润滑油时，应趁热放出废润滑油及油中的机械杂质和氧化物，并拆下滤清器、油底壳、集滤器、曲轴箱、通风装置进行清除。

五、实训操作

（一）注意事项

1）正确使用工具、量具。
2）拆装步骤正确，注意机件安全。
3）注意各零部件的结构特点，各部位的调整应遵守调整技术的要求。
4）检查润滑油压力，更换、添加润滑油时，注意润滑油及各部件的清洁。

（二）操作步骤

1. 检查润滑油液面的位置

每次出车前应抽出机油尺检查润滑油的油面位置。机油尺上有上刻度线和下刻度线，适宜的润滑油液面位置应在这两条刻度线之间。

检查润滑油液面的位置时，汽车要停放在平地上，发动机熄火 3min 后（待润滑油流回油底壳），抽出机油尺并将其擦净，再插回到底，重新抽出机油尺，在机油尺上就可以观察到润滑油液面位置。若润滑油液面处于机油尺下刻度线的下方，应从加油口加注润滑油，直到润滑油液面位置符合要求为止。若润滑油液面位置超过上刻度线，应放出多余的润滑油。

添加润滑油时，一定要添加相同牌号的润滑油，以免引起润滑油变质。若无同一牌号的油，则应全部更换。

2. 更换润滑油

汽车在完成走合里程后以及每行驶 10000km，或每半年应更换一次润滑油。更换时，在发动机熄火后的热机状态下，拧下油底壳底部的放油螺栓，放尽发动机内的旧润滑油，再装回放油螺栓，从加润滑油口加注新的润滑油，直到润滑油液面的位置符合要求为止。

3. 检查润滑油压力

在驾驶室仪表盘上有机油压力表的汽车，可由机油压力表上直接读取润滑油压力。驾驶室仪表盘上装有润滑油压力报警灯的汽车，润滑油压力报警灯亮时表示润滑油压力过低。若要进一步检测润滑油压力，则需要拧下安装在主油道上的润滑油压力传感器，利用其联接螺口安装一个机油压力表，由此表读取主油道的润滑油压力。

4. 疏通油道

油道脏污甚至堵塞，会影响润滑油在油道中的正常流动。若发现油道堵塞或发动机大修装复前，应彻底清洗并疏通油道。

对曲轴内的油污，可用铁丝缠上干净的布条蘸上汽油或煤油清洗，清洗后用压缩空气吹净，不得使纤维物和污物留在油道内。拆下主油道的螺塞，用小毛刷或铁丝缠上干净的布条蘸上汽油或煤油插入主油道中来回拉动清洗，保证主油道清洁畅通。

六、考核要点与评分标准

润滑油的添加与更换考核要点及评分标准见表 17-1。

表 17-1 润滑油的添加与更换考核要点及评分标准

序号	考核内容	配分	评分标准	考核记录	得分
1	正确使用工具、仪表	10	使用不当，1项扣5分		
2	正确检查润滑油液面位置	30	操作不熟练，1次扣2分；操作错误，扣10分		
3	正确检查润滑油压力	30	操作不熟练，1次扣3分；操作错误，扣5分		
4	正确疏通油道	20	操作不熟练，1次扣3分；操作错误，扣5分		
5	整理工具、清理现场	10	违章每项扣2分		
	安全生产方面		因操作不当发生事故，记0分		
6	分数合计	100			

七、思考题

1. 如何检查及更换润滑油？
2. 更换润滑油的步骤是什么？

项目十八 更换机油滤清器

一、教学目的

1）熟悉滤清器的原理。

2）能够独立进行机油滤清器的更换。

二、教学设备工具及量具

发动机实验台、机油滤清器。

拆装工具、专用拆装工具、机油指示灯或油压表。

三、课时

4 课时。

四、相关基础知识

润滑油在流到摩擦面之前，所经过的滤清器滤芯越细密，滤清次数越多，则润滑油的流动阻力越大，为此在润滑系中一般装用几个不同滤清能力的滤清器——集滤器、粗滤器和细滤器，分别并联和串联在主油道中（与主油道串联的滤清器称为全流式滤清器，与主油道并联的则称为分流式滤清器）。这样，既能使润滑油得到较好的滤清，而又不至于造成很大的流动阻力。

1. 集滤器

集滤器一般是滤网式的，装在机油泵之前，以防止粒度大的杂质进入机油泵。目前，汽车发动机所用的集滤器分为浮式集滤器和固定式集滤器两种。

浮式集滤器能吸入油面上较清洁的润滑油，但油面上的泡沫易被吸入，使润滑油压力降低，润滑不可靠。固定式集滤器装在油面下面，吸入的润滑油清洁度稍逊于浮式集滤器，但可防止泡沫吸入，润滑可靠，结构简单，故基本取代了浮式集滤器。奥迪 100 型轿车以及依维柯轻型车的发动机都采用了固定式集滤器。

2. 粗滤器

粗滤器用以滤去润滑油中粒度较大（直径为 0.05 ~0.1mm 以上）的杂质。它对润滑油的流动阻力较小，故可串联于机油泵与主油道之间，即属于全流式滤清器。

粗滤器根据滤清元件（滤芯）的不同，可以有各种不同的结构形式。汽车发动机常用的有金属片缝隙式粗滤器和纸质式粗滤器。金属片缝隙式粗滤器由于质量大、结构复杂、制造成本高等缺点，已基本被淘汰，目前国产汽车发动机都采用纸质式粗滤器。

图18-1所示为东风EQ6100-1型发动机的纸质滤芯式机油粗滤器的构造。滤清器壳体由铸铁上盖1和钣料压制的外壳3组成。滤芯4用经过树脂处理的微孔滤纸制成。滤芯的两端由环形滤芯密封圈2和6密封。润滑油由上盖1上的下孔（进油孔）流入，通过滤芯滤清后，经盖上的上孔（出油孔）流入主油道。当滤芯被积污堵塞，其内、外压差达到0.15～0.17MPa时，旁通阀的球阀12即被顶开，大部分润滑油不经滤芯滤清，直接进入主油道，以保证主油道所需的润滑油量。

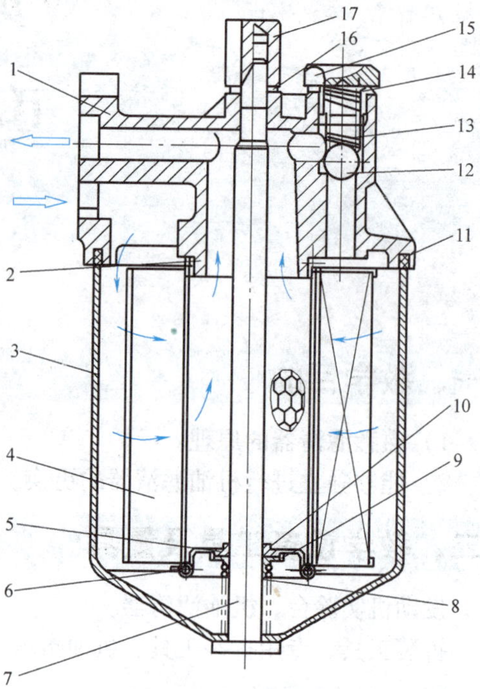

图18-1　纸质滤芯式机油粗滤器的构造

1—上盖　2、6—滤芯密封圈　3—外壳　4—纸质滤芯　5—托板　7—拉杆　8—滤芯压紧弹簧　9—压紧弹簧垫圈　10—拉杆密封圈　11—外壳密封圈　12—球阀　13—旁通阀弹簧　14、16—密封垫圈　15—阀座　17—螺母

3. 细滤器

细滤器用以清除直径在0.001mm以上的细小杂质。由于这种滤清器对润滑油的流动阻力较大，故多做成分流式，即与主油道并联；只有少量润滑油通过细滤器。因此，细滤器属于分流式滤清器。

细滤器按清除杂质的方法来分，可分为过滤式机油细滤器和离心式机油细滤器两种类型。过滤式机油细滤器存在着滤清能力与通过能力的矛盾，目前广泛采用离心式机油细滤器。

EQ6100-1型发动机的离心式机油细滤器的构造如图18-2所示。滤清器壳体1上固定着带中心孔的转子轴3。转子体14与转子体端套6连成一体，其上压入两个衬套13，套在转子轴上可以自由转动。压紧螺母12将转子盖8与转子体紧固在一起。转子下面装有推力轴承4。转子上面装有支承垫圈9，并用弹簧10压紧，以限制转子轴向移动。整个转子用滤清器盖7盖住，压紧螺套11将滤清器盖7固定在壳体1上。转子下端装有两个按中心对称水平安装的喷嘴5。发动机工作时，从油泵来的润滑油进入滤清器进油孔*B*。若油压低于0.1MPa，进油限压阀19不开启，润滑油则不进入滤清器而全部供入主油道，以保证发动机的可靠润滑。当油压高于此值时，进油限压阀被顶开，润滑油沿壳体中的转子轴内的中心油道经出油孔*C*进入转子内腔，然后经进油孔*D*、油道*E*从两喷嘴喷出，转子在喷射反作用力的推动下高速旋转。当油压为0.3MPa时，转子转速高达5000～6000r/min，由于转子内腔的润滑油随着转子高速旋转，润滑油中的机械杂质在离心力的作用下被甩向转子壁。因此，洁净的润滑油由进油孔*D*进入，再经喷嘴喷出。喷出的润滑油经滤清器出油孔*F*流回油底壳。

在发动机工作中，如果润滑油的温度过高，可旋松调整螺钉17，润滑油通过球阀经管接头20流向机油散热器。当油压高于0.4MPa时，旁通阀18打开，润滑油流回油底壳。

离心式滤清器的滤清能力高、通过能力好，不受沉淀物影响，不需更换滤芯，只需定期清洗即可；但对胶质的滤清效果较差。这种滤清器由于出油无压力，一般只用作分流式细滤器。在有些小功率发动机上，用它作为全流式离心细滤器。

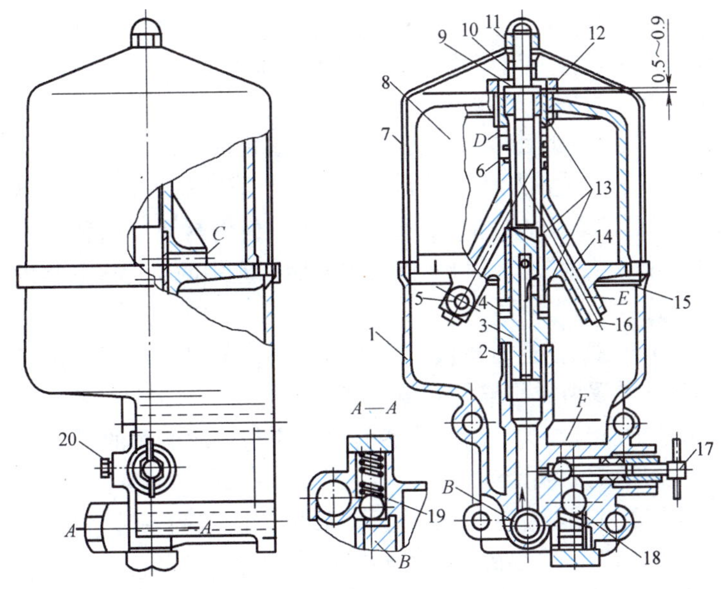

图18-2 离心式机油细滤器的构造

1—壳体 2—锁片 3—转子轴 4—推力轴承 5—喷嘴 6—转子体端套 7—滤清器盖 8—转子盖 9—支承垫圈 10—弹簧 11—压紧螺套 12—压紧螺母 13—衬套 14—转子体 15—挡板 16—螺塞 17—调整螺钉 18—旁通阀 19—进油限压阀 20—管接头 A—局部图 B—滤清器进油孔 C—出油孔 D—进油孔 E—通喷嘴油道 F—滤清器出油孔

4. 复合式滤清器

双级复合式机油滤清器内装有粗滤与细滤两个滤芯（即双级滤芯），且两个滤芯安装在同一个壳体内（即为复合式）。双级复合式机油滤清器可分为可拆式和整体式两种。

五、实训操作

（一）注意事项

1）在润滑油从滤清器排入放油盘前，不要拆下滤清器。

2）将新滤清器与旧滤清器进行比较，如果新滤清器的尺寸不同，在安装以后，一定要使滤清器与车架和悬挂装置留有足够的间隙。

3）安装滤清器前，要先把滤清器内加注干净润滑油后，才能安装滤清器。

4）安装滤清器时，不要用扳手拧紧滤清器，除非扳手是专用工具。

（二）操作步骤

根据制造厂的建议，在新发动机首次更换润滑油时，应同时更换机油滤清器。以后，对于大多数发动机，每隔一次更换润滑油时，应更换滤清器。对于某些发动机，制造厂规定每次更换润滑油时都要更换机油滤清器。

在发动机运转一段时间以后，用手触摸机油滤清器，就可知道它是否在起作用。如果机油滤清器发热，说明正在通过润滑油；如果机油滤清器只是微温的，可能有堵塞，使润滑油不能通过滤清器。在汽车发动机上，滤清器滤芯和外壳常常作为一个整体进行更换。某些重负荷的机油滤清器有一个分开的筒形滤芯，当更换内部滤芯时，滤清器外壳仍保留在车上。更换整体机油滤清器和外壳的方法如下：

1）排完润滑油并装上排油孔塞后，将机油盘放到机油滤清器下面，用手逆时针方向拧松滤清器一圈至两圈。在润滑油从滤清器排入放油盘之前，不要拆下滤清器。

2）拧出螺钉，将滤清器卸下，放入到放油盘中，使密封垫端面朝上，不要将旧的滤清器密封垫留在发动机上。要消除发动机上滤清器安装凹座中的淤泥，并将发动机机油滤清器密封垫的表面清洗干净。

3）将新滤清器与旧滤清器进行比较，如果新滤清器的尺寸不同，在安装以后，一定要使滤清器与车架和悬挂装置留有足够的间隙。

4）检查新滤清器的密封端面。新滤清器的尺寸应与旧滤清器的尺寸相同。在新滤清器的密封垫表面涂上一层清洁的润滑油。

5）将滤清器固定到发动机上的螺纹孔内。如果滤清器的安装位置可使它在安装前加油，则加满新的清洁的润滑油。要确保密封垫处在滤清器合适的位置上。然后，用手拧紧滤清器直到密封垫与发动机密封面接触。滤清器放入发动机时应小心不要拧歪了。

6）用手再拧半圈或规定的圈数，将滤清器拧紧，以确保紧密牢固。不要用扳手拧紧滤清器，除非扳手是专用工具。要擦净滤清器和安装面。

7）将润滑油装入曲轴箱，然后起动发动机，观察机油指示灯或油压表，如果30s后，灯光不亮或压力表不指出油压值，就要立即停机并检查原因。

8）如果润滑油压力正常，使发动机运转几分钟后关闭，检查机油滤清器和排油孔塞周围是否渗漏。

9）在润滑标签上记录下里程表上的读数和更换机油滤清器的日期，用机油尺检查曲轴箱内是否注满润滑油，必要时添加润滑油。

六、考核要点与评分标准

机油滤清器的更换考核要点及评分标准见表18-1。

表18-1 机油滤清器的更换考核要点及评分标准

序号	考核内容	配分	评分标准	考核记录	得分
1	正确使用工具、仪表	10	使用不当，1项扣5分		
2	正确进行机油滤清器的更换	40	操作不熟练，1次扣2分；操作错误，扣10分		
3	正确进行机油滤清器装复后的检查	40	操作不熟练，1次扣3分；步骤错误，扣5分		

（续）

序号	考核内容	配分	评分标准	考核记录	得分
4	整理工具、清理现场	10	违章每项扣 2 分		
	安全生产方面		因操作不当发生事故，记 0 分		
5	分数合计	100			

七、思考题

1. 机油滤清器的工作原理及分类是怎样的？
2. 如何更换滤清器？

项目十九

检测与调整润滑油压力

一、教学目的

1）了解润滑系统润滑油压力的最常见的故障及原因，学会判断润滑系统润滑油压力的故障原因。

2）掌握润滑系统润滑油压力的故障排除方法。

二、教学设备工具及量具

发动机实验台、专用工具、扳手、机油指示灯或油压表。

三、课时

4 课时。

四、相关基础知识

润滑系统润滑油压力的最常见的故障为润滑油压力过低和润滑油压力过高。

1. 润滑油压力过低

造成润滑油压力过低的原因有：润滑油泵零件磨损，使泵油压力过低；润滑系统各个密封面（油道、衬垫、油管接头）及各个阀门处不密封而漏油；各个阀门调整不当，限压弹簧折断或过软；轴颈和轴承配合间隙过大；润滑油黏度太低或数量不足；滤清器破损而渗漏过大等。

2. 润滑油压力过高

润滑油压力过高一般比较少见，主要是由于所使用润滑油的黏度过大，或因发动机温度过低而使润滑油黏度增大。加注的润滑油不清洁，机油滤清器失去作用，污垢和杂质堵塞油道，限压阀卡死在关闭位置而失去调节作用；限压阀调整不当，弹簧压力过高，阀门难以开启等都会引起润滑油压力过高。机油压力表有故障也可能指示出过高的油压。

五、实训操作

为保证发动机工作时润滑油压力维持在规定范围内，对润滑油压力过高或过低的现象应查明原因，予以排除。若属于机油泵工作性能下降，造成油压偏低，可通过机油压力调节装置进行适当的调整。各车型发动机的压力调整部位各不相同，但均以改变弹簧弹力大小或增减垫片的方法予以实现（限压阀门工作正常时）。EQ6100 型发动机机油泵上有限压阀、主油道上无调压装置，生产厂家对限压阀已进行调整，只取限压作用，不取调压作用，也无专用调整螺钉。机油泵限压阀如图 19-1 所示，其工作原理如图 19-2 所示。

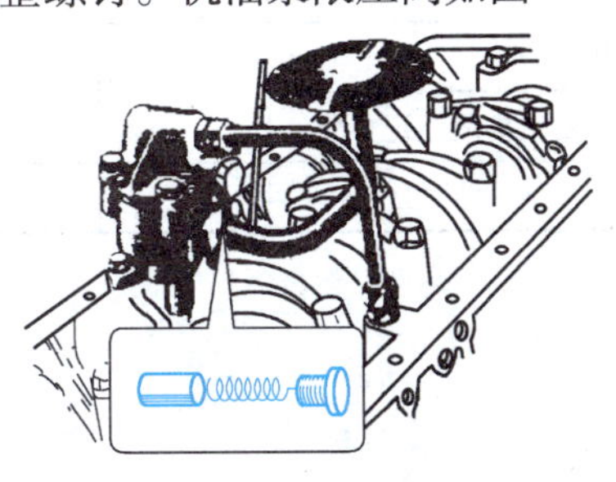

图 19-1　机油泵限压阀

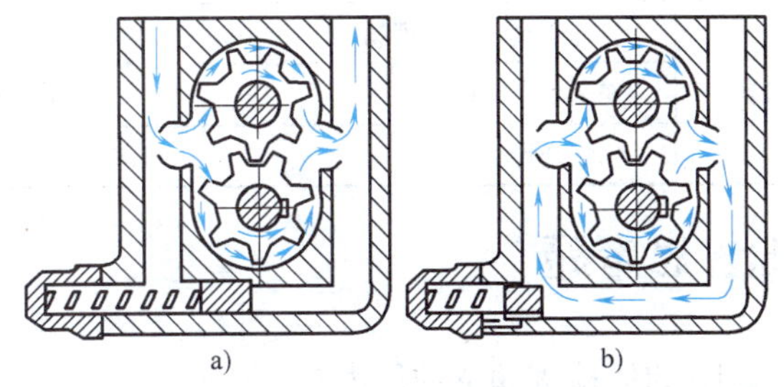

图 19-2　限压阀工作原理

a）大循环　b）小循环

当机油泵内压力过高时，限压阀打开，起泄油降压作用，使润滑油在机油泵内进行小循环，即主油道压力高于 0.38 ~0.42MPa 时，油压克服弹簧弹力顶开栓塞，使一部分润滑油经回油道流回进油孔，进行小循环，降低主油道压力；若油压低于上述值时，则柱塞自行关闭回油道。此时，机油泵压出的润滑油全部进入主油道进行大循环。

当 EQ6100 型发动机的主油道压力过低时，应从以下方面分析考虑（切忌随意去增加机油泵限压阀弹簧的弹力），并予以排除：

1）润滑油压力指示表电路系统（包括润滑油压力表本身、润滑油压力传感器）的工作是否正常；润滑油压力过低报警指示灯及电路有无损坏、搭铁现象等，造成压力指示值不准确。若接通点火开关而发动机未曾起动时润滑油压力表即有压力值，说明润滑油压力表或传感器有问题。

2）应检查各轴承间隙是否过大或机油细滤器进油限压阀开启压力是否过低或失灵，使机油泵的润滑油大部分经细滤器流回油底壳，而使主油道压力过低。

3）若上述正常，应检查主油道或油管有无破裂而使润滑油泄漏严重。

4）检查润滑油黏度是否过低或变质。

5）检查机油泵盖与齿轮端面的轴向间隙是否过大。必要时，减薄垫片或研磨泵盖，并检查限压阀柱塞或钢球是否磨损过度。

若以上均正常，但主油道压力在工作时仍然偏低，可在限压阀螺塞处减少一厚度适当的垫片，达到适量提高主油道压力的目的。

六、考核要点与评分标准

润滑油压力的检测与调整考核要点及评分标准见表 19-1。

表 19-1　润滑油压力的检测与调整考核要点及评分标准

序号	考核内容	配分	评分标准	考核记录	得分
1	正确使用工具、仪表	10	使用不当，1 项扣 5 分		
2	正确、熟练地检查润滑油压力	40	操作不熟练，1 次扣 2 分；操作错误，扣 10 分		

（续）

序号	考核内容	配分	评分标准	考核记录	得分
3	正确运用不分解总成判断润滑油压力故障原因	40	操作不熟练，1次扣3分；装配错误，扣5分		
4	整理工具、清理现场	10	违章每项扣2分		
	安全生产方面		因操作不当发生事故，记0分		
5	分数合计	100			

七、思考题

1. 如何检查润滑油压力？
2. 如果润滑油压力异常，如何排除？

项目二十

检修机油泵

一、教学目的

1）了解机油泵的结构和工作原理。

2）掌握机油泵的检测和维修的方法。

3）学会判断机油泵的故障原因。

二、教学设备工具及量具

汽车发动机实验台架，汽车发动机常用拆装工具、专用拆装工具，零部件存放台，机油壶，润滑油，棉纱等。

三、课时

4 课时。

四、相关基础知识

机油泵的结构形式有齿轮式和转子式两种。

1. 齿轮式机油泵

齿轮式机油泵分为外接齿轮式和内接齿轮式，一般把前者称为齿轮式机油泵。齿轮式机油泵的工作原理如图 20-1 所示。在油泵壳体内装有一对外啮合齿轮（一个主动齿轮和一个从动齿轮）。齿轮与壳体内壁之间的间隙很小，壳体上有进油口。发动机工作时，齿轮按图 20-1 中所示的箭头方向旋转，进油腔的容积由于轮齿向脱离啮合方向运动而增大，腔内产生一定的真空度，润滑油便从进油口被吸入并充满进油腔。齿轮旋转时把齿间所存的润滑油带到出油腔内。由于出油腔一侧轮齿进入啮合，出油腔容积减小，油压升高，润滑油便经出油口被送到发动机润滑油道中。机油泵通常由凸轮轴上的斜齿轮或曲轴前端齿

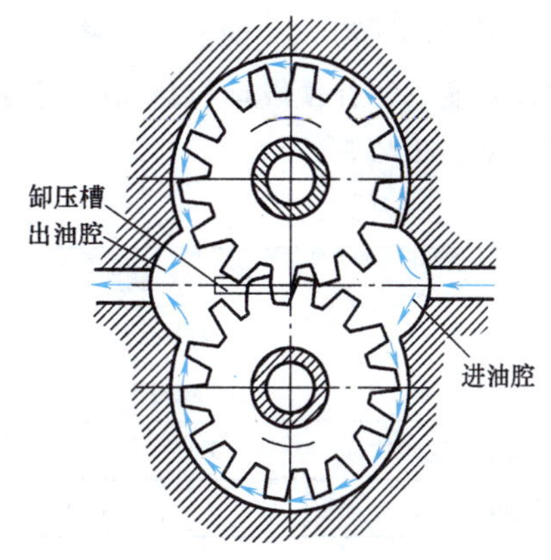

图 20-1 齿轮式机油泵的工作原理

轮驱动。在发动机工作时，机油泵不断工作，从而保证润滑油在润滑油路中不断循环。当齿轮进入啮合时，啮合齿间的润滑油由于油腔容积变小在齿轮间产生很大的推力。为此，在泵盖上铣有一条卸压槽，轮齿啮合时齿间挤出的润滑油可以通过卸压槽流向出油腔。

机油泵一般装在曲轴箱内（如奥迪100型轿车的发动机、BJ492Q型汽车的发动机），也可以装在曲轴箱外。例如，南京汽车制造厂生产的依维柯轻型货车的索菲姆柴油机的机油泵，装在曲轴箱外面的附件箱内。

齿轮式机油泵由于结构简单、制造较容易，并且工作可靠，所以应用最广泛。

2. 转子式机油泵

转子式机油泵的工作原理如图20-2所示。主动的内转子2和从动的外转子3都装在油泵壳体4内。内转子2固定在主动轴1上，外转子3在油泵壳体内可自由转动，两者之间有一定偏心距。当内转子2旋转时，带动外转子3旋转。转子齿形齿廓设计得使转子转到任何角度时，内、外转子每个齿的齿形齿廓线上总能互相成点接触。这样，内、外转子间便形成4个工作腔。某一工作腔从进油孔5转过时，容积增大，产生真空，润滑油便经进油孔5吸入。转子继续旋转，当该工作腔与出油孔6相通时，腔内容积减小，油压升高，润滑油经出油孔6压出。

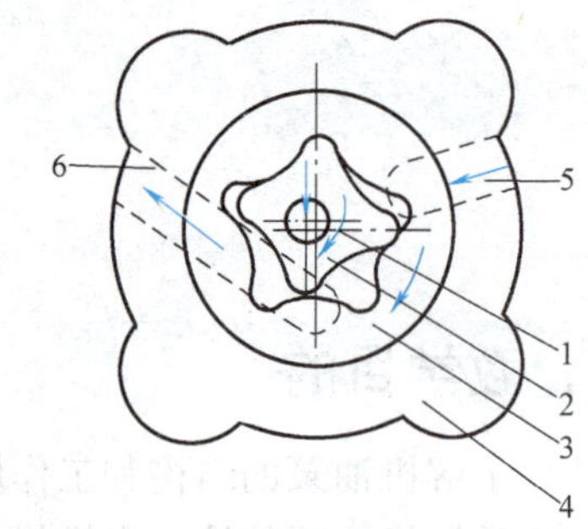

图20-2 转子式机油泵的工作原理
1—主动轴 2—内转子 3—外转子 4—油泵壳体 5—进油孔 6—出油孔

转子式机油泵的结构紧凑，吸油真空度较高，泵油量较大，且供油均匀。当机油泵安装在曲轴箱外且位置较高时，用此种油泵较为合适。

五、实训操作

机油泵是润滑系统的重要组成部件，它的功用是将润滑油以一定的压力进行循环，并输送到各相关零件的润滑表面，从而使润滑油产生润滑作用。

评定机油泵工作性能的指标是：机油泵的泵油压力、泵油量，机械部分传动灵活、不晃、不卡、无声响。确定上述指标应在专用设备上进行。进行试验时，应在一定润滑油黏度、温度下，并使发动机维持一定转速，其压力和泵油量才能获得可靠数值。润滑油压力标准值见表20-1。

表20-1 润滑油压力标准值

	丰田2Y、3Y		标志505		
泵的转速/(min/r)	300	3000	850	2000	4000
排放量/(min/L)	超过2.1	超过33.6			
排放压力/MPa	0.15	0.3	0.27±0.086	0.33±0.086	0.38±0.083
减压阀开放压力/MPa	0.4		0.528		

机油泵的端面间隙、齿顶间隙（对于转子式泵是外转子与壳体间隙）、齿轮啮合间隙和轴与轴承间隙的增大，各处密合面及阀座的严密性和阀门的调整等都会对泵油压力和泵油量

产生影响。在不同的条件下，各种因素所起作用的程度有所不同。一般情况下，因各处密合面及阀座严密性丧失对机油泵工作性能的影响远远超过其他因素的影响。由于机油泵在工作时，其本身润滑条件较好，故使用寿命相对较长，因而在修理之前，最好是经过检查并确认不能维持最低指标时，才进行拆卸修理及维护，以节约时间和材料。

丰田 Y 系列发动机机油泵（图 20-3）采用的旋轮线转子式油泵内装减压阀，并由分电器传动轴传动。

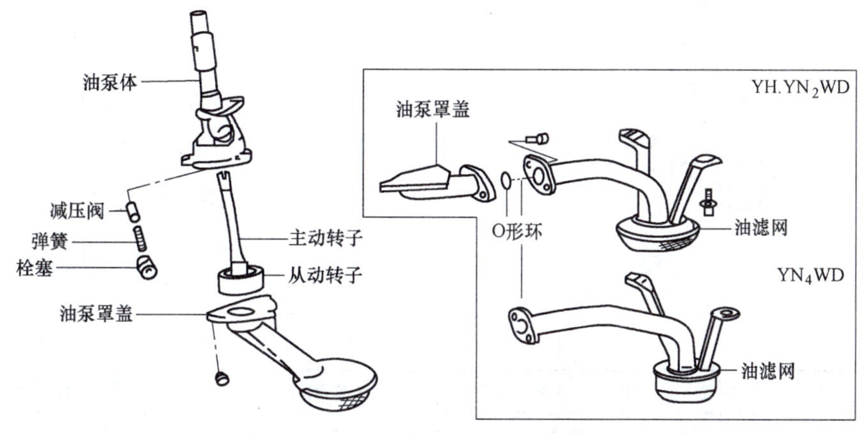

图 20-3　丰田 Y 系列发动机机油泵解体图

1. 油泵的拆卸（从发动机上拆下油泵总成）

1）先支顶好汽车，确认汽车支承牢固，然后开始操作。

2）放好接油盒，拧出放油螺塞，将润滑油排放干净；然后拆卸左、右侧加强板。

3）拆卸油底壳：先将固定螺栓拆下，然后将专用工具刮刀插入气缸体和油底壳之间，刮除涂上的密封材料，然后拆下油底壳。

4）拆卸机油滤网：先拆下 4 个螺栓，然后再拆下 O 形环和滤网。最后，拆油泵固定螺栓并拉出油泵总成，如图 20-4 所示。

2. 机油泵的分解

首先拆卸减压阀：拆下减压阀栓塞、弹簧和阀门；然后拆卸油泵罩壳，拆下 3 个螺栓和油泵罩壳，再拆下转子和转套。

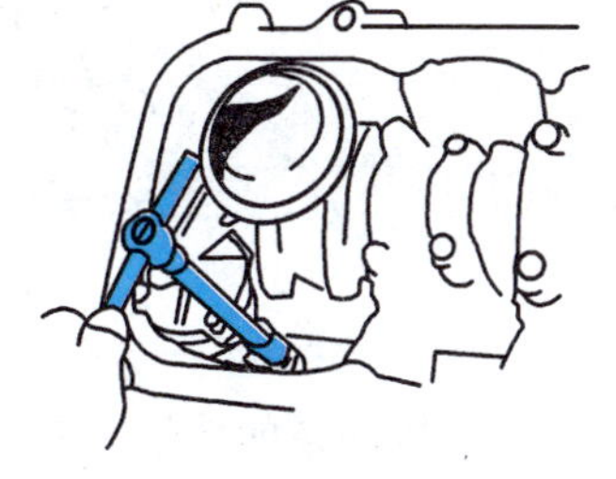

图 20-4　机油泵的拆卸与安装

3. 机油泵的检修

（1）检查减压阀　检查减压阀是否有刻痕或已经损坏，在阀门上涂上一层润滑油，并检查其是否能依靠自重缓慢地降落到阀孔内，即阀芯在阀体内的移动应平顺，如图 20-5 所示。否则，应更换阀门或泵总成。

（2）检查泵体间隙　泵体间隙即外转子与泵体之间的间隙，用塞尺纵向插入进行检测，如图 20-6 所示。如超出极限值（表 20-2），应更换油泵转子副或泵体。如果是泵体磨损过大而失圆导致超出极限值，则应更换泵体。

（3）检查内、外转子间隙　内、外转子间隙即内、外转子齿顶的间隙，用塞尺进行检测，如图 20-7 所示。内外转子间隙对机油泵的工作指标影响较大，如间隙大于最大值（表

20-2），应更换油泵转子副。

（4）检查端面间隙　端面间隙即内、外转子端面与泵盖之间的间隙，用塞尺按图20-8所示进行测量。如果间隙大于允许值（表20-2），可以将泵体置于平面上进行修磨；若间隙过大，则更换油泵转子副或泵体。

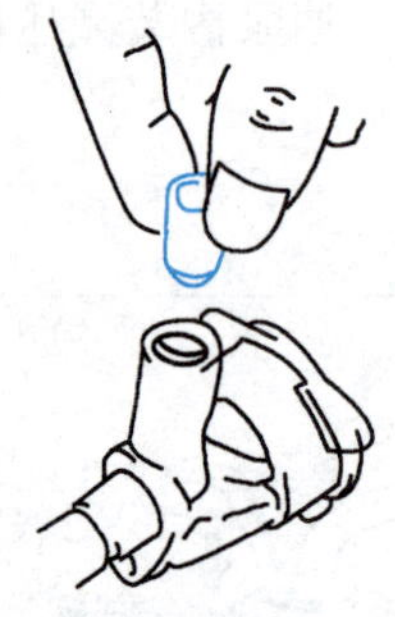

图20-5　检查阀芯

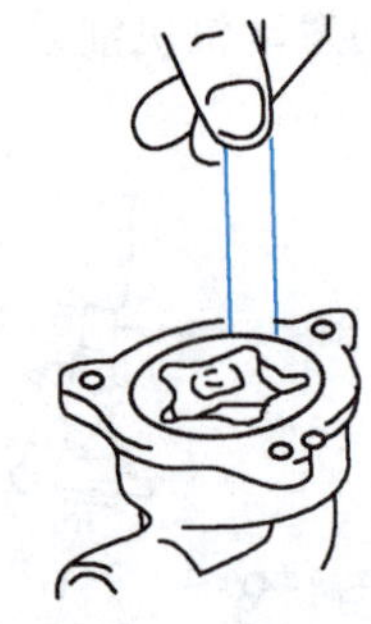

图20-6　检查泵体间隙

表20-2　丰田汽车发动机机油泵各间隙数值表　（单位：mm）

	Y系列		K系列		R系列	
	标准值	最大值	标准值	最大值	标准值	最大值
泵体间隙	0.10~0.15	0.2	0.10~0.16	0.2	0.10~0.16	0.2
内、外转子间隙	0.07~0.12	0.3	0.04~0.16	0.2	0.07~0.12	0.2
端面间隙	0.03~0.07	0.15	0.03~0.09	0.15	0.03~0.09	0.15

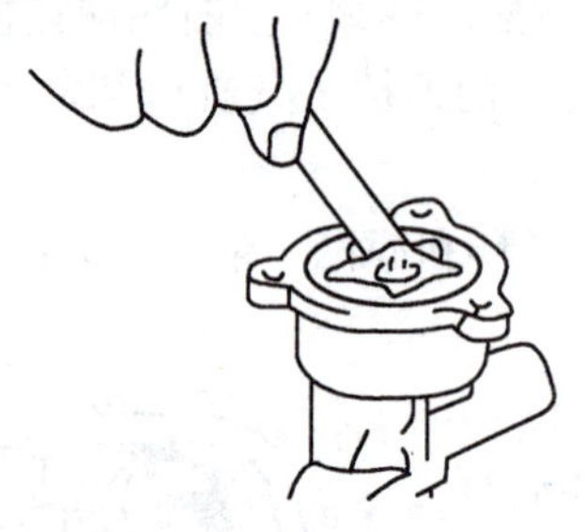

图20-7　检查内、外转子间隙

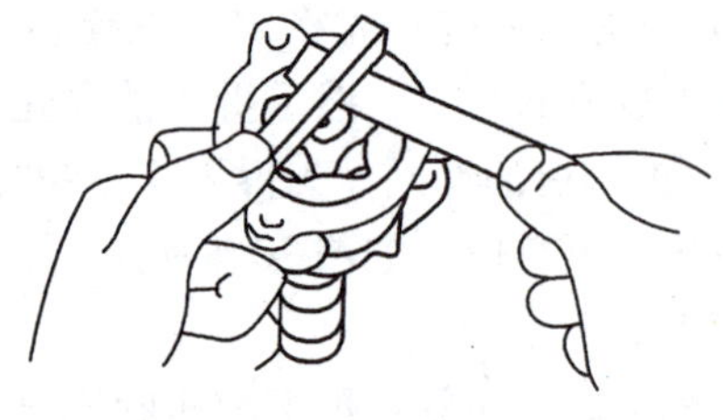

图20-8　检查端面间隙

4. 机油泵的装配与试验

（1）机油泵的装配　机油泵经过检测、维护后，各零件一般按下列顺序进行装配：

1）首先安装主动转子和从动转子，注意按照泵体面上刻印的标记安装转子，把有标记的一面对着机油泵的泵体（向上），如图20-9所示；然后拧紧螺栓，安装好油泵罩壳（拧紧力矩为8N·m）。

2）安装减压阀：如图20-10所示，插入减压阀和弹簧，然后安装和拧紧栓塞（拧紧力矩为37.5N·m）。

（2）总成试验　机油泵装配后应进行总成试验，确认完好后再装车。这样，一方面避免不必要的返工，另一方面也有利于调试时判断和分析故障。机油泵的简便检验方法如图

20-11 所示。将吸油口尾端（油滤网）浸入清洁的润滑油内，然后用螺钉旋具顺时针方向转动泵轴，润滑油会从排油孔中溢出。用大拇指堵着出油孔，继续按上述方法转动泵轴，此时该轴应难以转动。

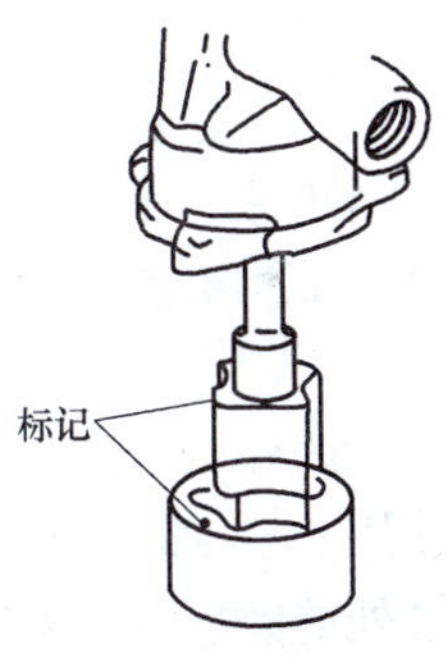

图 20-9　安装主动转子和从动转子

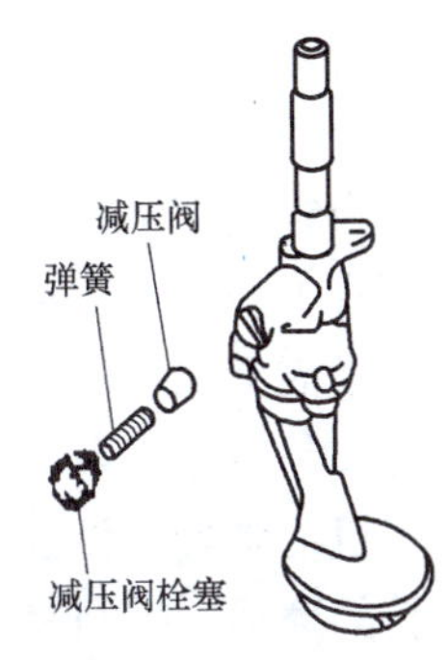

图 20-10　安装减压阀

如果有条件，装配好的机油泵还应在试验台上进行测试。机油泵试验应使主要的试验条件与发动机正常工作的条件相同，这样才能准确地反映机油泵的技术状态。

1）油泵转速：转速对机油泵的影响是比较大的，试验证明，当压力不变时，转速与泵油量的变化成近似直线关系。因此，应根据不同机油泵所要求的转速进行试验。

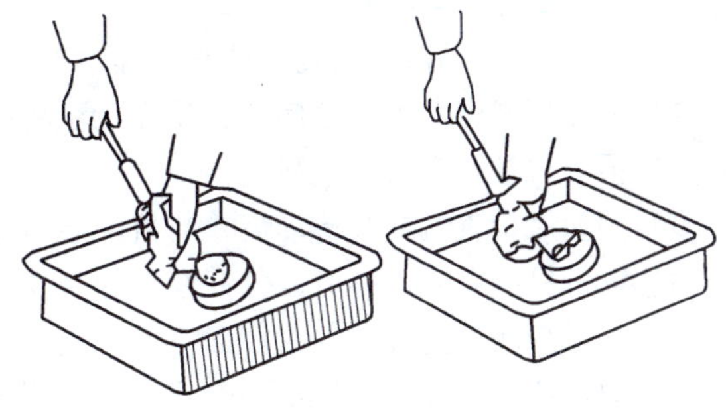

图 20-11　机油泵的简便检验方法

2）试验压力：润滑油在发动机内工作时有一定阻力，试验时应该用人为的方法给它加一定阻力，使其在与发动机内流通时的阻力一样。试验压力一般与工作压力相同，但也有一些发动机要求机油泵的试验压力与工作压力不相同，必须根据不同发动机调整不同的试验压力。其油压标准为：怠速时，油压大于 0. 3MPa；当转速达到 3000r/mm 时，油压为 2. 5 ~5. 0MPa。

3）润滑油黏度：发动机在工作时，各摩擦面的温度很高，油温为 80 ~90℃，现代发动机更高，这时的润滑油较室温下的润滑油稀得多。为了达到相同的条件，可以在试验润滑油中添加一定比例的润滑油。

4）室内温度：根据要求将室内温度保持在 20℃进行，一般上下温度差在 10℃左右时，试验结果影响不大。

5. 机油泵的安装

机油泵的所有项目检查完且达到标准后，再往机体上安装。

（1）安装分电器和油滤网　先将分电器的调速轴凸起部分对准油泵的驱动转子槽，然后安装（其转矩为 18. 5N · m）；再安装油滤网，即用 4 个螺栓固定一个 O 形环和滤网。

（2）安装油底壳

1）去除所有的密封材料，并注意不能使接合表面沾上油类。

①用剃刀片和衬垫刮刀去除密封衬垫表面和密封槽上的旧密封材料。

②彻底地去除所有疏松材料。

③用无沉淀溶剂清洗两者的密封表面。值得注意的是：不能使用一般溶剂代替，否则将会损伤漆面。

2）在油箱上涂上 No. 102 粘合密封材料或同等物。安装一个被切割成3mm 开口的喷嘴。注意：切勿在表面上涂上过量的粘合密封材料。在接近油道时应格外注意，零件必须在应用范围的 15min 之内组装完毕，否则必须去除粘合密封材料，重新再涂一次，然后马上从管上拆除喷嘴并重新安上盖子。最后拧紧固定螺栓，其转矩为 13N · m。安装左右侧加强板，降下汽车，灌注适量润滑油，起动发动机并检查泄漏现象。

齿轮式机油泵是靠工作容积增大时所形成的低压而吸油的。因此，机油泵的故障及供油压力主要取决于机油泵各零件的磨损情况。机油泵经过长期使用，技术状态将逐渐变坏，产生主、从动齿轮的磨损，轴与轴孔的磨损，齿轮顶与泵盖接触处的磨损等。这些磨损都会影响齿轮的正常啮合，使间隙增大，产生供油量减少和供油压力下降等故障。由于机油泵传动齿轮是螺旋斜齿轮，在与凸轮轴斜齿轮啮合运动时将产生轴向力。轴向力会使齿轮的端面与泵壳、盖之间发生磨损，使机油泵轴向间隙增大。所以，在进行机油泵分解前，应用塞尺或微分表检查机油泵传动齿轮与机油泵壳尾端的轴向间隙。

6. 齿轮式机油泵的分解

桑塔纳汽车发动机机油泵的分解步骤如下：

1）放出润滑油，拆下油底壳，从发动机机件上拆下机油泵总成。

2）拆下机油管和机油集滤器。

3）用塞尺检查机油泵传动齿轮与机油泵尾端轴向间隙。

4）拆下机油泵固定螺钉，分开泵簧和泵壳，揭下衬垫取出从动轮。

5）如果轴向间隙过大，或传动齿轮磨损过大需拆开更换时，用锉刀将传动齿轮横销铆端锉去。冲出横销，将传动轴压下，取出主动齿轮。拆装传动齿轮和主动齿轮时应用专用工具，不允许用铳头冲出。

6）清洗全部零件。

7. 零件的检验和修理

（1）泵壳的检验和修理　机油泵壳的主要故障是油泵轴孔磨损、螺孔损坏和泵体裂纹等。油泵壳主动轴孔与轴的配合间隙应为 0.03 ~0.075mm，最大不得超过 0.20mm。配合间隙超过规定或晃动泵轴有明显松旷感觉时，应将主动轴镀铬加粗，或用镶套法修复。机油泵壳上螺纹损坏时，应进行焊补，重新钻孔攻螺纹修复；壳体裂纹应焊修或更换。

（2）泵盖的检验与修理　齿轮式机油泵驱动齿轮啮合时产生的轴向力一般都朝下，它使齿轮端面与泵盖内表面产生磨损。泵盖如有磨损和翘曲，凹陷超过 0.05mm，应以车、刨、研磨等方法进行修复。泵盖上装有限压阀时，还应检验弹簧是否过软，阀体是否有失圆、麻点，封闭是否严密等。若发现问题，均应修复或更换。

（3）齿轮的检验与修理　主动轴的弯曲一般用千分表检查，指针摆差不能超过 0.06mm，否则应进行校正。主动轴与轴套孔的配合间隙，一般汽油机为 0.03 ~0.075mm，最大不超过 0.15mm。从动轴如有明显单面磨损，可将其压出，把磨损面调转 180°再压入孔内继续使用。主动轴上端铆固的传动齿轮与泵壳尾端之间的间隙一般为 0.025 ~0.075mm，最大不超过 0.15mm，超过时应在泵壳尾端焊修或加垫调整。另外，对主动轴横销及主、从动齿轮键和键槽要进行检查，如有损坏和松动均应修复。

（4）齿轮的检验与修理　主、从动传动齿轮与传动齿轮齿面上如有毛刺，可用油石磨光。主、从动齿轮啮合间隙可用窄的塞尺在互成120°处分三点测量。啮合间隙的标准值为0.05mm（桑塔纳），磨损最大不得超过0.20mm。齿隙的增大主要是由于齿轮的磨损或主动轴与泵壳、从动轴与齿轮轴孔之间的磨损引起的。如果齿轮的磨损超过允许程度，应成对更换齿轮。

8. 齿轮式机油泵的装配与试验

装配时，按与拆卸相反的顺序进行，边装边复查各部位的配合情况，如齿轮的啮合间隙，主、从动轴与壳体，主、从动轴与齿轮轴孔的配合等。更重要的是应检查、调整主、从动齿轮与泵盖之间的间隙，一般应在0.05mm左右，最大不得超过0.15mm。若此间隙过大，机油泵工作时，润滑油便从此间隙泄漏，使供油压力降低。可通过减薄泵盖与壳体之间的衬垫加以调整。检查方法是：在主动齿轮与泵盖之间加入一小段熔丝，装上泵盖拧紧螺钉，然后拆下泵盖，测量被压以后的熔丝的厚度，即为间隙。装配时，还应检查和调整传动齿轮和泵壳尾端之间的间隙，其最大间隙不得超过主、从动齿轮与泵盖的间隙，否则将会使主、从动齿轮端面与泵盖磨损加剧。

9. 齿轮式机油泵装复后的检验

其具体方法与转子式机油泵类同。机油泵装车后，再检查润滑油的压力。当发动机温度正常时，观察润滑油压力表指示的压力数值是否符合标准（润滑油温度约为80℃，发动机转速约为2000r/min，最低油压为0.21MPa）。如不符合标准，应检查调整限压阀，其方法是：若润滑油压力减小，可在限压阀螺塞与正时齿轮盖之间减少金属垫片、增大弹簧张力，使润滑油压力增加；若润滑油压力过大，可在限压阀螺塞与正时齿轮盖之间加垫片、减弱弹簧张力，使润滑油压力减小。如果由于球阀关闭不严而影响润滑油压力，应更换新件。若机油泵和限压阀均无故障，而压力仍达不到规定数值，应检验润滑系统中润滑油是否过稀；机油滤清器和油道是否堵塞；润滑油压力表和传感器是否良好；主轴承和连杆轴承间隙是否过大等。机油泵常见故障及其排除方法见表20-3。

表20-3　机油泵常见故障及其排除方法

问　题	潜在原因	修　理
漏油	气缸盖、气缸体或油泵损伤或拆裂 油封不良 密封衬垫不良	需要维修 更换油封 更换密封衬垫
油压低	漏油 减压阀故障 油泵故障 发动机润滑油量不足 曲轴轴承不良 连杆轴承不良 机油滤清器堵塞	必须维修 维修减压阀 维修油泵 更换发动机润滑油 更换轴承 更换轴承 更换机油滤清器
油压高	减压阀故障	维修减压阀

六、考核要点与评分标准

机油泵的检修考核要点及评分标准见表20-4。

表20-4 机油泵的检修考核要点及评分标准

序号	考核内容	配分	评分标准	考核记录	得分
1	正确使用工具、仪表	10	使用不当，1项扣5分		
2	正确、熟练地检查与装配油泵	40	操作不熟练，1次扣2分；装配错误，扣10分		
3	正确不分解总成判断油泵工作性能	40	操作不熟练，1次扣3分；装配错误，扣5分		
4	整理工具、清理现场	10	违章每项扣2分		
	安全生产方面		因操作不当发生事故，记0分		
5	分数合计	100			

七、思考题

1. 机油泵的构造与工作原理是怎样的？
2. 如何检修机油泵的零部件？
3. 如何进行机油泵的装配与试验？

项目二十一 测量油压及故障分析

一、教学目的

1）掌握电控燃油系统的组成及工作原理。

2）掌握燃料供给系统油压的测量并通过油压的测量进行故障分析。

二、教学设备工具及量具

组合工具、燃油压力表、AJR 电控发动机实验台、STN—AJR 发动机教学挂图、解剖教具。

三、课时

4 课时。

四、相关基础知识

喷油器的喷油量取决于喷油器的喷孔截面积、喷油时间和喷油压差。在 EFI 系统中，ECU 通过控制喷油器的喷油时间来实现对喷油量的控制。因此，要保证燃油喷射量的精确控制，在喷油器的结构尺寸一定时，必须保持恒定的喷油压差。若燃油系统压力过低，喷油器单位时间的喷油量减少；若油压力过高，喷油器单位时间的喷油量增大，从而影响电控喷油量，造成混合气变浓或变稀。

燃油供给系统由油箱、电动燃油泵、燃油滤清器、压力调节器、喷油器、高、低压油管等组成，其工作原理图如图 21-1 所示。

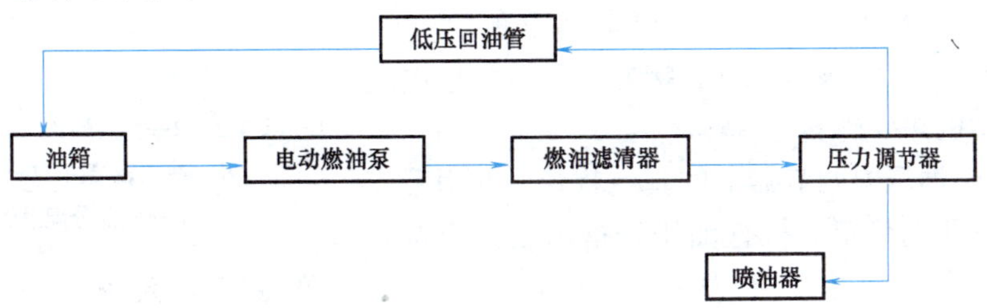

图 21-1　燃油供给系统工作原理图

五、实训操作

1. 燃油系统的压力释放

汽油喷射发动机为便于再次起动，在发动机熄火后燃油系统内仍保持有较高的残余压力。在拆卸燃油系统内任何元件时，都必须首先释放燃油系统的压力，以免系统内的液压油喷出，造成人身伤害或火灾。燃油系统压力的释放方法如下：

1）起动发动机，维持怠速运转。

2）在发动机运转时，拔下油泵继电器或电动燃油泵电源接线，使发动机自行熄火。

3）使发动机起动2~3次，即可完全释放燃油系统压力。

4）关闭点火开关，装上油泵继电器或电动燃油泵电源接线。

2. 燃油系统压力预置

在拆开燃油系统进行维修之后，为避免首次起动发动机时因系统内无压力而导致起动时间过长，应预置燃油系统残余压力。燃油系统压力预置可通过反复打开和关闭点火开关数次来完成，也可按下述方法进行：

1）检查燃油系统所有元件和油管接头是否安装良好。

2）用专用导线将诊断座上的燃油泵测试端子跨接到12V电源上，如：日本丰田车系直接将诊断座上的电源端子“+B”与燃油泵测试端子“FP”跨接。

3）将点火开关转至“ON”位置，使电动燃油泵工作约10s。

4）关闭点火开关，拆下诊断座上的专用导线。

3. 燃油系统压力测试

通过测试燃油系统的压力，可诊断燃油系统是否有故障，进而根据测试结果确定故障性质和部位。测试时需使用专用油压表和管接头，测试方法如下：

1）检查油箱内燃油应足够，释放燃油系统压力。

2）检查蓄电池电压应在12V左右（电压的高低直接影响燃油泵的供油压力），拆开蓄电池负极电缆线。

3）将专用油压表连接到燃油系统中。不同车型测试压力表的连接方式有所不同，主要有两种连接方式：一种是日本丰田等车型，用专用接头将油压表连接在输油管的进油管接头处，如图21-2所示；另一种是韩国大宇和美国通用等车型，用专用接头将油压表连接在燃油滤清器与输油管之间安装脉动阻尼器的位置（进行压力测试时拆下脉动压器），如图21-3所示。

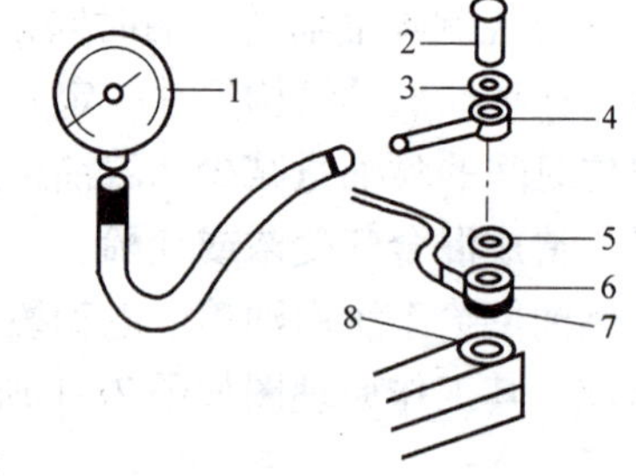

图21-2　燃油压力表的连接（一）

1—压力表　2—接头螺栓　3、5、7—垫片　4—油压表接头　6—油管　8—燃油分配总管

4）将溅出的汽油擦净，重新接好蓄电池负极电缆线。起动发动机并维持怠速运转。

5）拆开燃油压力调节器上的真空软管，并用手指堵住进气管一侧的管口。检查油压表指示压力应符合标准：一般多点喷射系统压力应为0.25~0.35MPa，单点喷射系统压力应为0.07~0.10MPa。

若燃油系统压力过低，可夹住回油软管以切断回油管路，再检查油压表指示压力，若压

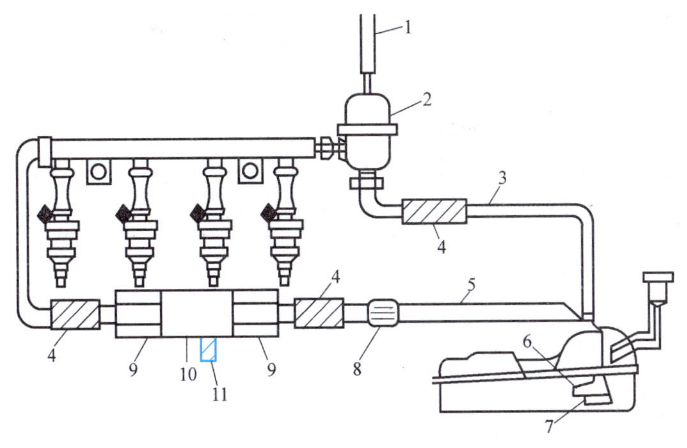

图 21-3 燃油压力表的连接（二）

1—真空软管 2—燃油压力调节器 3—回油管 4—软管 5—压力油管 6—燃油泵
7—油泵滤网 8—燃油滤清器 9—管接头 10—三通管接头 11—油压表接头

力恢复正常，说明燃油压力调节器有故障，应更换；若仍压力过低，应检查燃油系统有无泄漏，燃油泵滤网、燃油滤清器和油管路是否堵塞，若无泄漏和堵塞故障，应更换燃油泵。

若油压表指示压力过高，应检查回油管路是否堵塞；若回油管路正常，说明燃油压力调节器有故障，应更换。

6）如果测试燃油系统压力符合标准，使发动机运转至正常工作温度后，重新接上燃油压力调节器上的真空软管，检查燃油压力表指示压力应略有下降（约 0.05MPa）；否则，应检查真空管路是否堵塞或漏气。若真空管路正常，说明燃油压力调节器有故障，应更换。

7）使发动机熄火、燃油泵停止工作，等待 10min 后，观察燃油压力表的压力（即燃油系统残余压力）；多点喷射系统压力应不低于 0.20MPa，单点喷射系统压力应不低于 0.05MPa。若压力过低，应检查燃油系统是否有泄漏；若无泄漏，说明燃油泵出油阀、燃油压力调节器回油阀或喷油器密封不良。

8）检查完毕后，释放燃油系统压力，并拆下油压表，装复燃油系统。然后，预置燃油系统压力，并起动发动机，检查有无泄漏。

六、考核要点与评分标准

油压的测量及故障分析考核要点及评分标准见表 21-1。

表 21-1 油压的测量及故障分析考核要点及评分标准

序号	考核内容	配分	评分标准	考核记录	得分
1	正确使用工具、仪表	10	使用不当，1 项扣 5 分		
2	正确进行油压检查	40	操作不熟练，1 次扣 2 分；操作错误，扣 10 分		
3	油压故障分析	40	操作不熟练，1 次扣 3 分；装配错误，扣 5 分		
4	整理工具、清理现场	10	违章每项扣 2 分		
	安全生产方面		因操作不当发生事故，记 0 分		
5	分数合计	100			

七、思考题

1. 如何测量燃料供给系统的油压？
2. 如何根据油压数值来进行故障分析？

项目二十二
就车检查喷油器

一、教学目的

1）了解喷油器的结构与工作原理。

2）了解喷油器故障对整个电控系统的影响。

3）掌握喷油器的检测方法（电阻测试、数据流测试）、工艺流程、技术规范。

4）掌握喷油器数据分析的方法。

二、教学设备工具及量具

数字万用表、桑塔纳 AJR 发动机故障实验台、进口或国产故障诊断仪、STN-AJR 发动机教学挂图；功能完好的或有故障的桑塔纳 3000 型轿车喷油器。

三、课时

4 课时。

四、相关基础知识

电控燃油喷射系统的执行元件是喷油器。喷油器的功用是根据 ECU 的指令，控制燃油的喷射量。电控燃油喷射系统全部采用电磁式喷油器。单点喷射系统的喷油器安装在节气门体空气入口处，多点喷射系统的喷油器安装在各缸进气歧管或气缸盖上的各缸进气道处。

喷油器按结构的不同，可分为孔式和轴针式两种，如图 22-1 所示。喷油器主要由滤网、线束插接器、电磁线圈、回位弹簧、衔铁和针阀等组成，针阀与衔铁制成一体。轴针式喷油器的针阀下部有轴针伸入喷口。

喷油器不喷油时，回位弹簧通过衔铁使针阀紧压在阀座上，以防止滴油。当电磁线圈通电时，产生电磁吸力，将衔铁吸起并带动针阀离开阀座，同时回位弹簧被压缩，燃油经过针阀并由轴针与喷口的环隙或喷孔中喷出。当电磁线圈断电时，电磁吸力消失，回位弹簧迅速使针阀关闭，喷油器停止喷油。在喷油器的结构和喷油压力一定时，喷油器的喷油量取决于针阀的开启时间，即电磁线圈的通电时间。回位弹簧的弹力对针阀密封性和喷油器断油的干脆程度会产生影响。

单点燃油喷射系统的喷油器一般都采用下部送油式，即进油口设在喷油器侧面，而不是

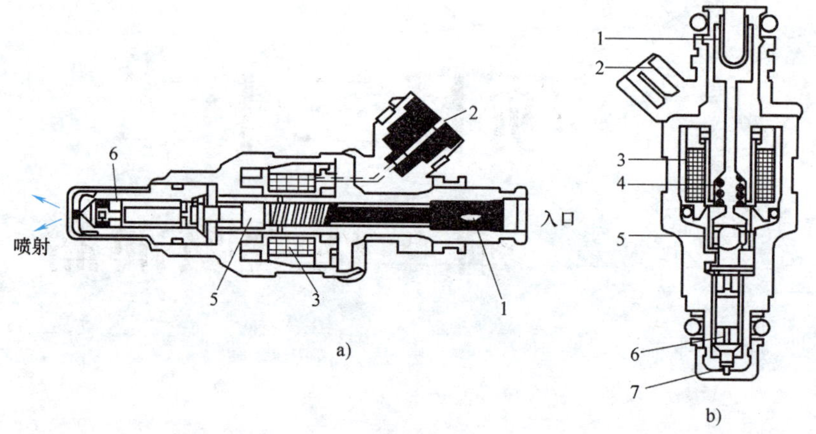

图 22-1 喷油器的类型

a）孔式喷油器 b）轴针式喷油器

1—滤网 2—线束插接器 3—电磁线圈 4—回位弹簧 5—衔铁 6—针阀 7—轴针

在喷油器顶部，这样可降低喷油器的高度，以便在节气门体内安装。此外，各车型装用的喷油器按其线圈电阻值的不同，可分为高阻（电阻值为 13～16Ω）喷油器和低阻（电阻值为 2～3Ω）喷油器两种类型。

五、实训操作

1）简单检查方法。在发动机工作时，用手触试或用听诊器检查喷油器针阀开、闭时的振动或声响，如果感觉无振动或听不到声响，说明喷油器或其电路有故障。

2）喷油器电阻检查。拆开喷油器线束插接器，用万用表测量喷油器两端子之间的电阻，低阻值喷油器应为 2～3Ω，高阻值喷油器应为 13～16Ω，否则应更换该喷油器。

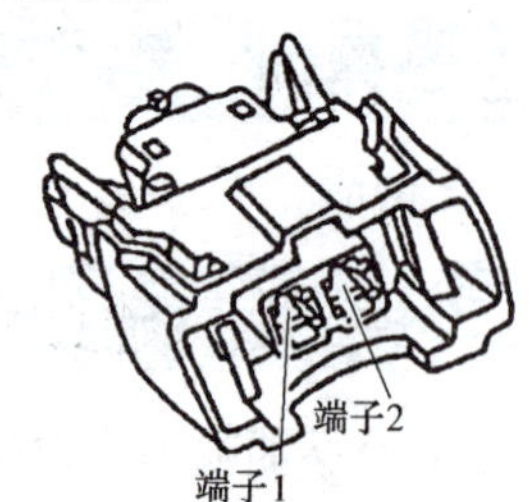

图 22-2 喷油器端子

3）喷油器拆下后，通 12V 电压时应可听到接通和断开的声音。此项试验的通电时间应不大于 4s，再次试验应间隔 30s，以防喷油器发热损坏。

4）测量喷油器供电电压。打开点火开关时，端子 1 对地电压应等于蓄电池电压，如图 22-2 所示。如果符合要求，则应检查端子 1 到附加熔丝 S 间的电路有无断路或接触不良。

六、考核要点与评分标准

就车检查喷油器考核要点及评分标准见表 22-1。

表 22-1 就车检查喷油器考核要点及评分标准

序号	考核内容	配分	评分标准	考核记录	得分
1	正确使用工具、仪表	10	使用不当，1 项扣 5 分		
2	进行喷油器电阻的检查	20	操作不熟练，1 次扣 3 分；操作错误，扣 5 分		
3	喷油器通电时间的检查	15	操作不熟练，1 次扣 3 分；操作错误，扣 5 分		

（续）

序号	考核内容	配分	评分标准	考核记录	得分
4	测量喷油器供电电压	15	操作不熟练，1 次扣 3 分；操作错误，扣 5 分		
5	检查喷油器的滴漏	15	操作不熟练，1 次扣 3 分；操作错误，扣 5 分		
6	喷油器喷油量的检查	15	操作不熟练，1 次扣 3 分；操作错误，扣 5 分		
7	整理工具、清理现场	10	违章每项扣 2 分		
	安全生产方面		因操作不当发生事故，记 0 分		
8	分数合计	100			

七、思考题

1. 简述喷油器的构造与工作原理。
2. 如何对喷油器进行检测？

项目二十三 就车检查燃油泵

一、教学目的

1）掌握电动燃油泵的结构和工作原理。

2）掌握电动燃油泵的检测方法和检测项目。

二、教学设备工具及量具

数字万用表、常用工具、桑塔纳 AJR 发动机故障实验台、进口或国产故障诊断仪、8TN-AJR 发动机教学挂图；良好的或故障的桑塔纳 3000 型轿车燃油泵。

三、课时

4 课时。

四、相关基础知识

1. 电动燃油泵的类型

电动燃油泵的作用是给电控燃油喷射系统提供具有一定压力的燃油。电动燃油泵的电动机和燃油泵连成一体，密封在同一壳体内。电动燃油泵按安装位置的不同，可分为内置式和外置式两种。

内置式电动燃油泵安装在油箱中，具有不易产生气阻、不易泄漏、噪声小、安装管路较简单等优点，应用广泛。外置式电动燃油泵串接在油箱外部的输油管路中，优点是容易布置，安装自由度大，但噪声大，且燃油供给系统易产生气阻，所以只有少数车型上应用。

目前，各车型装用的电动燃油泵按其结构的不同，可分为涡轮式、滚柱式、转子式和侧槽式。内置式电动燃油泵多采用涡轮式，外置式电动燃油泵则多采用滚柱式。

2. 电动燃油泵的构造

（1）涡轮式电动燃油泵　如图 23-1 所示，涡轮式电动燃油泵主要由燃油泵电动机、涡轮泵、出油阀、卸压阀等组成。油箱内的燃油进入电动燃油泵内的进油室前，首先经过滤网初步过滤。

涡轮泵主要由叶轮、叶片、泵壳体和泵盖组成，叶轮安装在燃油泵电动机的转子轴上。

燃油泵电动机通电时，将驱动涡轮泵叶轮旋转，由于离心力的作用使叶轮周围小槽内的叶片贴紧泵壳，并将燃油从进油室带往出油室。进油室燃油不断被带走，形成一定的真空度，将油箱内的燃油经进油口吸入；而出油室燃油不断增多，燃油压力升高，当油压达到一定值时，则顶开出油阀经出油口输出。出油阀还可在燃油泵不工作时阻止燃油倒流回油箱，这样可保持油路中有一定的残余压力，便于下次起动。电动燃油泵工作中，燃油流经燃油泵内腔，对燃油泵电动机起到冷却和润滑的作用。燃油泵不工作时，出油阀关闭，使油管内保持一定的残余压力，以便于发动机起动和防止气阻的产生。卸压阀安装在进油室和出油室之间，当燃油泵输出油压达到 0.4MPa 时，卸压阀开启，油泵内的进、出油室连通，油泵工作只能在其内部循环，以防止输油压力过高。涡轮式电动燃油泵具有泵油量大、泵油压力较高（可达 600kPa 以上）、供油压力稳定、运转噪声小、使用寿命长等优点，所以应用最为广泛。

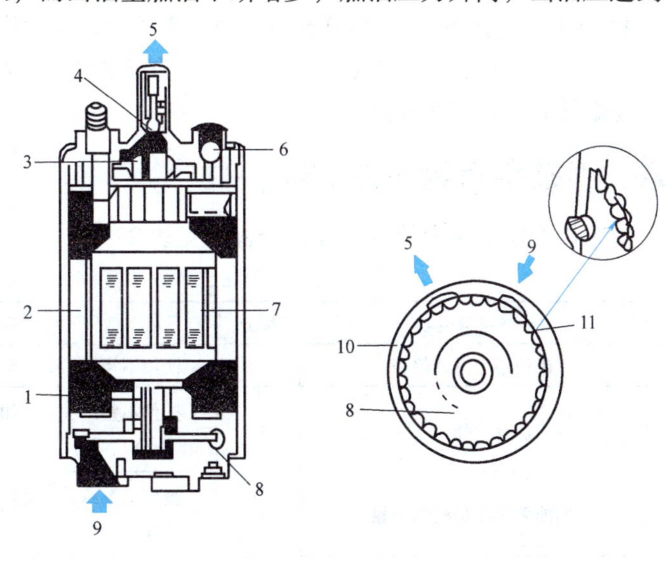

图 23-1　涡轮式电动燃油泵

1—前轴承　2—电动机定子　3—后轴承　4—出油阀　5—出油口　6—卸压阀　7—电动机转子　8—叶轮　9—进油口　10—泵壳体　11—叶片

（2）滚柱式电动燃油泵　如图 23-2 所示，滚柱式电动燃油泵主要由燃油泵电动机、滚柱式燃油泵、出油阀、卸压阀等组成。滚柱式电动燃油泵的输油压力波动较大，在出油端必须安装阻尼减振器，这使燃油泵的体积增大，所以一般都安装在油箱外面，即属于外置式。

阻尼减振器主要由膜片和弹簧组成，它可吸收燃油压力波的能量，降低压力波动，以便提高喷油控制精度。

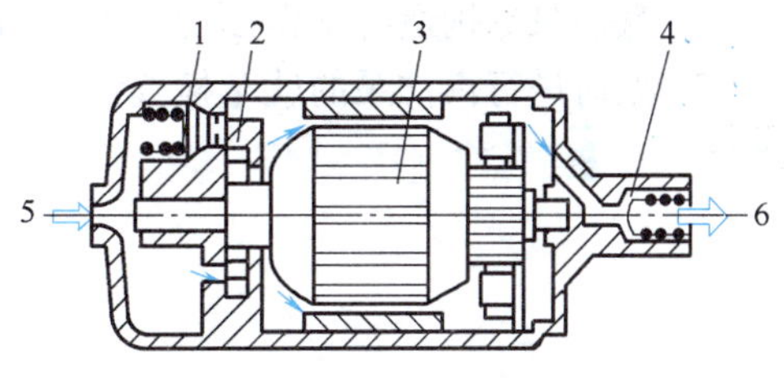

图 23-2　滚柱式电动燃油泵

1—卸压阀　2—滚柱式燃油泵　3—燃油泵电动机　4—出油阀　5—送油口　6—出油口

五、实训操作

电控燃油喷射系统的电动燃油泵，通常在点火开关关闭 10s 以上再打开（不起动发动机）或关闭点火开关使发动机熄火时，都会提前或延长工作 2 ~ 3s。若燃油泵及其电路无故障，在此情况下，在油箱处仔细听，能听到电动燃油泵工作的声音。也可以拆开电动燃油泵的线束插接器，直接用蓄电池给燃油泵通电检查。对诊断座上带有燃油泵测试端子的汽车，可采用如下方法检查电动燃油泵：

1）用专用导线将诊断座上的燃油泵测试端子跨接到 12V 电源上，如：丰田车系诊断座上有 + B 端子（电源端子）和 FP 端子（燃油泵测试端子），将两端子跨接即可。

2）将点火开关转至“ON”位置，但不要起动发动机。

3）拧开油箱盖应能听到燃油泵工作的声音，或用手捏进油软管应感觉有压力。

4）若听不到燃油泵工作声音或进油管无压力，应检修或更换该燃油泵。

5）若有燃油泵不工作故障，但按上述方法检查正常，应检查燃油泵电路导线、继电器、易熔线和熔体有无断路。

六、考核要点与评分标准

就车检查燃油泵考核要点及评分标准见表23-1。

表23-1　就车检查燃油泵考核要点及评分标准

序号	考核内容	配分	评分标准	考核记录	得分
1	正确使用工具、仪表	10	使用不当，1项扣5分		
2	正确检查步骤	40	操作不熟练，1次扣2分；操作错误，扣10分		
3	燃油泵供油量测试步骤	40	操作不熟练，1次扣3分；步骤错误，扣5分		
4	整理工具、清理现场	10	违章每项扣2分		
	安全生产方面		因操作不当发生事故，记0分		
5	分数合计	100			

七、思考题

1. 汽油泵的构造与工作原理是怎样的？
2. 如何进行汽油泵的就车检查？

项目二十四 检验与调整点火正时

一、教学目的

1）熟悉校准点火正时的方法。

2）掌握校准点火正时的步骤，能根据发动机运转的现象和特征判断点火提前角过大或过小。

二、教学设备工具及量具

发动机实验台架、汽车发动机常用拆装工具、正时灯等。

三、课时

4课时。

四、相关基础知识

发动机工作时，点火时刻对发动机的性能有很大的影响。由于混合气燃烧有一定的速度，即从火花塞间隙出现火花，到燃烧室中的混合气大部分燃烧完毕，气缸内的压力上升到最高值，是需要一定时间的。虽然这段时间很短，但由于发动机转速很高，在这样短的时间内曲轴却转过较大的角度。若恰好在活塞到达上止点时点火，混合气开始燃烧时活塞已开始向下运动，使气缸容积增大、燃烧压力降低，发动机功率下降；若点火过早，则活塞正在向上止点运动的过程中，混合气开始燃烧，气缸内气体压力迅速升高，而且气体压力作用的方向与活塞运动的方向相反，因此发动机有效功减小，发动机功率也将下降。

因此，应当在活塞到达压缩行程上止点之前点火，使气体压力在活塞达到上止点后10°~15°时达到最高值。这样，混合气燃烧产生的热能，在做功行程中得到充分利用，可以提高发动机的功率。

五、实训操作

（一）注意事项

1）断电器触点间隙必须调整准确。

2）配电器各缸高压线接头应插装正确。

3）检验点火是否正确应由教练员操作。

（二）操作步骤

1. 校对点火正时

为保证发动机工作时点火系统能及时点燃混合气，在安装分电器时通常需人工校对点火正时，实质就是设定初始点火提前角。不同类型发动机校对点火正时的方法略有差别，基本步骤如下：

1）转动曲轴，使发动机第1缸活塞处于压缩上止点位置。

2）转动分电器轴或分电器壳体，使分火头指向分电器壳体上的第1缸标记；然后，对正分电器壳体与气缸体上的标记，将分电器总成插入安装孔并固定分电器。

3）盖上分电器盖，将第1缸分高压线插入分电器盖第1缸插孔，顺时针方向按点火顺序插好其他各缸分高压线。

4）起动发动机，检查点火正时。

2. 点火正时的检查与调整

（1）点火正时的检查　点火正时的检查可用经验方法检查，也可用正时灯检查。

起动发动机，使冷却液温度上升到70～80°C，在发动机怠速运转时突然加速。如转速不能随节气门的打开而立即增高，并感到“发闷”，或在排气管中有“突突”声，则说明点火过迟；如发动机内出现金属敲击声，则说明点火过早。

点火正时也可在汽车行驶中进行检查。发动机冷却液温度达到70～80°C，在平坦的道路上以直接档行驶时，突然将加速踏板踩到底，如在车速急增时能听到微弱的敲击声，且很快消失，说明点火时间正确；如有明显的金属敲击声，说明点火过早；如加速时感到“发闷”，且无敲击声，说明点火过迟。

用正时灯检查点火正时时，将正时灯接在发动机上，使发动机怠速运转，将正时灯对准正时标记；当第1缸点火时，正时灯闪亮，可观察到正时标记指示的点火提前角。正时灯是利用灯光闪频与飞轮运动频率同步原理制成的，即曲轴转两圈，第1缸点火的同时，正时灯闪亮，照亮点火时飞轮转到的位置，就给人以飞轮或带轮不动的感觉。

（2）点火正时的调整　点火过早或点火过晚均会导致发动机动力性、经济性和排放污染性的下降。为此，在使用中，应根据发动机使用条件、燃料及技术状况等的变化，适当调整初始点火提前角。调整时，松开分电器壳体夹板紧固螺钉，顺分电器轴旋转方向转动分电器壳体可减小初始点火提前角（迟点火）；逆分电器轴旋转方向转动分电器壳体可增大初始点火提前角（提前点火）。调整后，拧紧分电器壳体夹板紧固螺钉。

六、考核要点与评分标准

点火正时的检验与调整考核要点及评分标准见表24-1。

表24-1　点火正时的检验与调整考核要点及评分标准

序号	考核内容	配分	评分标准	考核记录	得分
1	正确使用工具、仪表	10	使用不当，1项扣5分		

（续）

序号	考核内容	配分	评分标准	考核记录	得分
2	正确校对点火正时	40	操作不熟练，1 次扣 2 分；操作错误，1 处扣 10 分		
3	正确进行点火正时的检查与调整	40	操作不熟练，1 次扣 3 分；操作错误，1 处扣 5 分		
4	整理工具、清理现场	10	违章每项扣 2 分		
	安全生产方面		因操作不当发生事故，记 0 分		
5	分数合计	100			

七、思考题

1. 什么是点火正时？
2. 点火正时怎么调整？

项目二十五 认知柴油发动机供给系统

一、教学目的

1）了解柴油机燃料供给系统的功用、组成及工作过程。

2）对柴油机燃料供给系统的输油泵、喷油泵、喷油器等主要部件有主观上的认识。

二、教学设备工具及量具

柴油发动机拆装台架、汽车发动机常用拆装工具、专用拆装工具；相关量具；零部件存放台等。

三、课时

4 课时。

四、相关基础知识

1. 传统柴油机燃料供给系统

（1）功用　柴油机燃料供给系统是柴油机的重要组成部分，其主要功用是：不断供给发动机经过滤清的清洁燃料和空气，根据柴油机不同工况的要求，将一定量的柴油以一定压力和喷油质量定时喷入燃烧室，使其与空气迅速混合并燃烧；做功后将燃烧废气排出气缸。

（2）基本组成　柴油机燃料供给系统的基本组成如图 25-1 所示，主要由燃油供给装置、空气供给装置、混合气形成装置和废气排出装置 4 部分组成。

1）燃油供给装置：主要功用是完成燃料的储存、滤清和输送工作，并以一定压力和喷油质量定时、定量地将燃料喷入燃烧室。根据发动机工作时的燃油压力不同，燃油供给装置可分为高压油路和低压油路两部分。低压油路主要包括油箱、输油泵、柴油滤清器和低压油管等，高压油路主要包括喷油泵、喷油器和高压油管等。

2）空气供给装置：主要功用是供给发动机清洁的空气，包括空气滤清器和进气管等；在有些柴油发动机上，还装有进气增压装置。

3）混合气形成装置：主要功用是使燃油与空气混合形成混合气，由于柴油的蒸发性较差，柴油机在压缩上止点附近时，燃油供给装置将柴油直接喷入燃烧室，柴油与空气在燃烧室内边混合边燃烧，所以柴油机的混合气形成装置就是燃烧室。

4）废气排出装置：主要功用是在做功后排出气缸内的燃烧废气，包括排气管和排气消声器等。

柴油机的空气供给装置、废气排出装置与汽油机的基本相同。

(3) 工作过程　柴油机工作时，活塞式输油泵将柴油从油箱内吸出，并以0.15～0.30MPa的低压输送给柴油滤清器，清洁的柴油经低压油管进入柱塞式喷油泵；柱塞式喷油泵将柴油压力提高到10MPa以上，并根据发动机负荷的大小，将一定量的高压柴油经高压油管输送给喷油器，由喷油器将柴油喷入燃烧室。

输油泵的供油量远大于发动机消耗的油量，多余的柴油经喷油泵回油管流回油箱。喷油器间隙泄漏的少量柴油经喷油器回油管流回油箱。

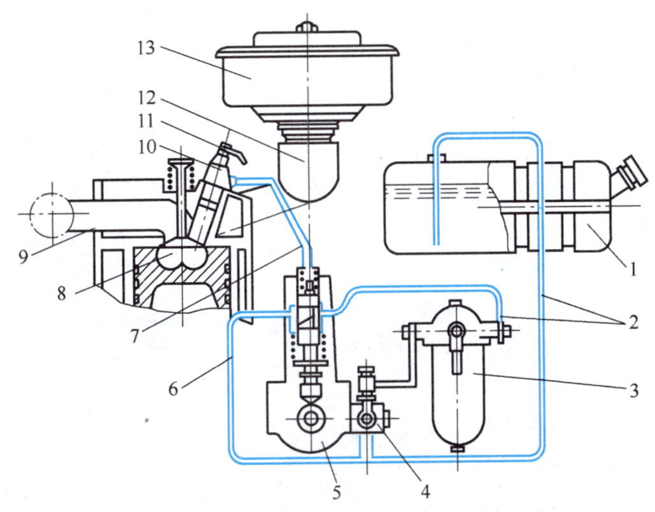

图25-1　柴油机燃料供给系统的基本组成

1—油箱　2—低压油管　3—柴油滤清器　4—输油泵　5—喷油泵　6—喷油泵回油管　7—高压油管　8—燃烧室　9—排气管　10—喷油器　11—喷油器回油管　12—进气管　13—空气滤清器

2. 柴油机电控燃油喷射系统

(1) 功能　随着柴油机电控技术的发展，柴油机电控系统从最基本的燃油喷射控制（即供（喷）油量控制和供（喷）油正时控制）扩展到包括对供（喷）油速率控制和喷油压力控制在内的多项目标控制的燃油喷射控制；并从单一的燃油喷射控制扩展到包括怠速控制、进气控制、增压控制、排放控制、起动控制、巡航控制、故障自诊断、失效保护、发动机与变速器的综合控制等在内的全方位集中控制。

(2) 组成　柴油机电控燃油喷射系统的基本组成与其他电子控制系统一样，也是由传感器、ECU和执行元件3部分组成。

1）传感器。传感器（包括信号开关）用来检测柴油机与汽车的运行状态，并将检测结果转换成电信号输送给ECU。柴油机电控燃油喷射系统所用的传感器多数与汽油机电控系统的相同。

①加速踏板位置传感器。加速踏板位置传感器用来检测加速踏板所处位置，ECU根据此传感器信号间接判断柴油机的负荷，作为控制柴油机喷油量和喷油正时的主控制信号。常用的加速踏板位置传感器有电位计式和差动电感式。

电位计式加速踏板位置传感器如图25-2所示，其结构和工作原理与汽油机电控系统中的节气门位置传感器基本相同。

差动电感式加速踏板位置传感器如图25-3所示，主要由铁心、感应线圈和线束插接器等组成。推杆与加速踏板联动，铁心与推杆做成一体。当加速踏板的位置发生变化时，铁心在两个线圈中移动，使两个线圈内的自感电动势发生一增、一减的变化。根据输出端线圈的电压信号即可确定加速踏板的位置。

②反馈信号传感器。柴油机电控燃油喷射系统一般对供（喷）油量和供（喷）油正时采用闭环控制，反馈信号传感器就是指闭环控制系统中用来检测控制系统执行元件实际位置的传感器。在柴油机电控燃油喷射系统中，反馈信号传感器主要包括负荷传感器（如供油齿条位置传感器、滑套位置传感器、喷油压力传感器等）和正时传感器（如分配泵正时活塞位置传感器、着火正时传感器等）两大类。

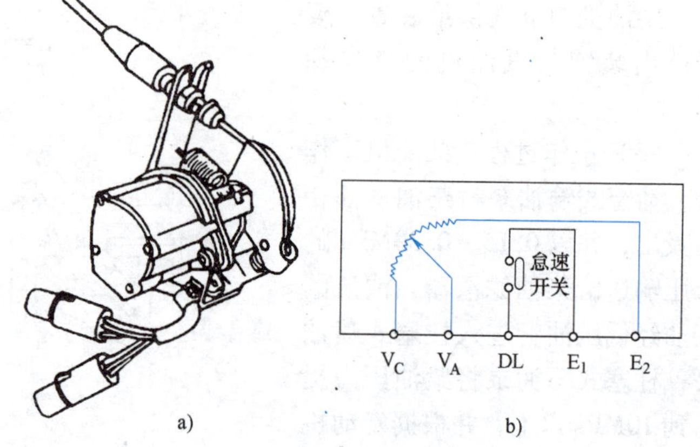

图25-2　电位计式加速踏板位置传感器

a）传感器外形　b）内部电路

在不同柴油机电控燃油喷射系统中，由于控制供（喷）油量和供（喷）油正时的执行元件不同，负荷传感器和正时传感器的名称、数量和类型也不同。传感器通常采用电位计式、差动电感式或电磁感应式，其结构原理与用于其他用途的同类传感器基本相同。在有些柴油机电控燃油喷射系统中，装用光电式着火正时传感器来检测气缸内混合气燃烧的开始时刻。光电式着火正时传感器的结构如图25-4所示。当气缸内的混合气燃烧时，传感器内的光敏晶体管产生电压信号输出，ECU根据此信号判断实际着火开始时刻，并对喷油正时进行修正。

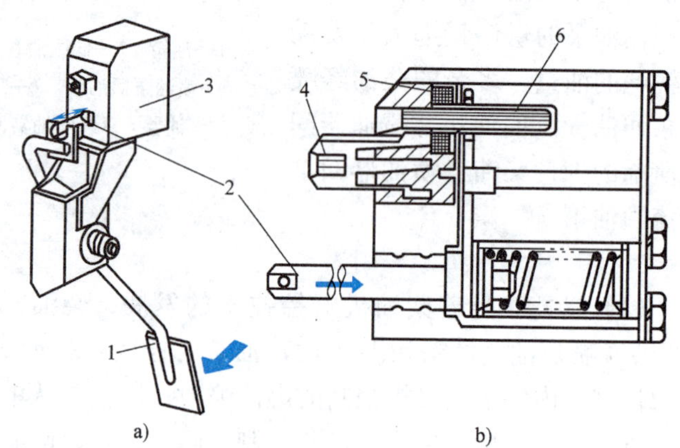

图25-3　差动电感式加速踏板位置传感器

a）传感器外形　b）内部结构

1—加速踏板　2—推杆　3—加速踏板位置传感器

4—线束插接器　5—线圈　6—铁心

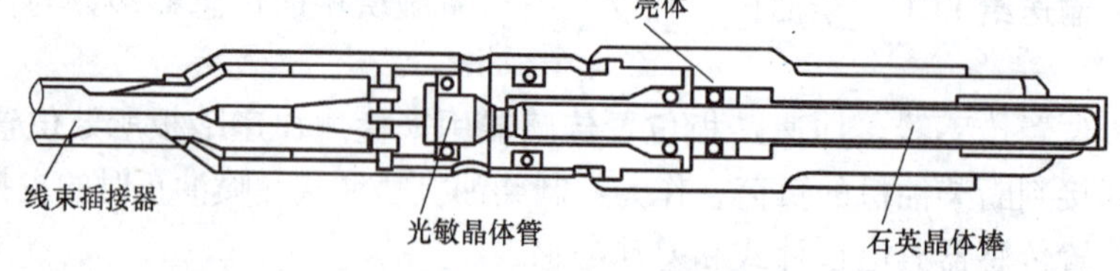

图25-4　光电式着火正时传感器

③燃油温度传感器。柴油的温度直接影响其黏度。燃油温度传感器用来检测柴油的温度变化，ECU根据此传感器的信号对喷油量进行修正；一般采用热敏电阻式，其结构原理与进气温度传感器基本相同。

④其他传感器和信号开关。发动机转速传感器（或凸轮轴/曲轴位置传感器）、车速传感器、冷却液温度传感器、制动开关、空调开关、E/G 开关（点火开关）等的功用、结构和工作原理与汽油机电控系统的基本相同。

2）柴油机控制 ECU。柴油机电控燃油喷射系统的功用是根据各传感器输入信号和内存程序，计算出供（喷）油量和供（喷）油开始时刻，并向执行元件发出执令信号。柴油机控制 ECU 的结构与汽油机电控燃油喷射系统基本相同，主要是控制程序（即软件）有较大差别。

3）执行元件。执行元件的功用是执行 ECU 的指令，调节柴油机的供（喷）油量和供（喷）油正时。不同柴油机电控燃油喷射系统的执行元件有很大差异。常用的执行元件有：电子调速器、正时控制电磁阀、供油齿条控制电磁阀、滑套控制电磁阀、分配泵或喷油器回油控制电磁阀等。

（3）柴油机燃料供给系统的供（喷）油量控制

1）位置控制方式。柴油机供（喷）油量的控制方法随供给系统类型的不同而不同。传统的机械控制式柴油机供给系统中，都是由驾驶人或调速器通过改变喷油泵供油量调节机构的位置来调节供油量，其控制精度、供油特性、响应性等比较差。早期的第一代柴油机电控系统，就是保留了传统柴油机供给系统对供油量的“位置控制”方式，不同的是对喷油泵供油量调节机构的“位置控制”用电子调速器代替了传统的机械离心式（或气动膜片式、复合式）调速器，即用发动机转速传感器和加速踏板位置传感器（也称负荷传感器）代替了原有的转速和负荷传感机构（如离心飞块、真空室等），用 ECU 控制的电子执行元件代替了机械离心式（或气动膜片式、液压式）调速执行机构和加速踏板传动机构。

第一代柴油机电控燃油喷射系统主要以电控直列柱塞泵或电控转子分配泵为主要特征。

2）时间控制方式。

①转子分配泵的供油量控制。早期的供油量“时间控制”主要用于转子分配泵上。转子分配泵通常是利用一个油量控制滑套的位置变化来控制高压腔与低压腔之间回油通道相通时间的变化，即在机械控制的供油压力和供油开始时刻一定时，通过滑套的位置变化来改变停止供油（即回油）的时刻，从而实现供油量的控制。因此，只要在回油（或称溢油）通道中安装一个由 ECU 控制的高速电磁阀来取代滑套控制回油通道的开闭，即可实现供油量的“时间控制”。

②P-T 喷油器的供油量控制。后期的喷油量“时间控制”已应用在柴油机 P-T 燃油系统中。取消了原 P-T 燃油系统中结构复杂的调速器和喷油器中的计量装置，使燃油供给系统大为简化。P-T 喷油器的喷油量“时间控制”装置是在喷油器的回油通道中安装一个高速电磁阀，电磁阀为常开式。由低压输油泵经进油道向喷油器供油，电磁阀不通电保持开启时，即使凸轮驱动喷油器内的柱塞泵油，也不能建立足够的压力使喷油器喷油。只有当高速电磁阀接受 ECU 的命令通电时，电磁阀关闭喷油器回油道，随着柱塞泵油行程的进行使喷油器内油压迅速升高，喷油器开始喷油，直至高速电磁阀再次断电打开回油通道时喷油结束。高速电磁阀关闭的时刻即是喷油开始时刻，高速电磁阀关闭的持续时间决定了喷油量。

3）时间—压力控制方式。第二代柴油机电控燃油喷射系统包括电控共轨式燃油喷射系统、电控单体泵燃油喷射系统和电控 P-T 喷油器燃油喷射系统。其中，最典型的是电控共轨式燃油喷射系统。在高压共轨式燃油喷射系统中，各缸喷油器共用一个高压油轨（即高压油管)，使系统元件减少、安装布置更方便。在电控共轨式喷油系统中，对喷油量的控制采用“时间-压力控制”或“压力控制”，用的最多的是“时间-压力控制”方式。

4）压力控制方式。在后期开发的柴油机电控共轨式燃油喷射系统中，为降低对供油压力的要求，喷油器喷油量的控制采用控制喷油压力的方法实现，即喷油量的“压力控制”方式。

(4) 柴油机供（喷）油正时控制　传统柴油机供给系统中，都是采用机械离心式或液压式供油提前角自动调节器来控制喷油泵的供油正时，间接实现对喷油器喷油正时的调节。在柴油机电控燃油喷射系统中，一般都是由ECU根据柴油机转速、负荷等传感器的信号对供（喷）油正时进行控制。

1）直列柱塞泵供油正时电控系统。直列柱塞泵供油正时电控系统的柴油机主要由正时控制器、电磁阀、柴油机转速传感器、正时传感器和ECU等组成。两个电磁阀分别安装在正时控制器进、回油路中，控制正时控制器工作的液压油来自柴油机润滑系统。正时控制器安装在喷油泵驱动轴与凸轮轴之间，受液压控制的正时控制器可使喷油泵凸轮轴相对驱动轴在一定范围内转动。柴油机转速传感器安装在喷油泵驱动轴上。ECU主要根据柴油机转速和负荷传感器信号确定基本供油提前角，再根据冷却液温度传感器信号等进行修正，并通过两个电磁阀控制正时控制器工作，来实现对喷油泵供油正时的控制。

2）转子分配泵供油正时电控系统。在第一代柴油机电控燃油喷射系统中，转子分配泵供油正时的控制通常是在原供油提前角自动调节器活塞两侧油腔之间增加一条液压通道，并由ECU通过电磁阀控制该液压通道来实现。ECU主要根据柴油机转速和负荷传感器信号确定基本供油提前角，再根据冷却液温度传感器信号等进行修正，并通过电磁阀控制正时活塞左、右两侧油腔内的燃油压力差，以改变正时活塞的位置；正时活塞左右移动时，通过传动销带动转子分配泵内的滚轮架转动，从而改变喷油泵的供油正时。

五、实训操作

（一）注意事项

柴油供给系统的三组耦合件都是精密加工的，实习认知时，注意不要用手直接接触耦合件的耦合面。

（二）操作步骤

根据场地和实训器材，由教师组织学生对各部件进行认知。

六、考核方法

柴油发动机供给系统的认知考核要点及评分标准见表25-1。

表25-1　柴油发动机供给系统的认知考核要点及评分标准

序号	考核内容	配分	评分标准	考核记录	得分
1	正确使用工具、仪表	10	使用不当，1项扣5分		
2	正确对柴油机燃料供给系统各零部件认知	40	操作不熟练，1次扣2分；操作错误，扣10分		

（续）

序号	考核内容	配分	评分标准	考核记录	得分
3	正确阐述柴油机燃料供给系统的功用、组成及工作过程	40	操作不熟练，1 次扣 3 分；操作错误，扣 5 分		
4	整理工具、清理现场	10	违章每项扣 2 分		
	安全生产方面		因操作不当发生事故，记 0 分		
5	分数合计	100			

七、思考题

1. 柴油机燃料供给系统的功用及组成是怎样的？
2. 柴油机燃料供给系统是如何控制供油量的？方法有哪些？

项目二十六

检修喷油泵

一、教学目的

1）了解柱塞式喷油泵的基本构造与工作原理。

2）掌握柱塞式喷油泵的维修和喷油泵的调试。

二、教学设备工具及量具

汽车发动机拆装台架、汽车发动机常用拆装工具、专用拆装工具；相关量具、零部件存放台及盆等。

三、课时

4课时。

四、相关基础知识

喷油泵又称高压油泵，其功用是接受输油泵输送来的低压柴油，对柴油进行加压后，按柴油机不同工况的要求，定时、定量地将高压柴油输送给喷油器。

柱塞式喷油泵是利用多个柱塞式分泵向发动机各气缸的喷油器提供高压油的，其发展和应用的历史较长，工作可靠，在国产柴油机上应用较为普遍。柱塞泵燃油供给装置一般配用活塞式输油泵。

柱塞式喷油泵主要由柱塞分泵、油量调节机构、分泵驱动机构和泵体4部分组成。

（1）柱塞分泵　柱塞式喷油泵由与发动机气缸数相同的多个柱塞分泵组成。柱塞分泵的构造如图26-1所示。柱塞分泵主要由柱塞偶件和出油阀偶件组成。

柱塞分泵的泵油原理如图26-2所示，可分为吸油、压油和回油3个过程。发动机工作中，喷油泵凸轮轴上的凸轮转过最高位置时，柱塞在柱塞弹簧的作用下向下移动；当柱塞上端面低于柱塞套筒上的油孔时，喷油泵低压油腔内的柴油被吸入柱塞上端的泵腔；当柱塞运动到最下端位置时，柱塞上端的泵腔内充满柴油，分泵完成吸油过程（见图26-2a）。随着喷油泵凸轮轴的继续转动，凸轮驱动柱塞上移，开始有部分柴油从泵腔挤回低压油腔，直到柱塞上端的圆柱面完全封闭柱塞套筒上的两个油孔为止，分泵压油过程（见图26-2b）开始；此后柱塞继续上移，泵腔内油压升高；油压增高到一定值时克服出油阀弹簧的弹力，顶开出油阀，高压柴油经出油阀和高压油管输送给喷油器。在压油过程中柱塞上移，当柱塞上的斜槽与柱塞套筒上的油孔接通时，泵腔内的高压油经柱塞内的油孔、斜槽和柱塞套筒上的油孔流回低压油腔（见图 26-2c），泵腔内的油压迅速下降，出油阀在其弹簧的作用下立即关闭；在此回油过程中，柱塞仍向上移动，直到上止点为止，但不再向喷油器供油。

柱塞分泵每次泵出的油量取决于柱塞的有效行程，即从出油阀开启到柱塞上的斜槽与柱塞套筒上的油孔接通时柱塞向上移动的距离。使柱塞在柱塞套筒内转动即可改变斜槽与柱塞套筒上油孔的相对位置，从而改变柱塞的有效行程。柱塞式喷油泵就是以此方法来实现发动机负荷调节的。

出油阀偶件的构造如图 26-3 所示。出油阀的圆锥面为密封面，通过出油阀弹簧将其压紧在阀座上。出油阀尾部与阀座间隙配合，为出油阀运动起导向作用。出油阀的尾部开有切槽，形成十字形横截面，以便喷油泵供油时使泵腔内的柴油流出。

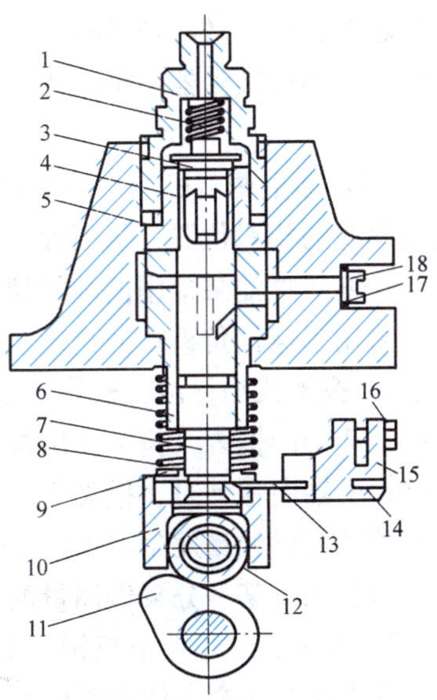

图 26-1　柱塞分泵的构造

1—出油阀压紧座　2—出油阀弹簧　3—出油阀　4—出油阀座　5—压紧垫片　6—柱塞套筒　7—柱塞　8—柱塞弹簧　9—弹簧座　10—滚轮体　11—凸轮　12—滚轮　13—调节臂　14—供油拉杆　15—调节叉　16—夹紧螺钉　17—垫片　18—定位螺钉

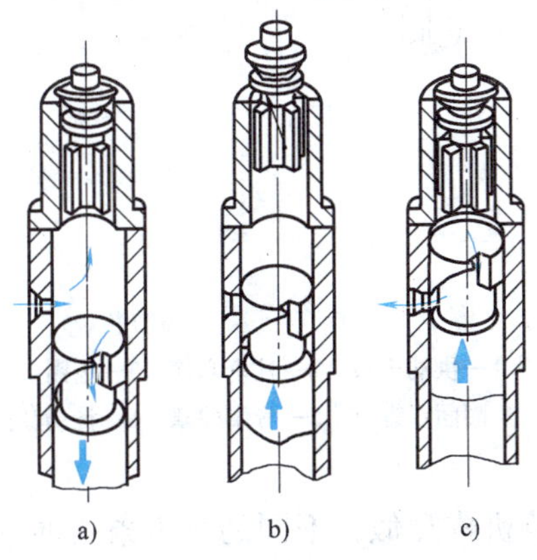

图 26-2　柱塞泵泵油原理

a）吸油过程　b）压油过程　c）回油过程

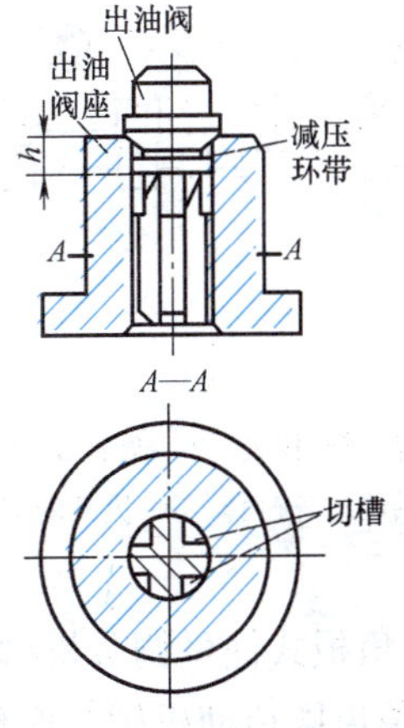

图 26-3　出油阀偶件的构造

出油阀中部的圆柱部分称为减压环带。在分泵柱塞压油使油压达到一定值时，泵腔内的油压顶开出油阀，使出油阀密封锥面离开出油阀座，但泵腔内的柴油并不能立即泵出；只有当减压环带完全移出阀座导向孔时，即出油阀向上移动一段距离后，泵腔内的柴油才能进入高压油管，这样可防止喷油器喷前滴油。在停止供油、出油阀落座时，减压环带首先进入出油阀导向孔，切断高压油管与泵腔的通道，高压油管内的柴油停止回流；这样可保持高压油管内有一定的残余压力。此外，从减压环带开始进入阀座导向孔，直到出油阀密封锥面与阀座接触时，由于减压环带在高压油管中让出了其凸缘所占的容积，使高压油管内的油压迅速下降，从而使喷油器停油干脆。由此可见，减压环带具有防止喷油器喷前滴油、保持高压油管内有一定残余压力和使喷油器停油干脆三方面的功用。

（2）油量调节机构　油量调节机构的功用是执行驾驶人或调速器的指令，改变柱塞与柱塞套筒的相对位置，从而改变喷油泵的供油量，以适应发动机不同工况的要求。

柱塞式喷油泵常用的油量调节机构主要有拨叉式和齿条式两种。此外，在国产P型喷油泵上采用了球销角板式油量调节机构。

1）拨叉式油量调节机构。如图26-4所示，调节臂3压装在分泵柱塞4下端，其端头插入拨叉2的凹槽内，拨叉2用拨叉固定螺钉6固定在供油拉杆上。当驾驶人或调速器推动供油拉杆1轴向移动时，拨叉2带动调节臂3和分泵柱塞一起相对柱塞套筒转过一定角度，从而使喷油泵供油量发生改变。松开拨叉固定螺钉，改变某一分泵的拨叉在供油拉杆上的位置，可实现对某一分泵供油量的调节，以便使各分泵供油均匀。

2）齿条式油量调节机构。如图26-5所示，传动套筒6松套在柱塞套筒2的外面，传动套筒6下端的切槽卡住分泵柱塞5下端的凸块，齿圈3套装在传动套筒6上端并用齿圈固定螺钉4固定。各分泵传动套筒上的齿圈均与供油齿条啮合，当供油齿条轴向移动时，即可改变喷油泵的供油量。松开齿圈固定螺钉4，转动传动套筒6，即可调节某一分泵的供油量。

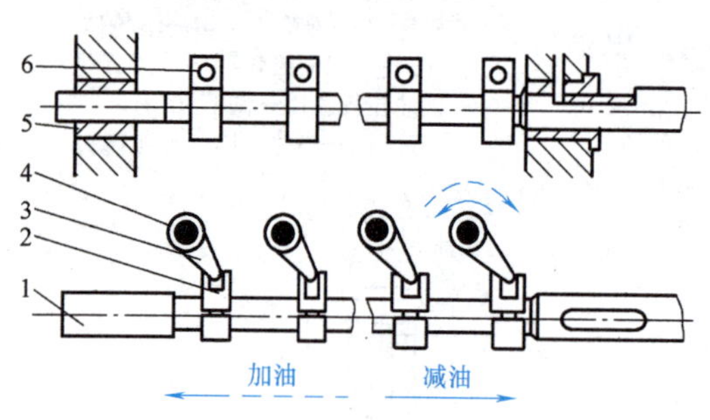

图26-4　拨叉式油量调节机构

1—供油拉杆　2—拨叉　3—调节臂　4—分泵柱塞
5—供油拉杆衬套　6—拨叉固定螺钉

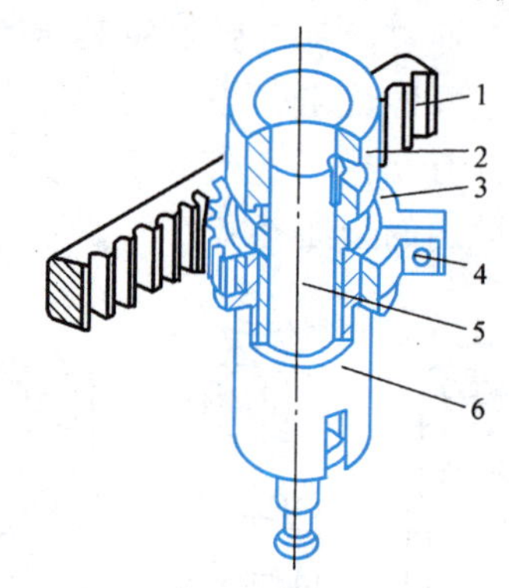

图26-5　齿条式油量调节机构

1—供油齿条　2—柱塞套筒　3—齿圈
4—齿圈固定螺钉　5—分泵柱塞　6—传动套筒

3）球销角板式油量调节机构。与齿条式油量调节机构类似，不同的是齿条式油量调节机构采用齿条齿圈传动机构，而球销角板式油量调节机构采用角板钢球传动机构。在传动套筒上端焊接有1~2个钢球，供油调节杆为横截面呈角钢状的角板，角板上加工有切槽与传动套筒上的钢球啮合，以实现喷油泵供油量的调节。

（3）分泵驱动机构　分泵驱动机构的功用是驱动柱塞在柱塞套筒内往复运动，使喷油泵完成供油过程。分泵驱动机构主要包括喷油泵、凸轮轴和滚轮体等。

凸轮轴通过两个轴承支承在喷油泵体内，其结构原理与配气机构所用的凸轮轴相似，如图26-6所示。凸轮轴上加工有驱动分泵的凸轮和驱动输油泵的偏心轮。改变前端盖与泵体之间的密封垫1的厚度，或改变轴承与轴肩之间的调整垫片7的厚度，即可调整凸轮轴的轴向间隙。

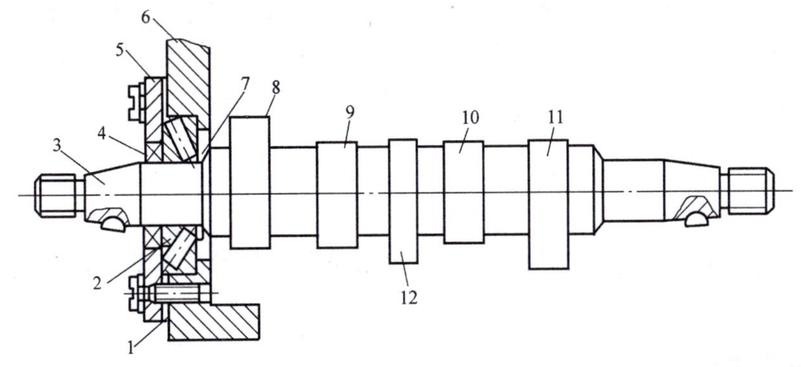

图 26-6 喷油泵凸轮轴

1—密封垫 2—圆锥滚子轴承 3—连接锥面 4—油封 5—前端盖 6—泵体 7—调整垫片 8、9、10、11—凸轮 12—输油泵偏心轮

柱塞式喷油泵上装用的滚轮体主要有调整垫块式和调整螺钉式两种类型，分别如图 26-7 和图 26-8 所示。滚轮体相当于配气机构中的气门挺杆，其功用主要是将喷油泵凸轮的旋转运动转变为自身的往复直线运动，从而推动分泵柱塞上行供油，并利用滚轮在喷油泵凸轮上的滚动以减轻磨损。为防止滚轮体在泵体导向孔内转动，其定位方法有两种：一种是在滚轮上轴向切槽，用拧在泵体上的螺钉插入切槽；另一种是采用加长的滚轮轴，使滚轮轴的一端插入泵体导孔中的轴向切槽内。

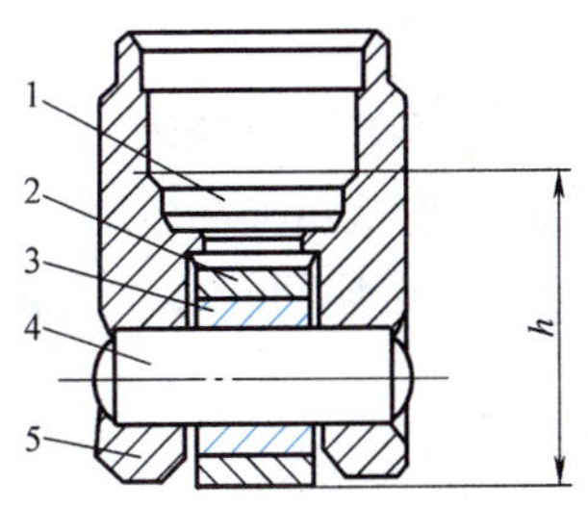

图 26-7 调整垫块式滚轮体

1—调整垫块 2—滚轮 3—滚轮衬套 4—滚轮轴 5—滚轮架

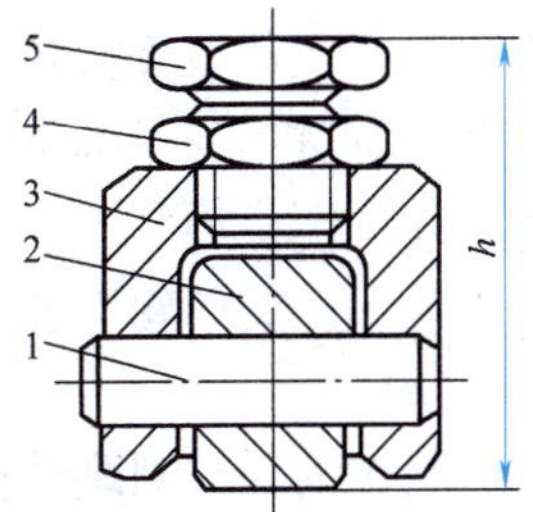

图 26-8 调整螺钉式滚轮体

1—滚轮轴 2—滚轮 3—滚轮架 4—锁紧螺母 5—调整螺钉

此外，滚轮体还可用来调整分泵的供油提前角。分泵的供油提前角是指分泵供油开始至该气缸活塞到达压缩上止点时曲轴转过的角度。分泵的供油提前角直接影响喷油器的喷油时刻，对发动机性能有很大影响。对于调整垫块式滚轮体增加调整整块厚度，对于调整螺钉式滚轮体拧出调整螺钉（调整时松开锁紧螺母，调整后再拧紧锁紧螺母），均可使滚轮体的有效高度增加，从而在喷油泵凸轮位置不变（即曲轴位置不变）时，使分泵柱塞升高、分泵的供油提前角增大（供油时刻提前）；反之，降低滚轮体的有效高度，分泵供油提前角减小（供油时刻推迟）。

（4）泵体　泵体是喷油泵的基体，有分体式和整体式两种。分体式泵体分上、下两部分，用螺栓连接在一起；上体用来安装分泵，下体用来安装油量调节机构和驱动机构。整体式泵体具有较高的刚度，但拆装不方便。

喷油泵和调速器的润滑有两种形式：一种是独立润滑，即在喷油泵和调速器内单独加注润滑油；另一种是压力润滑，即利用发动机润滑系统中的液压油进行润滑。

五、实训操作

（一）注意事项

柴油供给系统的三组耦合件都是精密加工件，实习认知时，不要用手直接接触耦合件的耦合面。

（二）操作步骤

1. 柱塞式喷油泵的维修

（1）外部检查　用煤油或柴油认真清洗外部，并进行以下外部检查：

1）观察泵体有无裂纹或可能导致漏油的损伤。

2）检查出油阀压紧座处有无漏油痕迹。

3）检查凸轮轴的转动是否灵活，若转动不灵，可能是轴承损坏或柱塞弹簧折断。

4）拆开检查窗盖，检查喷油泵内部是否有积水。

5）检查泵体内润滑油是否被柴油严重污染或变质。

（2）喷油泵零件检查　将柱塞式喷油泵解体后，认真清洗各零件，并进行以下检查（以A型泵为例）：

1）检查喷油泵壳体有无损坏或裂纹。

2）检查凸轮轴键槽与半圆键的配合情况，若有松动，应更换键或凸轮轴。

3）检查凸轮轴端锥面和螺纹，若毛糙或损坏，应用油石修磨或更换凸轮轴。

4）检查凸轮轴上的凸轮，若有损伤、变形或严重磨损，应更换凸轮轴。凸轮磨损量一般应不超过0.5mm。

5）检查凸轮轴的径向圆跳动量，若超过0.5mm，应进行冷压校直。

6）检查凸轮轴的轴向间隙，若超过0.15mm，应调整或更换凸轮轴。

7）检查滚轮体和滚轮，若磨损严重或损坏，应更换。检查滚轮与销的配合间隙，若超过0.2mm，应更换。

8）检查滚轮体与导孔的配合间隙，若超过0.2mm，应更换。

9）检查柱塞弹簧，若有变形或折断，应更换。

10）检查传动套筒有无裂纹，并检查柱塞凸块与传动套筒槽的配合间隙。若传动套筒有裂纹或与柱塞凸块配合间隙超过0.2mm，应更换。

11）检查油量调节齿条与齿圈的齿隙，若齿隙超过0.3mm，应更换。检查齿杆，若有弯曲变形，应更换。

（3）柱塞偶件的检查　将喷油泵解体后，柱塞偶件应进行以下检查：

1）检查柱塞偶件，若工作面有刻痕、腐蚀或柱塞弯曲、变形等现象，应更换。

2）滑动试验。将柱塞偶件彻底清洗干净后，使其倒置并与水平面倾斜45°，如图26-9所示。轻轻抽出柱塞约1/3，然后松开，柱塞应能依靠自身质量沿套筒平稳下滑，落到套筒支承面上。如此将柱塞转动几个不同位置，反复试验几次，每次都能符合上述要求，说明柱塞偶件配合良好。

3）密封性试验。如图26-10所示，用手指堵住套筒上端孔和侧面进油孔，另一手向外拉柱塞，应感觉有吸力；放松柱塞时，柱塞应能迅速回位。将柱塞转动几个不同位置，反复试验几次，每次都能符合上述要求，说明柱塞偶件配合良好。

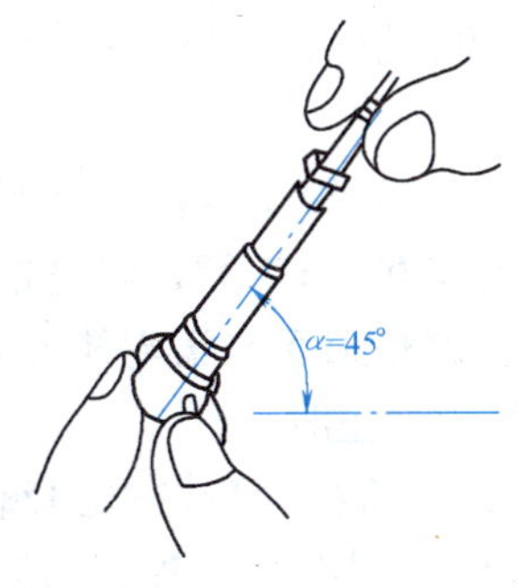

图26-9　柱塞偶件滑动试验

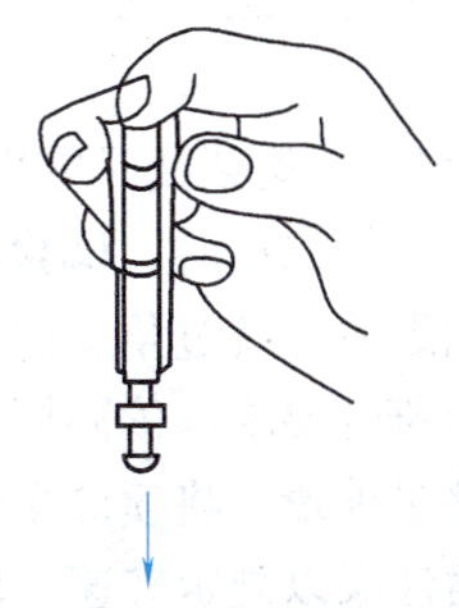

图26-10　柱塞偶件密封性试验

（4）出油阀偶件的检查　将喷油泵解体后，对出油阀偶件应进行以下检查：

1）目测检查出油阀偶件工作面，不应有刻痕及锈蚀，密封锥面应光泽明亮、完整连续，光亮带宽度应不超过0.5mm，出油阀垫片应完好无损，否则应更换。

2）滑动试验。将出油阀偶件用柴油浸润后，垂直拿住阀座，将阀体从座孔中抽出其配合长度的1/3，松开后，阀体应能靠自身的质量均匀地落入阀座，无卡滞现象。将阀体转动几个位置，反复试验几次，每次都能符合上述要求，说明出油阀偶件配合良好。

3）检查密封锥面密封性。用拇指和中指拿住出油阀座，食指按住出油阀，然后用嘴吸出油阀座下面的孔，若能吸住出油阀，说明密封良好。

4）检查减压环带密封性。如图26-11所示，用手指堵住出油阀座下面的孔，向上提起出油阀（图26-11a），在减压环带没有离开阀座时，应感到对手指有吸力；若将阀体放入阀座并压下阀体（图26-11b），当松开阀体时应能迅速弹起。

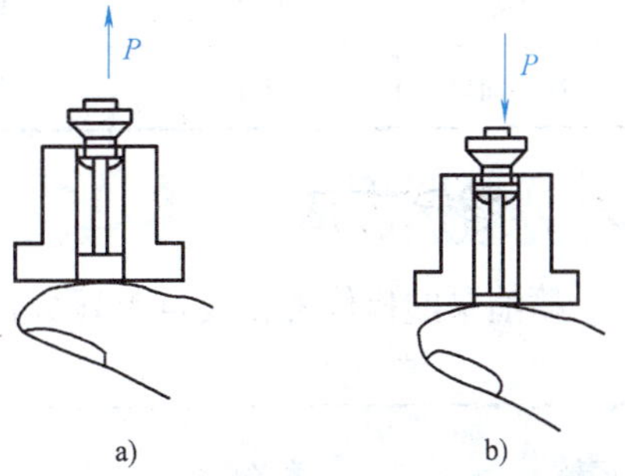

图26-11　检查出油阀减压环带密封性

2. 喷油泵的调试

喷油泵一般在试验台上由专业人员进行调试。以CA6110A型柴油机装用的A型喷油泵为例：首先，将喷油泵安装到试验台上，连接好相应的管路；按规定给喷油泵及调速器加好润滑油；拆掉供油齿杆盖、冒烟限制器；装上齿条位移测量仪。然后，进行供油正时和供油量的检查与调试。

（1）检查调整供油正时

1）将操纵手柄放在最大供油位置，打开试验台上标准喷油器的溢流阀，调节试验台供给喷油泵低压油腔的油压，使油能顶开出油阀从第1缸喷油器的回油管中流出。

2）转动喷油泵凸轮轴，使第1缸柱塞处于下止点的极限位置；再缓缓转动凸轮轴，直到第1缸喷油器回油管中刚刚停止流油，此时第1缸分泵柱塞上行到供油开始位置（堵住柱塞套筒上的进油孔时）。反复进行几次试验，当第1缸开始供油时，检查喷油泵联轴器和泵体上的供油正时标记，应对正；否则，说明第1缸供油正时失准。

3）第1缸供油正时失准时，可通过滚轮体上的调整螺钉来调整；相差较大时，可重新做正时标记。

4）利用试验台飞轮盘上的刻度，选择任意角度作为第1缸供油开始的基准；依照上述方法，按发动机各气缸做功顺序依次检查各气缸供油间隔角，以确定其他各气缸的供油正时。

如：CA 6110A 型柴油机的做功顺序为1—5—3—6—2—4，以第1缸供油开始时刻为基准，当第5缸开始供油时，试验台刻度盘上的指针应正好转过60°±0.5°；转过角度过大说明第5缸供油迟后，转过角度过小说明第5缸供油过早，应调整第5缸滚轮体的有效高度，使供油间隔角符合要求。依同样方法检查、调整其他各气缸供油正时。

（2）调整供油量　将喷油泵低压腔的压力调整到160kPa，将控制齿杆调到额定供油量位置，并使喷油泵以规定转速运转，然后测量各分泵供油量及其均匀度。如果供油量不符合表26-1的规定，则应松开传动套筒上的齿圈固定螺钉，转动传动套筒来调节喷油量。逆时针转动套筒时，供油量增加，反之则减小。调整合适后，拧紧齿圈固定螺钉。

供油量调整条件：喷油器型号为105100-5560；喷油压力为21.6MPa；高压油管外径为6mm，内径为1.8mm，长度为600mm；回油压力为156kPa；试验用油为轻柴油；试验油温为40±5℃。

表26-1　CA6110A 型柴油机喷油泵供油量

项目	控制齿条行程/mm	转速/（r/min）	每1000次平均供油量/mL	供油不均匀度（%）
最大供油量	10.2	1450	71	3
校正供油量	10.5	900	72	3
怠速供油量	9.1	250	11.8	15

六、考核方法

喷油泵的检修考核要点及评分标准见表26-2。

表26-2　喷油泵的检修考核要点及评分标准

序号	考核内容	配分	评分标准	考核记录	得分
1	正确使用工具、仪表	10	使用不当，1项扣5分		
2	正确进行柱塞式喷油泵的维修	40	操作不熟练，1次扣2分；操作错误，扣10分		
3	正确进行喷油泵的调试	40	操作不熟练，1次扣3分；操作错误，扣5分		
4	整理工具、清理现场	10	违章每项扣2分		
	安全生产方面		因操作不当发生事故，记0分		
5	分数合计	100			

七、思考题

1. 喷油泵的构造与工作原理是怎样的?
2. 如何检修与调试喷油泵?

项目二十七

检修喷油器

一、教学目的

1）了解柴油机喷油器的功用与类型、喷油器的构造。

2）掌握喷油器的检修、喷油器性能的检查及就车检查喷油器的方法。

二、教学设备工具及量具

汽车发动机拆装台架、汽车发动机常用拆装工具、专用拆装工具；相关量具、零部件存放台及盆。

三、课时

4 课时。

四、相关基础知识

1. 柴油机喷油器的功用与类型

柴油机喷油器的功用是：将燃油雾化并合理地分布到燃烧室内，以便与空气混合形成混合气。根据柴油机混合气形成与燃烧的要求，喷油器应有一定的喷射压力和射程（即喷射距离）以及合适的喷射锥角。此外，喷油器停止供油时应干脆，不应有滴漏现象。

目前，汽车用柴油机上装用的喷油器均为“闭式”喷油器，即喷油器在不喷油时，喷孔被针阀关闭，将燃烧室与喷油器的油腔彻底隔开。常用的闭式喷油器可分为孔式和轴针式两种结构类型，如图 27-1 所示。

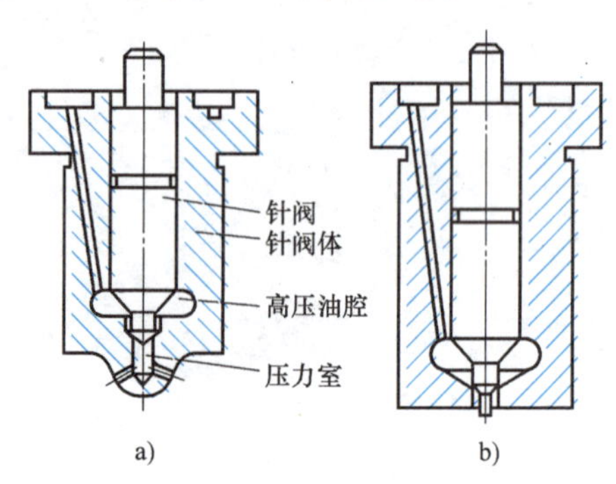

图 27-1 喷油器的类型

a）孔式喷油器 b）轴针式喷油器

孔式喷油器的针阀下端不伸出针阀体，喷油孔是直径为 0. 2 ~ 0. 8mm 的圆孔，喷油孔有 1 ~ 8 个不等。轴针式喷油器的针阀下端较长，延伸出一个伸入针阀体下端孔的轴针。轴针与针阀体下端的孔形成环状狭缝，喷油器喷油时，柴油从环状狭缝中呈空心圆柱状（轴针为圆柱形）或空心圆锥状（轴针为倒锥形）喷入燃烧室。

2. 喷油器的构造

孔式喷油器与轴针式喷油器除针阀和针阀体的结构略有不同外，其他结构及工作原理完全相同。

如图27-2所示，喷油器主要由针阀11、针阀体12、顶杆8、调压弹簧7、调压螺钉5及喷油器体9等零部件组成。喷油器不喷油时，调压弹簧通过顶杆使针阀紧压在针阀体的密封锥面上。调压弹簧的预紧力可通过调压螺钉5来调整。为防止细小杂物堵塞喷孔，喷油器进油管接头15内一般装有缝隙式滤芯16。

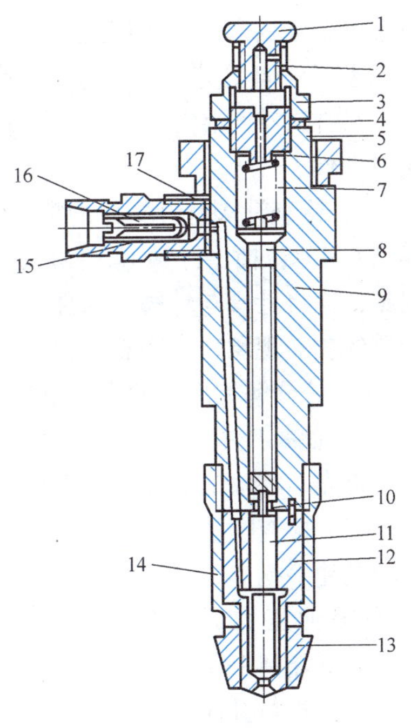

图27-2　柴油机喷油器

1—回油管螺栓　2—回油管衬垫　3—调压螺钉护帽　4、6—调压螺钉垫圈　5—调压螺钉　7—调压弹簧　8—顶杆　9—喷油器体　10—定位销　11—针阀　12—针阀体　13—喷油器锥体　14—紧回螺套　15—进油管接头　16—滤芯　17—进油管接头衬垫

针阀与针阀体是喷油器的精密偶件，针阀上部的圆柱表面和针阀体相对应的内圆柱面配合精度很高，其配合间隙只有0.0010～0.0025mm。配合间隙过大时，会因漏油而导致油压下降，直接影响喷雾质量；但间隙过小时，会导致针阀不能在针阀体中正常运动。

喷油器针阀的下端锥面与针阀体上相应的内锥面配合，实现喷油器内部的密封，也称为密封锥面。针阀上部的圆柱面及下端的锥面与针阀体的配合是经过精磨后，再相互研磨以保证其配合精度的，所以喷油器精密偶件不能进行互换。

针阀中部位于高压油腔内的锥面为承压锥面。喷油泵供油时，高压柴油由进油管接头15经过喷油器体9和针阀体12内的油道进入喷油器高压油腔，油压作用在针阀的承压锥面上，给针阀一个向上的轴向推力。随高压油腔内油压的升高，当针阀所受的轴向推力足以克服调压弹簧的预紧力时，针阀向上移动而打开喷孔，高压柴油便从针阀体下端的喷油孔喷射出去。当喷油泵停止供油时，由于高压油路内的油压迅速下降，针阀在调压弹簧的作用下及时回位，喷孔被关闭，喷油器停止喷油。

喷油器工作时，会有少量柴油从针阀与针阀体配合面之间的间隙漏出，这部分柴油对针阀可起到润滑作用，并可沿顶杆周围的空隙上升，通过回油管流回柴油滤清器或油箱。

五、实训操作

1. 喷油器的检修

1）用专用工具从柴油机上拆下喷油器，用钢丝刷清洁喷油器的外部。

2）将喷油器喷孔朝上，用垫有铜皮护口的台虎钳夹住喷油器体。

3）从喷油器体上拧下紧固螺套，拆下针阀、针阀体等零部件，从喷油器体内取出顶杆。注意：针阀与针阀体是精密偶件，必须按原配成对放置。若针阀卡死在针阀体内无法取出，表明针阀已变形，应更换针阀与针阀体偶件。

4）松开台虎钳，将喷油器调转并重新夹住；拧下调压螺钉护帽和调压螺钉，取出调压螺钉垫圈、调压弹簧和弹簧座等零件。

5）用直径合适的专用清洁针清除喷孔内的积炭，用柴油清洗喷油器各零部件。

6）检查针阀。若发现其密封锥面或导向面黯淡无光，表明针阀已磨损；若其前端有暗黄色的伤痕，表明针阀因过热而拉毛；若其导向面有咬住或黏滞的痕迹，表明针阀已变形。发现上述任何情况之一，均应更换针阀与针阀体偶件。

7）检查针阀体。针阀体前端伸入燃烧室内的部分若有严重烧蚀现象，应更换针阀与针阀体偶件。

8）检查针阀与针阀体的配合情况。针阀与针阀体清洗干净后，将针阀放入针阀体，使其倾斜45°，抽出针阀1/3并放松后，针阀应能靠自重均匀、缓慢地滑入针阀体；若有黏滞现象，应将针阀与针阀体偶件放入柴油中进行研磨，直到符合要求为止；若针阀下滑时，有严重的黏滞现象，表明有变形，应更换针阀与针阀体偶件。

9）按分解相反的顺序装复喷油器，并检查其性能。

2. 喷油器性能的检查

首先，将喷油器安装在专用试验台的高压油管上，如图27-3所示。

（1）检查喷油器的密封性　连续压动喷油器试验台上的泵油手柄5，同时用旋具拧动喷油器上的调压螺钉8，使喷油压力调整到20MPa以上；然后测量油压从20MPa下降到18MPa所需的时间，应在9～12s之间，否则说明针阀与针阀体圆柱面配合间隙过大；再拧动喷油器调压螺钉8，并连续压动泵油手柄5，将喷油压力调整到比规定的标准喷油压力低2MPa，喷油器在10s内不能有渗油甚至滴油现象，否则说明针阀与针阀体密封锥面密封不良。

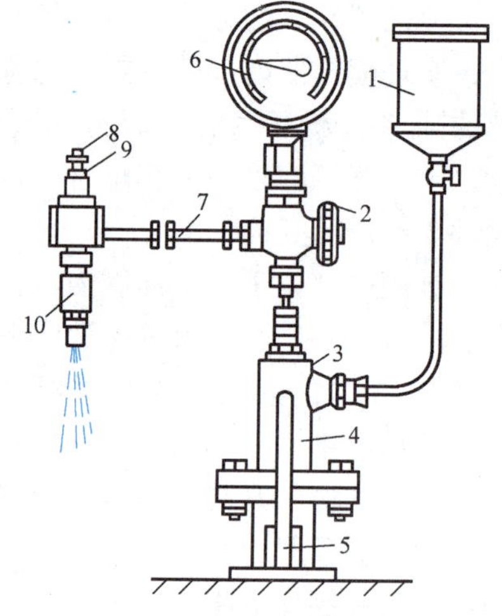

图27-3　喷油器试验台

1—油箱　2—开关　3—放气螺钉　4—手动高压油泵　5—泵油手柄　6—油压表　7—高压油管　8—调压螺钉　9—锁紧螺母　10—喷油器

（2）调整喷油压力　在喷油器试验台上，以60次/min的频率压动泵油手柄5，当喷油器10开始喷油时，油压表上的指示压力即为喷油器的喷油压力。喷油压力若不符合规定标准，应予调整。调整时，用旋具拧进喷油器调压螺钉5，可使喷油压力增大；反之，喷油压力降低。

（3）喷雾试验　在喷油器试验台上，按规定喷油压力并以60～80次/min的频率压动泵油手柄5，使喷油器10喷油。要求：喷出的柴油呈雾状，且分布均匀，没有喷柱分支、油滴飞溅等现象；喷柱平直，不能有弯曲；断油干脆，并伴有清脆的声响；在多次喷油后，喷孔周围应干燥或稍许湿润。若不符合上述任何一项要求，应更换喷油器针阀与针阀体偶件。

3. 就车检查喷油器

在缺少喷油器试验台时，可以就车检查喷油器的工作情况。

1）拆下待查的喷油器，用一个三通接头将其与一个工作性能良好的标准喷油器并联安装在喷油泵高压油管上，起动发动机并维持怠速运转。

2）观察待查喷油器喷油是否与标准喷油器同时喷油。若待查喷油器喷油早，说明其喷油压力过低；若喷油晚，则说明待查喷油器喷油压力过高。如出现这两种情况，应调整喷油压力。

3）观察喷油器的喷油情况，应符合喷雾试验的要求。

4）在两喷油器下面各放一量杯，对比检查其喷油量。

六、考核要点与评分标准

喷油器的检修考核要点和评分标准见表27-1。

表27-1 喷油器的检修考核要点和评分标准

序号	考核内容	配分	评分标准	考核记录	得分
1	正确使用工具、仪表	10	使用不当，1项扣5分		
2	熟练掌握柴油发动机喷油器的检修	40	操作不熟练，1次扣2分；操作错误，扣10分		
3	掌握柴油发动机喷油器性能的检查及就车检查喷油器	40	操作不熟练，1次扣3分；装配错误，扣5分		
4	整理工具、清理现场	10	违章每项扣2分		
	安全生产方面		因操作不当发生事故，记0分		
5	分数合计	100			

七、思考题

1. 简述柴油机喷油器的功用及类型。
2. 如何检修柴油机喷油器？

项目二十八

检查与调整喷油正时

一、教学目的

掌握喷油泵喷油正时的检查与调整。

二、教学设备工具及量具

汽车发动机拆装台架、汽车发动机常用拆装工具、专用拆装工具；相关量具；零部件存放台、喷油泵试验台若干台及配用工具。

三、课时

4 课时。

四、相关基础知识

喷油定时是指喷油泵对柴油机有正确的供油时刻。供油时刻用供油提前角表示。供油提前角是指从柱塞顶面封闭柱塞套油孔起到活塞到达上止点时曲轴所转过的角度。

随着零件的磨损，柴油机的供油提前角在使用过程中会发生变化，严重时将影响行车。喷油正时是否正确，可根据发动机的工作情况凭经验判断。如果发动机工作粗暴、大负荷时有严重的金属敲击声，则可能是供油时间过早；如果发动机工作中排烟严重、有过热现象、运转声发闷、工作无力，则可能是供油时间过迟造成的。

五、实训操作

1. 喷油正时的检查

喷油正时是指喷油泵某缸开始供油时，该缸的活塞应处在规定的位置。检查喷油正时就是检查基准缸（通常为第 1 缸）开始供油时，基准缸活塞所在的位置（用曲轴转角或活塞到上止点的距离衡量）是否正确。其检查方法如下：

1）拆下基准缸高压油管靠喷油泵的一端，在高压油管接头上安装测试管。将加速踏板踩到底，使基准缸供油数次（可转动曲轴或直接撬动喷油泵柱塞），直到测试管充满燃油为止。将测试管内的燃油弹出一些，以便于观察供油开始时刻。

2）正转曲轴到测试管内油面刚刚开始移动为止，观察此时飞轮壳上指针所指示的刻度。

该刻度值就是实际的供油提前角，将它与标准的供油提前角相比较，就可知喷油正时的早或迟，以及应调整的量。例如：某 OM402 发动机实际测量的供油提前角为 12°，规定的供油提前角为 15°，应将供油提前角提前 3°。

如果飞轮上无角度刻线，则可按正转曲轴至基准缸开始供油。将基准缸气门弹簧拆下，使气门落入气缸内，测量此时气门端部与气缸盖的距离；然后，顺转曲轴至气门到达上止点位置，再测气门端部相对缸盖的高度。前后两次测量值之差就是实际的喷油正时。

喷油正时检查是否准确，关键在于基准缸供油开始时刻是否准确。因此，供油开始时刻要仔细找准。

2. 喷油正时的调整

实际供油提前角不符合规定可通过微调部位适当调整。

1）以联轴器驱动的喷油泵：可将联轴器主动盘与主动凸缘的螺栓旋松后，适当转动喷油泵凸轮轴来调整供油提前角。如果供油提前角过大，将喷油泵凸轮轴逆着其工作时的转动方向转过适当的角度（主动盘与主动凸缘间相对转动一个刻度约相当于 3° 曲轴转角）；反之，则顺着其工作时的转动方向转过适当角度。调整以后，旋紧联轴器上的螺栓，然后按喷油正时检查方法进行检查。若不合格，再重新调整。

2）用法兰盘与机体连接的喷油泵：如果实测的供油提前角与规定角度不符，只需松开法兰盘固定螺栓，适当扳动喷油泵泵体，就可以改变供油提前角。当供油提前角过大时，将喷油泵泵体顺着喷油泵凸轮轴工作时的转动方向转动适当角度；反之，则逆着凸轮轴的转动方向转动适当角度。调整之后，固定法兰盘，复检供油提前角；如果仍不合适，则应重调。

3）奔驰 OM402 发动机供油提前角不准确时，可旋松喷油泵驱动齿轮的 4 个固定螺栓，使喷油泵法兰盘与驱动齿轮相对转动适当角度。如果供油提前角过大，应将喷油泵凸轮轴顺时针（面对喷油泵驱动端）转过适当角度；反之，则逆时针转动适当角度。调整以后，应旋紧固定螺母，检查供油提前角是否合格。如果不合格，应重新调整。

调整后的供油提前角是否合适，可通过观察发动机排烟、侦听发动机运转声音等进行判断。

其他车型柴油机的调整方法与上述方法类似。

六、考核要点与评分标准

喷油正时考核要点和评分标准见表 28-1。

表 28-1　喷油正时考核要点和评分标准

序号	考核内容	配分	评分标准	考核记录	得分
1	正确使用工具、仪表	10	使用不当，1 项扣 5 分		
2	熟练进行喷油正时的检查	40	操作不熟练，1 次扣 2 分；操作错误，扣 10 分		
3	正确进行喷油正时的调整	40	操作不熟练，1 次扣 3 分；装配错误，扣 5 分		

（续）

序号	考核内容	配分	评分标准	考核记录	得分
4	整理工具、清理现场	10	违章每项扣2分		
	安全生产方面		因操作不当发生事故，记0分		
5	分数合计	100			

七、思考题

1. 如何检查柴油机喷油正时？
2. 如何调整柴油机喷油正时？

项目二十九
检修共轨系统

一、教学目的

1）了解当今电控共轨燃油系统的发展及特点。

2）掌握电控共轨燃油系统的检测和自诊断方法。

二、教学设备工具及量具

汽车发动机拆装台架、汽车发动机常用拆装工具、专用拆装工具；相关量具、零部件存放台。

三、课时

4 课时。

四、相关基础知识

20 世纪 90 年代研制出的一种全新的燃油喷射系统——电控共轨燃油系统，显示出它巨大的优越性和发展潜力。

电控共轨燃油系统的特点是：通过各种传感器和开关检测出发动机的实际运行状态，通过计算机计算和处理后，对喷油量、喷油时间、喷油压力和喷油率等进行最佳控制。高压电控共轨燃油系统是 21 世纪新一代绿色柴油机的燃油系统。图 29-1 所示是博世公司的第一代高压电控共轨燃油系统。该电控共轨燃油系统的特点是：

1）共轨压力为 135MPa。

2）可以实现预喷射。

3）闭环控制。

4）可用于 3 ~ 8 缸轿车柴油机，可满足欧Ⅳ排放法规。

日本电装公司开发成功的高压电控共轨系统分为两种：

1）适用于轿车柴油机的 ECD-U2（P）型电控共轨系统（图 29-2）。

2）适用于中型和重型货车柴油机的 ECD-U2 型电控共轨系统（图 29-3）。

图 29-4 所示为装用博世公司电控共轨燃油系统的 4 缸柴油机。图 29-5 所示为 ECD-U2 电控共轨燃油系统在货车上的实际布置图。

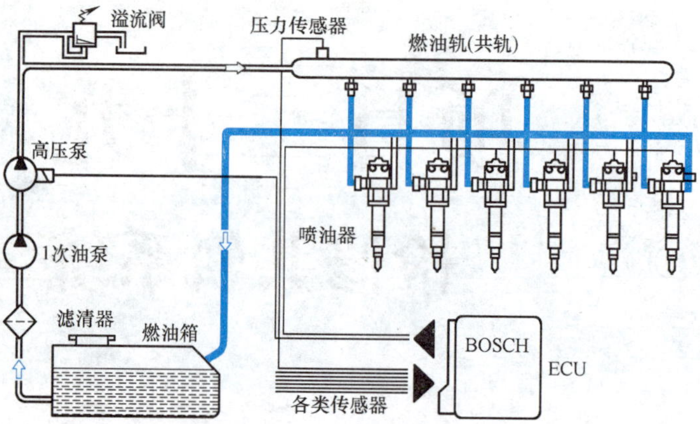

图 29-1　博世公司的电控共轨燃油系统

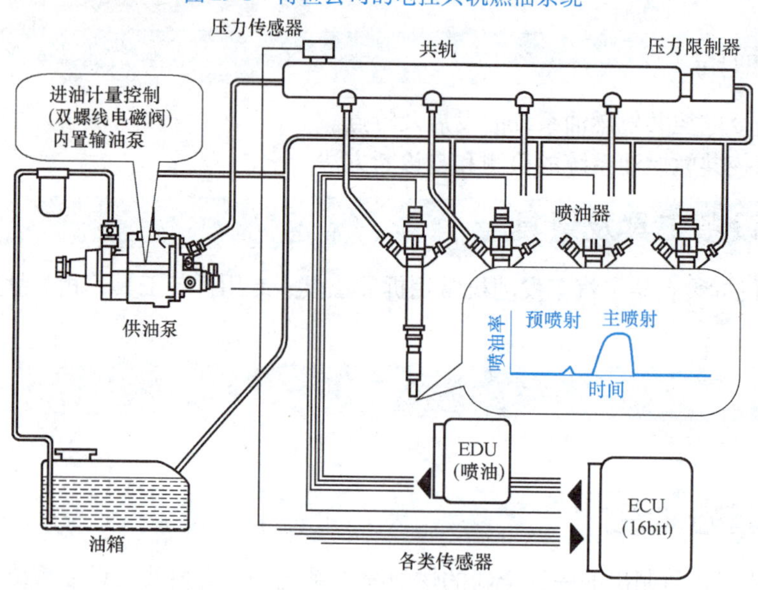

图 29-2　ECD-U2（P）型电控共轨燃油系统

由于欧洲大量使用柴油机轿车，德国博世公司的电控共轨燃油系统在小排量轿车柴油机上得到大量应用；日本电装公司在匈牙利开设工厂，生产小型电控共轨系统——ECD-U2（P）系统供给欧洲的轿车柴油机市场。日本国内的轿车柴油机很少，日本电装公司的电控共轨系统大量应用于大排量的货车柴油机。

第一代高压电控共轨系统基本上是采用高速电磁阀作为执行器，承受的最高喷油压力以及系统的效率都受到限制。为解决这一难题，许多公司正在开发采用压电晶体的电控共轨燃油系统。其中，德国 FEV 公司以及西门子公司已经展示了他们的产品，博世公司推出采用压电晶体的电控共轨燃油系统。

第一代蓄压式电控共轨系统出现在 20 世纪末。第二代高压电控共轨系统在 21 世纪初就出现了。随着排放法规的日益苛刻，柴油机高压电控共轨系统的技术必将得到快速的发展。

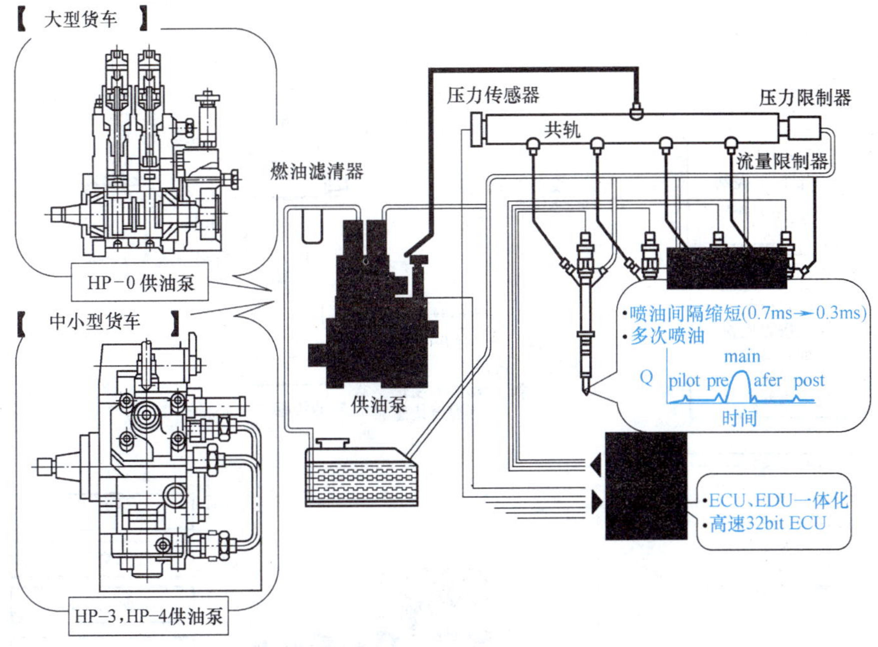

图 29-3　ECD-U2 型电控共轨燃油系统

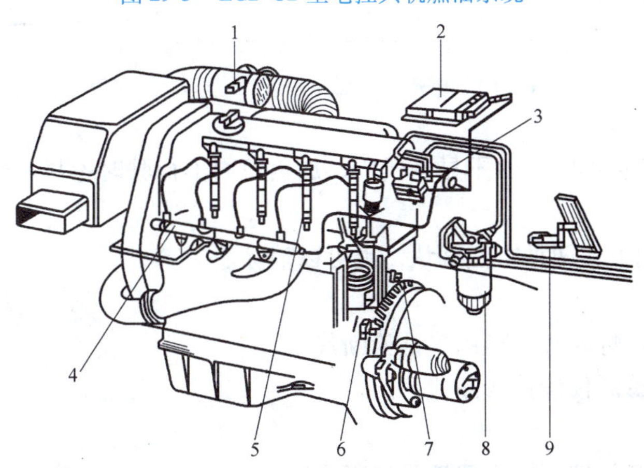

图 29-4　装用博世公司电控共轨燃油系统的 4 缸柴油机

1—空气质量流量计　2—ECU　3—高压泵　4—共轨（高压存储器）
5—喷油器　6—曲轴转角传感器　7—冷却液温度传感器
8—燃油滤清器　9—加速踏板传感器

五、实训操作

1. 故障诊断流程

在进行故障诊断的时候，应注意下列事项：

1）在诊断系统进行检测时，务必将诊断代码记入存储器中。特别是当产生了多个诊断代码时，更是必要。

2）如果不能从存储器中消除已经产生的故障码，则必须检查故障码产生的位置。

故障诊断流程如图 29-6 所示。

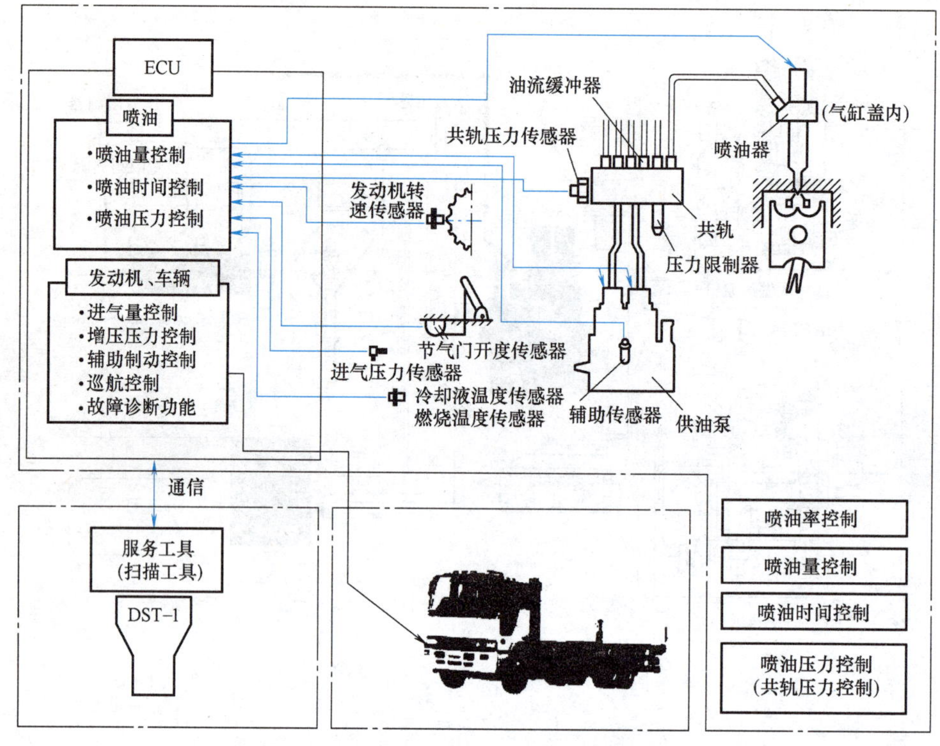

图 29-5　ECD-U2 电控共轨燃油系统在货车上的实际布置图

注意：存在发动机不暖机时不显示代码，加负荷而不行驶时不显示代码的情况。

2. 自诊断

诊断代码可以用下述两种方法确认，也可以消除。

（1）确认

1）根据诊断指示灯闪烁，可以确认诊断代码。

2）利用专用的诊断仪确认诊断代码。

（2）消除

1）将内存清除开关接到插座里消除诊断代码。

2）利用专用的诊断仪消除诊断代码。

注意：利用专用的诊断仪确认诊断代码时，诊断代码与发动机的运行状态无关，可以同时确认当时发生的诊断代码和以前发生的、记忆了的代码；通过诊断指示灯确认诊断代码时，在发动机运行状态下显示的内容和停机状态下显示的内容会有所不同。

1）发动机停止状态时产生的诊断代码和以前产生的、记忆了的代码同时显示。

2）发动机运行状态只显示当时产生的诊断代码。

诊断指示灯的闪烁时间有如下 4 种：

1）$t1$——约 0.3s；

2）$t2$——约 0.6s；

3）$t3$——约 1.2s；

4）$t4$——约 2.4s。

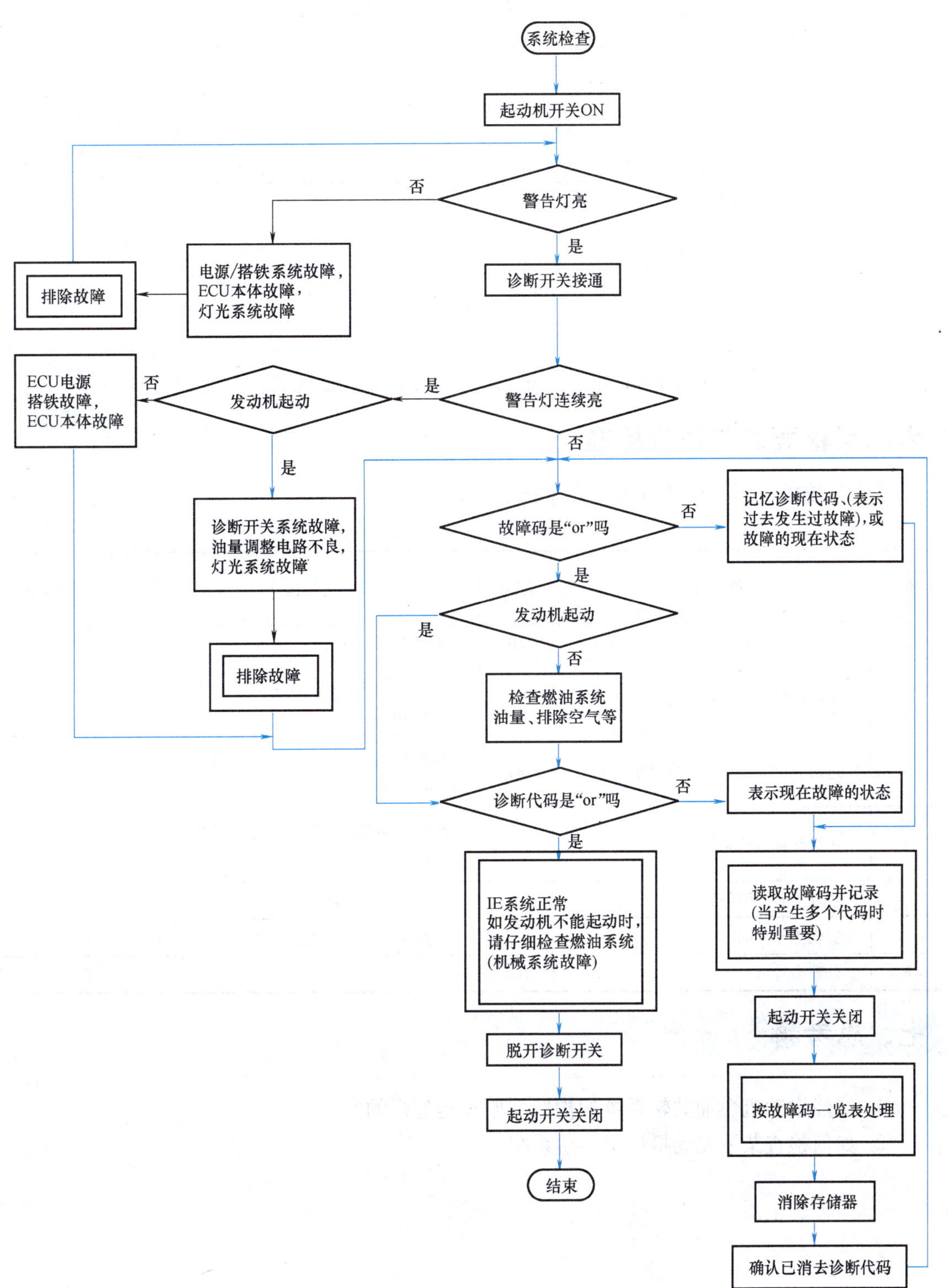

图 29-6　故障诊断流程图

当诊断代码为 23 和 413 的时候，指示灯的闪烁的方式如图 29-7 所示。

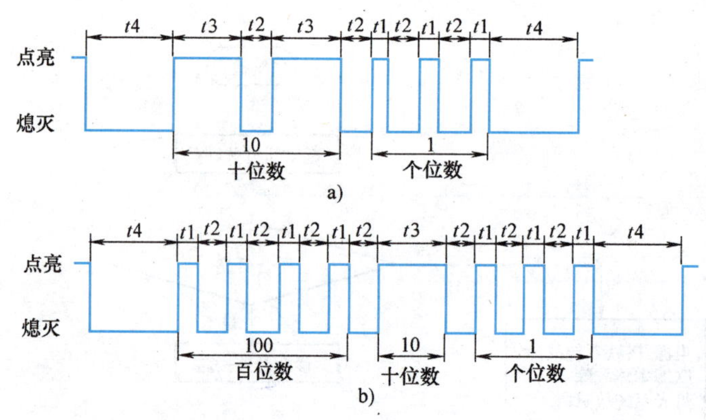

图 29-7 怠速控制开关

a）诊断代码为“23”的显示 b）诊断代码为“413”的显示

六、考核要点与评分标准

共轨系统的检修考核要点和评分标准见表 29-1。

表 29-1 共轨系统的检修考核要点和评分标准

序号	考核内容	配分	评分标准	考核记录	得分
1	正确使用工具、仪表	10	使用不当，1 项扣 5 分		
2	正确阐述柴油共轨系统的特点	20	操作不熟练，1 次扣 2 分；操作错误，扣 10 分		
3	进行柴油共轨系统故障诊断	30	操作不熟练，1 次扣 3 分；操作错误，扣 5 分		
4	进行柴油共轨系统自诊断	30	操作不熟练，1 次扣 3 分；操作错误，扣 5 分		
5	整理工具、清理现场	10	违章每项扣 2 分		
	安全生产方面		因操作不当发生事故，记 0 分		
6	分数合计	100			

七、思考题

1. 柴油发动机燃油共轨系统的构造与原理是怎样的？
2. 如何检查柴油发动机燃油共轨系统？

项目三十

装配发动机总成

一、教学目的

1）掌握发动机曲轴飞轮组、活塞连杆组、气缸盖及相关件的装配。

2）掌握喷油器总成、机油泵及其他零件的安装。

3）掌握正时同步带及其相关件、发动机外部装置的安装。

二、教学设备工具及量具

AJR 发动机 1 台；常用和专用工具、举升设备。

三、课时

4 课时。

四、实训操作

（一）注意事项

1）发动机的安装工艺直接影响发动机性能的优良，所以操作过程应严格按照工艺规程完成。

2）气缸盖螺栓安装按照拆卸顺序的逆顺序操作，用扭力扳手从中间向两端分 4 次交叉拧紧气缸盖螺栓。

（二）操作步骤

由于发动机结构的不同，以及修理厂技术装备条件的差异，不可能有完全相同的发动机装配工艺。发动机的装配与其分解一样，应按照各制造厂维修手册中规定的程序去做。现仍以上海桑塔纳轿车发动机为例，说明其装配的步骤及方法。

1. 曲轴飞轮组的装配

1）将清洗过的机体安装在专用支架 VW540 上，或倒置于工作台上。

2）将 5 道上主轴瓦安装在机体的主轴承座内。在安装过程中，不要触摸主轴瓦的工作表面和背面，也不要触摸主轴承座表面。在主轴瓦的工作表面上涂少许润滑油。

3）把擦拭干净的曲轴小心平稳地放在上主轴瓦上。

4）将下主轴瓦安装在主轴承盖上。主轴承盖上有编号，靠近带轮的为第1道主轴承，靠近飞轮端的为第5道主轴承。第3道主轴承为推力轴承，其下主轴瓦为翻边轴瓦。第4道下主轴瓦有油槽，其余几道下主轴瓦均没有油槽。在下主轴瓦的工作表面涂上润滑油，并按主轴承盖上的编号及安装方向，从机体前端起将主轴承盖逐个装在机体上。

5）拧紧主轴承螺栓。分两次或三次从中间向两侧交替拧紧主轴承螺栓，最后达到65N·m。主轴承安装完毕后，用手扳动曲柄臂，曲轴应转动自如。

6）在机体后端面安装中间支板和曲轴后油封座。在中间支板与后油封座之间垫以新的密封衬垫。使用专用工具2003/2A和2003/1将后油封压入后油封座内。

注意：要将油封压到底。

7）在机体前端面上安装曲轴前油封支座，在前油封支座与机体端面之间垫上新的密封衬垫。将曲轴前油封外围和唇部涂上润滑油，在曲轴的自由端套上导套，油封经导套推入前油封支座，再用压套将油封压到底。

8）使用专用工具VW207C在曲轴后端安装滚针轴承。轴承标记朝外，轴承外端面压入轴承安装孔端面以内1.5mm。

9）在曲轴后端安装飞轮。在飞轮螺栓上涂D6粘合剂后紧固，拧紧力矩为75N·m，分两次拧紧。

10）按照拆卸时所做的记号装复离合器压盘和离合器片。

2. 活塞连杆组的装配

1）组装同一气缸的活塞、连杆和活塞销。组装时，注意使活塞顶上的箭头标记和连杆体上的铸造标记朝向同一个方向。首先，将活塞置于温度为60~80℃的热水中加热，取出后迅速擦净活塞销孔，将活塞销推入一个销孔；然后，在连杆小头衬套上涂一层润滑油，并把连杆小头伸入活塞内，迅速使活塞销通过连杆小头衬套直至另一活塞销孔边缘。

2）安装活塞销挡圈。

3）用活塞环装卸钳在活塞上安装事先选配好的活塞环。安装时，将活塞环上有“TOP”记号的一面朝上。两道气环和油环衬环的开口相互错开成120°，而油环的上、下刮片的开口相互错开成180°，并与衬环开口各错开成90°。

4）将连杆上、下轴瓦分别安装在连杆大头和连杆盖上。安装过程中，不要触摸轴瓦的工作表面和背面。

5）在活塞环、活塞裙部、连杆上轴瓦工作表面、气缸壁面及曲柄销表面上涂适量润滑油，将活塞连杆组按其编号装入相应的气缸内。活塞顶上的箭头标记必须朝向曲轴带轮一端。

6）把连杆大头装到曲柄销上，扣上连杆盖，穿入连杆螺栓，拧上螺母，用30N·m的力矩紧固，接着再转动180°。连杆盖上的铸造标记与连杆体上的铸造标记应在同一侧。连杆螺栓若为预应力螺栓，只允许重复使用一次；重复使用时，在螺栓头上打上标记，下次遇有标记的螺栓必须更换。

3. 机油泵及其他零件的安装

1）组装机油泵。按机油泵拆卸的相反顺序组装机油泵。机油泵盖紧固螺栓的拧紧力矩为10N·m。集滤器和吸油管组件的紧固螺栓的拧紧力矩也是10N·m。组装时，更换所有衬垫。

2）将机油泵和集滤器组件安装到机体上。首先，使第 1 缸的活塞处于上止点的位置，然后，将机油泵的传动轴经机体上的定位套插入支承套中，再拧紧把机油泵固定到机体上的紧固螺栓，拧紧力矩为 20N · m。

3）安装油底壳。在机体底平面上放上新油底壳密封衬垫，再放上油底壳，依次拧紧油底壳紧固螺栓，拧紧力矩为 20N · m。

4. 气缸盖及相关件的装配

1）用专用工具将气门导管从气缸盖顶面压入气门导管安装孔中，并检查气门导管与气门杆的配合间隙，使其符合标准值。

2）将气缸盖安放在专用支架上，安装气门杆油封。注意，一定要把油封安装到位，以防油封变形。在气门杆上涂少许润滑油并按原顺序从气缸盖底面将气门插入气门导管中。装上气门弹簧和弹簧座，并用专用工具压紧气门弹簧，装上锁夹。

3）安装凸轮轴。在确认凸轮轴轴向间隙符合规定的情况下，将液压挺柱表面涂上润滑油，按照拆卸时所作的标记装入相应的挺柱孔内。在凸轮轴承座孔和凸轮轴颈上涂润滑油，把凸轮轴放在轴承座孔上。安放时，第 1 缸凸轮必须朝上。装上轴承盖，先对角拧紧第 2、4 轴承盖的紧固螺栓，然后再拧紧第 1、3、5 轴承盖的紧固螺栓，拧紧力矩均为 20N · m。

4）安装凸轮轴油封。将油封外圈和唇部涂少许润滑油，放入专用导套 10—203 内，平整压入，但不要压到头，否则会堵塞回油孔。

5）安装凸轮轴正时同步带轮。先在凸轮轴上装上半圆键，再装上同步带轮，拧紧固定螺栓，拧紧力矩为 80N · m。

6）将机体正放，放上新的气缸盖衬垫，衬垫上标有“Open”字样的一面朝向气缸盖。将专用定位导向的螺栓拧入机体结合面两端的螺纹孔中。转动曲轴使各缸活塞均不在上止点位置。放上气缸盖，在气缸盖的 10 个螺栓孔中放入气缸盖螺栓并拧紧。然后，旋出定位导向螺栓，拧入气缸盖螺栓。按照拆卸气缸盖的逆顺序分 4 次拧紧气缸盖螺栓。第 1 次拧紧力矩为 40N · m，第 2 次拧紧力矩为 60N · m，第 3 次拧紧力矩为 750N · m，最后再用扳手拧紧 1/4 圈。

7）安装气缸盖罩。按照拆卸气缸盖罩的相反顺序将气缸盖罩安装到气缸盖顶面上。安装时，气缸盖罩密封条及衬垫必须更换新件。气缸盖罩的紧固螺栓的拧紧力矩为 10N · m。

5. 正时同步带及其相关件的安装

1）安装同步带后护罩。紧固螺栓涂 D6 粘合剂，拧紧力矩为 30N · m。

2）安装水泵及水泵带轮。紧固带轮螺栓的拧紧力矩为 20N · m。

3）安装张紧轮。

4）在曲轴前端安装曲轴正时同步带轮。紧固螺栓涂 D6 粘合剂，拧紧力矩为 80N · m。

5）安装同步带轮，紧固螺栓的拧紧力矩为60N · m。

6）将同步带套在曲轴和中间轴的带轮上，同时将曲轴 V 带轮用一只螺栓固定在曲轴正时同步带轮上。

7）将凸轮轴正时同步带轮上的标记与气缸盖罩平面上的标记对齐，如图 30-1 所示。

8）使曲轴带轮的上止点记号与中间轴带轮上的记号对齐，如图 30-2 所示。

9）将同步带装到凸轮轴正时同步带轮上。

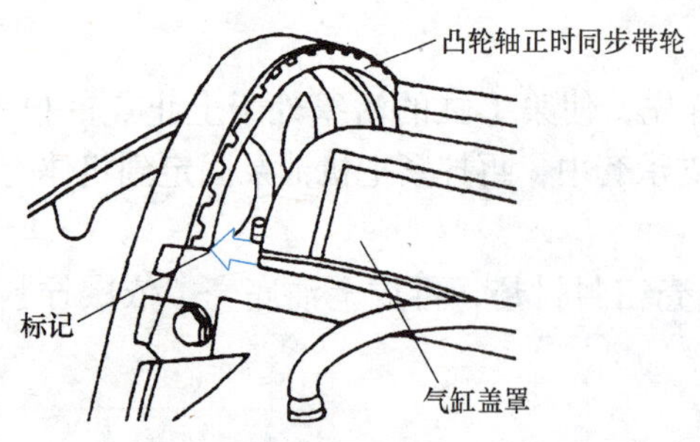

图 30-1 凸轮轴带轮标记与气缸盖罩平面标记对齐

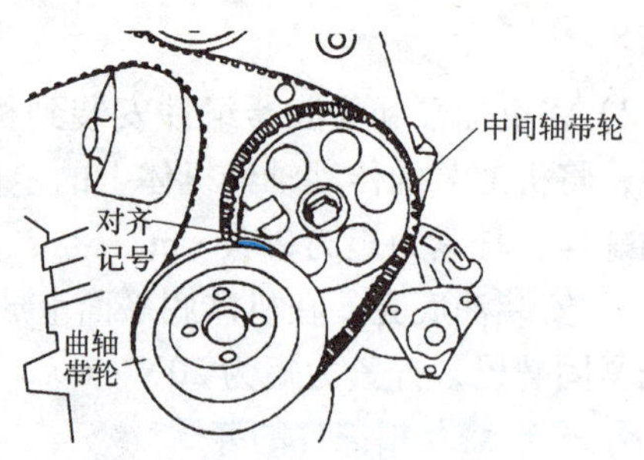

图 30-2 曲轴带轮与中间轴带轮上的记号对齐

10）按顺时针方向转动张紧轮，使同步带张紧。用拇指和食指捏住凸轮轴带轮和中间轴带轮中间的同步带（图 30-3），刚好可以转 90°即为合适。转动曲轴两周，检查调整得是否合适，如果确认调整无误，则拧紧张紧轮紧固螺母，拧紧力矩为 45N·m。

11）拆下曲轴 V 带轮，安装同步带上下护罩。

12）安装曲轴 V 带轮，其紧固螺栓的拧紧力矩为 20N·m。

13）安装电动机及 V 带；检查和调整 V 带的松紧程度；用拇指在电动机处能压下 12mm、在水泵处能压下 10mm 左右即为合适。

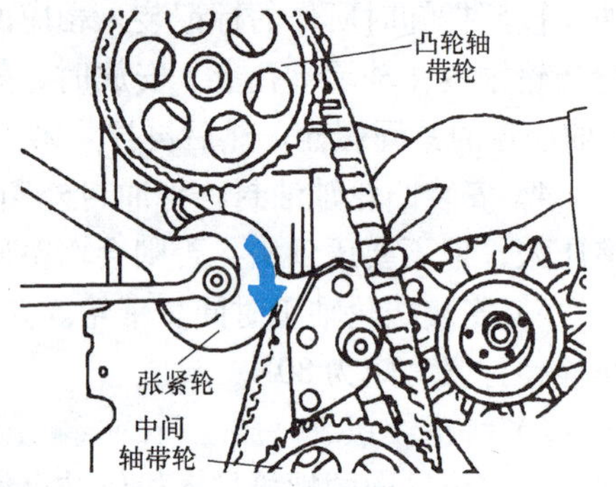

图 30-3 同步带松紧度的检查与调整

6. 安装喷油器总成

1）在 2 个 O 形环上加涂一层薄薄的汽油，然后把它们装到喷油器上，如图 30-4 所示。

2）左右转动喷油器将其安装到供油管上（共安装 4 个喷油器）。

3）安装保持架到每个喷油器上，如图 30-5 所示。

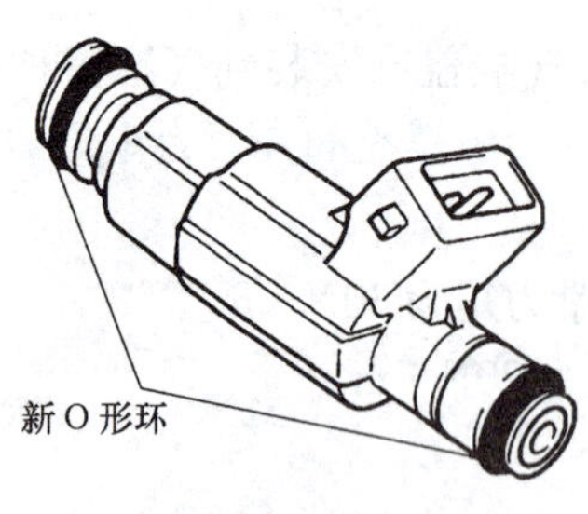

图 30-4 喷油器总成

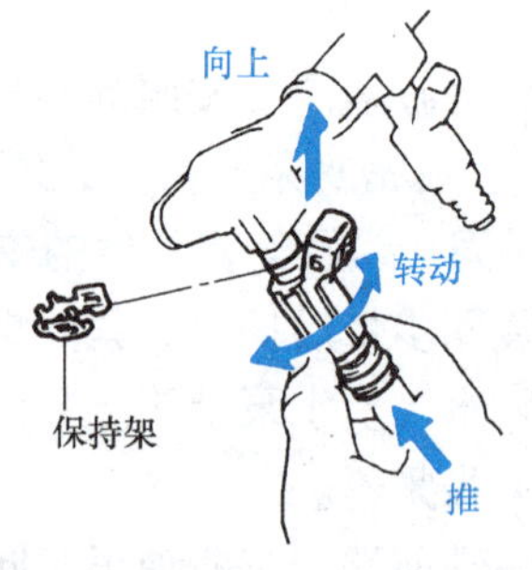

图 30-5 安装保持架到每个喷油器上

4）将喷油器和供油管总成安装在进气歧管上。

5）用螺栓将供油管固定到进气歧管上。

6）检查喷油器，应平滑旋转，如图 30-6 所示。

提示：若喷油器不能平滑旋转，更换 O 形环；喷油器接头向上。

7）拧紧将供油管固定在进气歧管上的螺栓，位置如图 30-7 所示，拧紧力矩为 15N · m。

8）连接燃油管分总成。

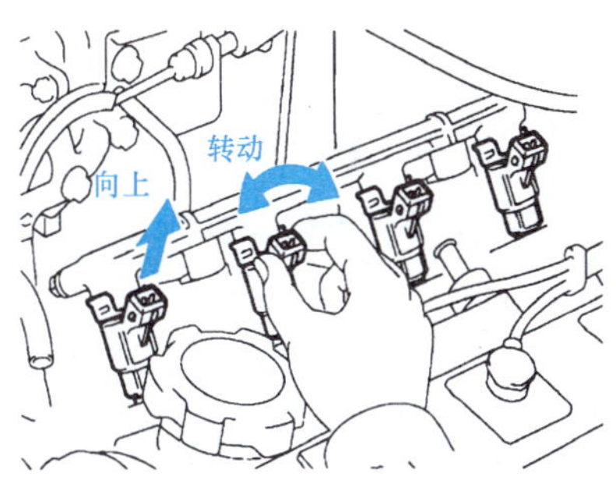

图 30-6　检查喷油器

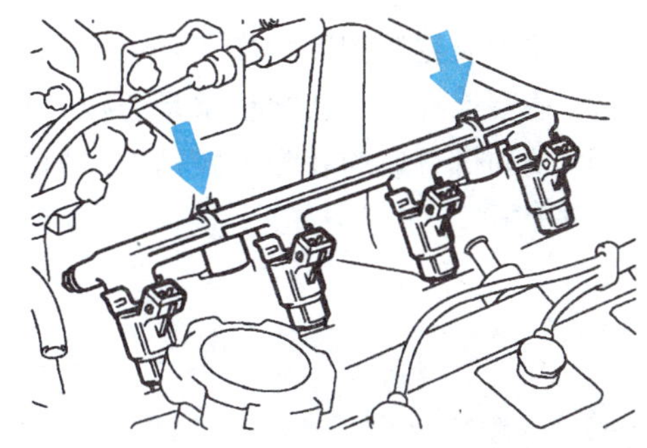

图 30-7　供油管固定螺栓位置

7. 发动机外部装置的安装

1）安装机油滤清器座及机油滤清器。机油滤清器座紧固螺栓的拧紧力矩为 25N · m。

2）安装进、排气歧管。

3）安装火花塞，连接导线。

4）安装起动机，其紧固螺栓的拧紧力矩为 20N · m。

5）安装各传感器（曲轴位置传感器、冷却液温度传感器、爆燃传感器等）。

五、考核要点与评分标准

发动机总成的装配考核要点和评分标准见表 30-1。

表 30-1　发动机总成的装配考核要点和评分标准

序号	考核内容	配分	评分标准	考核记录	得分
1	正确使用工具、仪表	10	使用不当，1 项扣 5 分		
2	正确进行发动机曲轴飞轮组、活塞连杆组、气缸盖及相关零部件的装配	30	操作不熟练，1 次扣 3 分；操作错误，扣 5 分		
3	正确进行喷油器总成、机油泵及其他零件的安装	20	操作不熟练，1 次扣 3 分；操作错误，扣 5 分		
4	正确进行正时同步带及其相关件、发动机外部装置的安装	30	操作不熟练，1 次扣 3 分；操作错误，扣 5 分		
5	整理工具、清理现场	10	违章每项扣 2 分		
	安全生产方面		因操作不当发生事故，记 0 分		
6	分数合计	100			

六、思考题

1. 曲轴飞轮组的装配步骤是怎样的？
2. 活塞连杆组的装配步骤是怎样的？
3. 发动机总成的装配步骤是怎样的？

项目三十一

安装及调试发动机总成

一、教学目的

1）掌握发动机总成往汽车上安装的全过程。

2）掌握发动机基本设定和读取测量数据块的方法和步骤。

二、教学设备工具及量具

桑塔纳轿车整车 1 辆；常用和专用工具、举升设备、专用的故障诊断仪 V. A. G1551 或 V. A. G1552 及专用传输线等。

三、课时

4 课时。

四、实训操作

（一）注意事项

1）在安装时，应检查发动机和变速器之间的定位销是否安装好。

2）更换所有的自锁螺母。

3）更换所有已经按照拧紧力矩紧固过的螺栓。

4）更换所有密封圈和衬垫。

5）在变速器输入轴上涂薄薄的一层 G000100 润滑脂。分离轴承的导向套不必润滑。

6）必要时检查离合器膜片各分离杠杆的同轴度。

7）检查曲轴后部滚针轴承是否已安装。

8）如果气缸盖和气缸体都没有更换，则可以使用原来排出的冷却液。

9）安装发动机支架，摇动发动机使其安装到位。

10）调整节气门拉索，使其活动灵活。

11）在不拧紧螺栓的情况下调整排气管。

12）查询故障存储器时，拔下插头会导致故障的存储。查询故障存储器，必要时删除故障存储代码。

13）发动机主要螺栓螺母拧紧力矩见表31-1。

表31-1 发动机主要螺栓螺母拧紧力矩

部位	螺栓螺母型号	拧紧力矩/（N·m）
一般螺栓螺母	M6	10
	M8	20
	M10	45
	M12	65
发动机支承与副梁螺栓		40±5
发动机支架与发动机支架螺栓		40±5
发动机扭力臂		23±3
前排气管与排气歧管连接螺栓		25±2.5
管子支承与车头连接螺栓		65±6

（二）操作步骤

1. 发动机总成往汽车上安装

1）使用小吊车V. A. G1202和发动机吊架2024A吊住发动机的吊耳，小心地将发动机吊入发动机舱。

2）装上发动机与车身紧固螺栓。

3）紧固发动机与变速器的紧固螺栓。

4）紧固所有发动机与车身的连接螺栓。

5）连接车身上的搭铁线。

6）连接起动机电线。

7）安装排气歧管和前排气管的连接螺栓并紧固。

8）把动力转向油泵安装到支架上，并将其固定在发动机舱内。

9）安装动力转向油泵的V带轮。

10）安装变速器上的车速传感器插头、倒车灯开关。

11）安装气缸盖通向暖风换热器的冷却液管。

12）安装位于发动机底部通向暖风换热器的冷却液管。

13）安装通向制动助力装置的真空管。

14）安装通向活性炭罐电磁阀的真空管。

15）安装节气门拉索。

16）连接所有喷油器的电线插头。

17）连接汽油分配管上的供油管和回油管。

18）安装空气滤清器罩壳。

19）安装空气滤清器至节气门控制器之间的空气管路。

20）在空气滤清器上安装活性炭罐电磁阀。

21）连接活性炭罐电磁阀（ACF阀）的电线插头。

22）连接空气流量计的电线插头，连接各传感器及组件电线插头，连接中央及各缸高压线。

23）紧固电动冷却风扇的4个紧固螺栓，安装电动冷却风扇和散热器。

24）安装散热器的上水管，紧固散热器的上水管的夹箍。

25）连接散热器左侧的热敏开关插头。

26）连接电动冷却风扇的电线插头。

27）安装散热器的下水管，紧固散热器下水管夹箍，加注冷却液。

28）拧紧冷却液储液罐盖。

29）加注发动机润滑油。

30）安装蓄电池到车架上。

31）连接蓄电池接线。

32）检查压缩压力。

33）检查发动机冷却液是否泄漏。

34）检查发动机润滑油是否泄漏。

2. 发动机的调试

修理后的零部件，虽然其尺寸精度与表面粗糙度、几何误差都符合技术要求，但其表面仍具有一定的误差，再加上装配误差的影响，使零件的实际接触面积减小、单位压力增加，在大载荷的情况下会产生剧烈的磨损，甚至发生黏着和烧蚀。发动机装配后，为了提高配合零件的表面质量，使其能承受大的载荷、减少初期磨损量、延长发动机寿命，应及时对各机构的间隙以及运动要求调整到最佳状态，以得到最好的动力性和经济性，所以发动机装配后，应进行磨合。

（1）冷磨　冷磨是由外部动力驱动总成或机构的磨合。对发动机而言，冷磨的目的是对关键的部位（如凸轮轴颈与轴承、气缸与活塞环、曲轴颈与轴承等）进行的使表面平整光滑，建立能适应发动机正常工作的承载与表面质量要求的磨合过程。

冷磨时，将发动机装在磨合架上，不装火花塞或喷油器。磨合时，一般采用低黏度的润滑油，这是因为它的流动性好、导热作用强，可降低表面温度，避免磨合时发生熔着磨损；加强了清洗作用，使磨屑得以及时清除，也易补充到间隙小的部位。冷磨时，常在较稀的润滑油中加入15%~20%的煤油或轻柴油。为改善磨合质量、缩短磨合时间，可在润滑中添加硫、磷、石墨、二硫化铝等添加剂。

影响冷磨的重要因素是开始磨合时的转速，这是因为要保证主要摩擦表面得到充分的润滑。磨合的转速以550~600r/min为宜，然后在此基础上逐步增加，每一级以100~200r/min递增。磨合的负荷最好是从无到有、从小到大，逐渐增加。整个冷磨时间不得少于2h。冷磨以后，放出全部润滑油，加入清洗油，再转动几分钟，彻底清洗零件表面和润滑油道，放出清洗油。

（2）热试　热试是将冷磨后的发动机装上全部附件后起动，以自身的动力运转。热试除进一步磨合外，主要是对发动机的工作进行检查调整。

热试时，转速不能过高，一般为1000~1400r/min，时间不少于1.5h，冷却液温度应保持为75~85°C。热试中，应仔细观察各处的衬垫、油封、水封及插、接头有无漏电、漏油、漏水、漏气现象；查看机油压力表、冷却液温度表读数是否正常；调整点火系统、供油系统，使怠速和各种转速时运转均平稳；检查发动机各部分有无不正常响声；测量气缸压力应符合要求。

热试后，应检查气缸壁的磨合情况和曲轴轴颈与主轴承和连杆轴承的磨合情况；检查各道螺栓、螺母的紧固锁止情况；重新调整气门间隙；更换润滑油和细滤器滤芯；重新按规定力矩将气缸盖螺栓再依次拧紧一次。在拆检过程中发现的缺陷，应予以修复、排除。

（3）发动机大修的竣工验收　按照《汽车发动机大修竣工技术条件》的规定，发动机修复后，必须保证动力性能良好，燃料消耗正常，附件工作正常，各部件润滑良好，怠速运转稳定，不得有漏电、漏油、漏水、漏气等现象。

发动机在冷却液温度为75～80℃时，气缸压力应符合规定；各缸压力差：汽油机应不超过各缸平均压力的8%，柴油机应不超过10%；润滑油压力及进气管真空度均应符合规定。发动机在5s内能起动，低、中、高转速运转稳定、均匀，加速性能良好，不允许有缺火和过热现象。发动机运转稳定后，不允许有异响。发动机最大功率和最大转矩均不得低于原标准的90%，发动机最低燃料消耗率不得高于原厂的规定。

发动机的排放限值应符合国家有关规定。发动机外表应按规定涂漆，检验合格的发动机应加装限速片或对限速装置作相应的调整，并加铅封。

五、考核要点与评分标准

发动机总成往汽车上的安装及调试考核要点和评分标准见表31-2。

表31-2　发动机总成往汽车上的安装及调试考核要点和评分标准

序号	考核内容	配分	评分标准	考核记录	得分
1	正确使用工具、仪表	10	使用不当，1项扣5分		
2	完成发动机总成在汽车上的安装	40	操作不熟练，1次扣2分；操作错误，扣5分		
3	操作或叙述发动机总成的调试	40	操作不熟练，1次扣2分；操作错误，扣5分		
4	整理工具、清理现场	10	违章每项扣2分		
	安全生产方面		因操作不当发生事故，记0分		
5	分数合计	100			

六、思考题

1. 发动机安装到汽车上时的注意事项有哪些？
2. 什么是冷磨、热试？
3. 发动机大修的竣工验收检查项目有哪些？

项目三十二

发动机机械系统常见异响故障诊断

一、教学目的

1）了解发动机异响诊断方法及相互关系。

2）能够分析发动机异响产生的原因及影响因素。

3）掌握曲柄连杆机构、配气机构等常见异响故障的诊断技巧。

二、教学设备、工具及量具

故障发动机总成1台、一字螺钉旋具、空心胶管、常用扳手等。

三、课时

4课时。

四、相关基础知识

（一）发动机机械异响概念及原因

发动机的机械系统主要包括曲柄连杆机构和配气机构。

发动机机械系统在运行过程中，由于相配合的机件磨损松旷，或因装配、调整、修理及使用不当等原因，使配合间隙超过了标准，机件相互位置发生了变化，出现了不规则、不平衡及不协调等运动现象，导致发动机运转中发出一种超出技术要求的响声——异响。

发动机异响主要包括敲击声、撞击声、摩擦声、爆燃声及漏气声等。这些异响往往容易与离合器、变速器及其他机件的异响声相混淆，给正确判断故障部位和异响原因造成了困难。所以判断异响时，首应对其异响状况进行分析。如果异响与发动机转速关系密切（即每种异响对应一定转速），踏与不踏离合器踏板或变速器挂不挂档，异响均不变化，说明发动机机械系统存在故障。

引起机械系统异响的主要原因是自然磨损、非正常磨损、使用不当和维修不当等。

（二）诊断发动机机械异响故障的一般方法

诊断发动机机械异响故障的方法有温度法、速度法、负荷法、听诊法、观察排气颜色法、改变润滑条件法、电路实验法及更换合格机件法等。这些方法既能直接诊断异响，还能使不明显的异响变得突出，使较为明显的异响变弱或消失。另外，诊断异响时还要根据被诊断的使用性质、新旧程度、运行条件、维修状况等因素来确定诊断的重点，并注意观察汽车技术状况变化情况以选取适当的诊断方法。常见的异响诊断方法主要有以下几种：

1. 听诊法

听诊法有虚听、实听和内听三种。

虚听就是站在汽车跟前，靠空气导音来听取异响。

实听是用一木棒（金属棒、长柄螺钉旋具等）抵在汽车的某个部位上，靠机体的振动来听取异响。

内听是指用一空心管插入曲轴箱，直接听取空气传来的异响。在机油尺口（或加油口）插一胶管（或塑料管），就能内听发动机异响。

用上述三种听诊方法，可以较为迅速地找到故障部位，能为正确诊断和排除故障、少拆卸机件或少走弯路提供最佳途径。

2. 速度法

发动机机械异响与转速（激励频率）直接有关，为此把发动机转速划分成以下四个区段。

怠速 500～800r/min；怠速稍高 800～1200r/min；中速 1200～2000r/min；高速 2000r/min 以上。

3. 断油法、恢复做功法和抖节气门法

发动机某缸是否工作对机械异响强度和音色的影响非常明显，对分析异响的性质非常有用。通过中止和恢复某缸的工作，还能找出异响部位。对不同的发动机，采用的检查方法也有区别。

（1）断油法　拔下某缸喷油器的控制线（用于电控汽油喷射发动机），拧松某缸的高压油管的接头螺母（用于柴油机）。

（2）恢复做功法　在中止某缸做功的情况后，又让其工作的方法。

断油后，发动机异响有三种变化：

1）异响不变化：断油后异响不变，是指异响的主要特点变化不明显或根本没有变化。此时，断油后引起发动机转速下降以及异响的频率下降不包括在内。异响与断油无关的这种现象说明，异响不在曲轴连杆机构，一般是某处松动或配气机构有故障，可以认为被断油的缸，在检查之前就因故障而不工作了。

2）异响减弱或消失：对某缸断油后出现的异响减弱现象，说明该缸有故障，异响只是减弱而没消失则表明还存在其他故障或者其他故障对该缸存在影响；断油后的异响消失现象说明只有该缸有故障，其他缸均正常或基本正常。

3）异响变得明显或异响的频率变快：断油后异响变得明显，是指原来没有异响而出现异响或不明显的异响变得突出，或者频率慢的异响变快了，发动机的活塞销响就具有此类异响的典型特征。

（3）抖节气门法　其方法是将加速踏板从自由状态突然踏下，使发动机转速迅速提高，然后完全放松加速踏板，使发动机转速迅速下降；然后，再重复以上的操作方法。该方法主要用于对发动机故障的初步诊断。根据加速踏板被踏下的行程和保持时间的长短可分为以下

三种抖节气门方法。

1）低速抖节气门法：将加速踏板踏下（约是行程的一半），使发动机转速由500r/min迅速升至1000r/min，然后马上放松加速踏板，这样反复变换节气门。该方法用于诊断活塞敲缸响。

2）中速抖节气门法：将加速踏板完全踏下，使发动机转速由1000r/min迅速升至1900r/min，然后马上放松加速踏板，这样反复变换节气门。该方法用于诊断连杆轴承响。

3）中高速抖节气门法：将加速踏板完全踏下，使发动机转速由1000r/min迅速升至2500r/min，然后马上放松加速踏板，这样反复变换节气门。该方法用于诊断曲轴轴承响。

（三）查听发动机异响的主要部位

发动机部件及总成都有确定的位置，当有异响时，在其相应的部位采用虚听、实听和内听，能够较为容易地查听到异响的位置。

五、实训操作

教师通过设置发动机机械系统常见的异响典型故障，指导和带领学生运用各种手段和方法，分析判断活塞敲缸响、活塞销响、连杆轴承响、曲轴主轴承响、气门响、正时传动链响和漏气响等异响原因。

（一）活塞敲缸响

活塞与气缸套配合间隙过大，在工作中相互碰撞，发出清晰并有节奏的敲击声。

1. 故障现象

发动机怠速运转时，发出清晰并有节奏的敲击声。汽油机为“嗒嗒”声；柴油机为“刚刚”声，活塞直径小，敲击声清脆；活塞直径大，敲击声就重。

2. 故障特点

1）低速时响声明显，中、高速时响声消失。

2）低速抖节气门有“嗒嗒、呜”声，加速时响声明显，减速时响声不明显（即所谓的加速响，减速不响现象）。

3）发动机冷却液温度低于40℃时明显，随着温度升高，响声则减弱或消失。

4）内听和实听比虚听明显；单缸断油时响声减弱或消失，响声有变化的这个缸即为活塞敲缸响。

3. 故障原因

1）发动机在使用中都会有一定磨损，出现配缸间隙过大而敲缸响。

2）因制造精度和材料不良、气缸套镗磨不正、湿式气缸套安装不正或缸体变形等，是气缸中心线与曲轴轴线不垂直引起偏缸；连杆轴颈锥度过大、轴承孔有锥度、连杆弯曲或扭曲等，也能引起活塞偏缸；活塞装反、连杆轴承过紧、活塞销与座孔过紧则会使活塞运动失调而引起敲缸。

4. 检查方法

1）在诊断故障前，应检查有无不工作的气缸。如有，应查明原因予以排除，而后再进行敲缸异响的检查。

2）发动机怠速运转有“嗒、嗒”声，可用低速抖节气门的方法检查。将节气门工作行程踏下约1/3，首先听到非常明显的“嗒嗒”声，当转速升高到1000r/min以上时，“嗒嗒”声消失，只能听到发动机正常运转的“呜呜”声，这种“嗒嗒、呜呜”响声是敲缸最明显的特征之一。

3）在低速抖节气门时，采用逐缸断油法找出故障缸。

4）在怠速时内听明显，低速抖节气门时，内听和虚听都明显。

5. 注意事项

1）诊断故障前，必须检查有无不工作的缸，以提高诊断故障的准确度。

2）发动机冷起动后能虚听到“嗒、嗒”声，但响声随温度上升变弱，当达到正常温度后响声消失，这是轻度敲缸，可以继续使用，但要注意其变化。

3）在任何温度下都有敲缸声，特别是虚听也很明显时，这是严重敲缸现象，应立即修理。

4）发动机是否有敲缸响，主要听低速有无“嗒、嗒”声，低速抖节气门有无明显的“嗒嗒、呜呜”的响声。

（二）活塞销响

活塞销与连杆衬套（或活塞销座孔）配合间隙过大，在工作中相互碰撞发响。

1. 故障现象

发动机怠速稍高运转时，发出一种比活塞敲缸响更清晰和有节奏地敲击声。

2. 故障特点

1）不严重的活塞销响，怠速出现响声，怠速稍高明显；中速减弱，高速时完全消失；严重销子响在中速也很明显。

2）加速时响声不变化，但减速到怠速稍高时响声明显（即所谓的加速不响，减速响现象）。

3）单缸断油后响声变得清晰，敲击频率变快。

4）活塞销与连杆衬套配合松旷，内听明显；活塞销与活塞销座孔配合松旷，内听和外听都明显。

5）严重销子响，低速时响声明显，断油后响声变得清晰，敲击频率加快，低速抖节气门时响声变化不明显；中速时出现明显的“嗒、嗒”敲击声，中速抖节气门时响声更明显；在中速时断油，响声明显减弱甚至消失。

3. 故障原因

1）在润滑不良和温度过高情况下，会加剧活塞销和衬套（或座孔）的磨损。

2）铰削衬套或座孔的精度不够，使配合间隙过大或过小；润滑冷却活塞的喷机油嘴堵塞或喷油角度不对；间隙过大会增大敲击强度，间隙过小会使衬套转动堵住油孔，从而加剧磨损。

4. 检查方法

1）不管活塞销响的程度怎样，在低速时都有如下特点：低速出现响声、内听明显；在断油时，响声变得清晰，敲击频率加快。

2）在低速明显，而在中、高速消失的为轻度活塞销响；在低速出现，中速明显的为严重活塞销响。

3）活塞销与连杆小头衬套发响，在曲轴箱内听明显；活塞销与活塞销座孔发响，内听或虚听都明显。

5. 注意事项

对于活塞销响，应及时排除，对于销子与座孔松旷应立即查明原因；销子与衬套松旷要注意其发展，防止衬套与连杆小头松动，衬套转动而堵油孔，若油孔被堵塞，就会引起拉缸、胀缸、甚至连杆折断等严重事故。

（三）连杆轴承（小瓦）响

1. 故障现象

连杆轴承与连杆轴颈配合间隙过大，发动机中速运转时，发出一种较重（与活塞敲缸响比较）而短促的金属敲击声。

2. 故障特点

1）低速虚听听不到，随着转速的升高而逐渐明显，中速最明显，高速又减弱；中速抖节气门有“呜…嗒、嗒、呜…”声，在发动机下部实听特别明显；发动机停机超过10min以上再起动的瞬间，响声更加突出。

2）汽车速度从低速向中速变化时，响声逐渐变大并随负荷增大而增大。

3）当单缸断油到故障缸时，响声会减弱或消失；对于V形发动机要对同一连杆轴颈上的两个缸同时断油，故障缸的响声才减弱或消失。

4）轴承合金脱落或间隙大到一定程度时，在任何转速下都会出现响声；内听、实听、虚听都很明显；其响声在断油后只减弱而不消失。

3. 故障原因

1）润滑油量不足或牌号不符、油压低、汽车超载或超速行驶。

2）对轴承过度刮削而引起早期磨损；连杆轴承螺栓拧紧力矩小，引起轴承松动；连杆轴承螺栓拧紧力矩过大，引起轴承变形过大甚至折断；特别有些连杆螺栓的使用次数是有限定的，在修理时未更换，引起螺栓折断。

4. 注意事项

连杆轴承响是恶性故障，应立即检查排除。若汽车在运行中出现轻度连杆轴承响并且无维修条件时，可放慢车速，空载行驶并注意响声的变化。汽车回到驻地后，应对全部轴承（连杆轴承和曲轴轴承）进行细致检查。

发动机刚起动就猛踏加速踏板是一种不好的习惯，因为停机后润滑油全流回到油底壳，刚起动时，轴承得不到润滑，从而造成轴承过早损坏。

（四）曲轴轴承（大瓦）响

1. 故障现象

曲轴轴承与曲轴轴颈配合间隙过大，使轴颈与轴承碰撞发响。

响声在中速出现，高速明显并在中、高速范围始终有响声；比连杆轴承响声沉重发闷；响声随负荷增大而增大，中高速抖节气门最明显；轴承严重损坏后，润滑油压力会明显下降。

2. 故障特点

(1) 中、高速实听或中、高速抖节气门虚听都很明显；在离合器处实听或虚听，有明显的“咄、咄、咄”声；严重的曲轴轴承响，在中速时也很明显。

(2) 发动机停机超过10min后再起动，响声特别突出；汽车大负荷（重载、高速、上坡）行驶时响声特别突出，而且在任何车速下都很明显。

(3) 首尾两道单缸断油时响声减弱或消失；其他缸要同时断相邻两缸的燃油响声才减弱或消失。

3. 故障原因

同连杆轴承响。

4. 注意事项

出现曲轴轴承响，表明润滑油路有异常，应立即停车检修，对连杆轴承、曲轴轴承全面检查。

对于V形发动机用断油方法无法找到故障缸。如果响声符合以上特点，必须检查全部轴承。

（五）气缸漏气响

气缸内的压缩气体通过不密封的活塞、气门、气缸垫、喷油器孔和火花塞孔泄漏时发出的响声。本实训项目为活塞不密封、气缸垫损坏引起的漏气响。

1. 故障现象

活塞与气缸轻微漏气时，发动机低速运转，内听有“哧、哧”声，在其他转速下不明显或消失；严重漏气时，低速有“哧、哧”声，中速有“邦、邦”声，高速减弱，在曲轴箱通气孔脉动冒烟，排气中有大量蓝烟排出；如果相邻两缸之间气缸垫损坏，发动机会出现“放炮”现象；气缸垫与气缸体外相通，在发动机外边能听到响声。

2. 故障特点

1）低速内听有“哧、哧”声，中高速不明显；严重漏气在中速为“邦、邦”声，稳定在中速时，其响声类似连杆轴承响。

2）有的会因温度升高而明显或因温度升高而减弱。

3）单缸断油时故障缸的响声减弱或消失。

4）曲轴箱内压力脉动较大，通风口脉动冒烟；若多数缸漏气，通风口连续冒烟，发动机动力会下降。

3. 故障原因

1）气缸套、活塞和活塞环严重磨损；活塞环对口、卡在槽内、弹性弱或装反。

2）更换的新活塞环没有磨合好。

3）活塞销窜动顶动卡环伸出或卡环折断拉缸或活塞环端口锋利而拉缸。

4）润滑并冷却气缸和活塞的喷机油嘴堵塞或喷角不对。

5）气门间隙过小或无间隙、气门烧蚀、气缸盖螺栓松动及气缸垫损坏。

4. 检查方法

当活塞处于压缩上止点时，往火花塞（或喷油器）孔加压缩空气，在进排气管口、火花塞孔、喷油器孔、曲轴箱和发动机外部查听。

1）进排气管有响声，说明进排气门漏气。

2）曲轴箱内听到明显的响声，说明活塞与气缸套不密封。

3）相邻火花塞（或喷油器）孔听到响声，说明气缸垫损坏，使相邻两缸互通。

4）散热器有响声并能看到气泡或水花，说明气缸与冷却水套互通。

5）气缸与油道互通听不到响声，但火花塞上有大量积炭，有的火花塞被润滑油浸湿不工作，排气消声器内有润滑油和大量积炭。

（六）气门响

根据配气机构结构的不同，气门发响的部位也不同，对于顶置气门机构，气门响是指摇臂与气门尾端撞击发响；顶置凸轮轴气门机构，则是凸轮与挺杆尾端发响。但发响的现象及特点是相同的。

1. 故障现象

在低速时，能虚听到一种清晰而有节奏地敲击声。

2. 故障特点

1）低速虚听明显，中速虚听频率加快但响声变弱，将转速提高到1500r/min时响声减弱，但当完全放松加速踏板，转速降到怠速稍高（1000r/min）时响声明显。

2）在气门室虚听明显，打开加机油口（在气门室设有加机油口）内听更明显。

3）断油后响声无变化，只是敲击频率变慢。

3. 故障原因

1）气门机构间隙调整不当、润滑油质量差、润滑系统压力调整不当。

2）气门调整螺钉松动、气门调整螺钉磨损、没调整好。

3）气门室油孔堵塞，使润滑油上不来，造成气门机构严重磨损。

4）液压挺柱磨损漏油或损坏或润滑系统压力太低。

4. 注意事项

在发动机附近或在驾驶室（开着车门，发动机盖不打开）能听到气门响，才算气门发响。

（七）正时齿轮和正时链条响

发动机的气门机构是通过正时齿轮、正时传动带或正时链条驱动的。正时齿轮、正时链条或正时链轮磨损或损坏，凸轮轴轴向间隙过大，都会使其配合不正常，在工作中发出响声。

1. 故障现象

怠速时出现响声，怠速稍高明显。在驱动结构处虚听，金属正时齿轮有“唧、唧”声；胶木正时齿轮有“嘎啦、嘎啦”声；正时链条有“嗒、嗒”声；齿轮啮合间隙过小会有呼啸声。

2. 故障特点

1）低速明显，高速以上消失，但当放松加速踏板，转速降至怠速稍高时响声明显，降至怠速时响声减弱，断油后响声不变化，虚听或实听都明显。

2）链条磨损、轻度松动、部分损坏等，在低速时明显；若链条大部损坏、严重磨损、过松或张紧器不良等，在任何转速下都明显；在链条驱动部位虚听和实听都明显；断油后响声不变化。

3）齿形磨损或断齿响有节奏；而轮毂松脱响没节奏；齿轮啮合不良，在低速下实听或虚听明显；啮合间隙过小，在中速明显；金属齿轮响声清脆；胶木齿轮的响声稍重。

若间隙过大，响声有节奏，怠速时响声出现，怠速稍高明显，中高速杂乱并减弱；若间隙过小，有“呼啸”声并随转速升高而变大。

若个别齿折断，低速时有一种周期性的双响声，转速升高后杂乱；断齿后引起配气相位变化，使发动机起动困难，勉强起动后有“回火”或“放炮”现象等。

若齿毂与齿轮脱开，响声杂乱，有双响、抖节气门明显；凸轮轴轴向间隙大，变化转速或抖节气门时明显。

3. 故障原因

1）突然将加速踏板踏到底，会使齿轮过载；超速超载运行，大负荷运行时间过长；凸轮轴轴承因磨损间隙过大，使润滑油大量泄漏；齿轮润滑不良。

2）新装的齿轮啮合间隙过小；凸轮轴轴向间隙过大，使齿轮不能全部啮合；链条张紧器调整不当或损坏。

3）链条、齿轮强度差。

4. 注意事项

出现异响后应及时检修，否则可能会因为配气正时错乱，使气门与活塞顶发生碰撞而损坏机件。

（八）其他异响

1. 发动机支承松动响

发动机起动后就有异响，转速不稳，异响明显并随转速升高而加重；若转速稳定，响声不变。

2. 飞轮松动响

发动机转速不稳或急加速时，在飞轮处实听有较大的“咣当、咣当”的响声；汽车起步时会有离合器发抖的感觉；发动机熄火后，用手转动飞轮，会有松动的感觉；断油的瞬间有“咯噔”声。

3. 机油泵响

机油泵一般不会出现故障的概率较低。

机油泵容易出现的故障是集滤器堵塞，润滑油压力低并发出啸叫的声音，发动机转速越高，声音就越响；内听特别明显；断油也不消失。

六、考核要点与评分标准

喷油器的检修考核要点和评分标准见表32-1。

表32-1 喷油器的检修考核要点和评分标准

序号	考核内容	配分	评分标准	考核记录	得分
1	正确使用工具	10	使用不当，一项扣5分		

（续）

序号	考核内容		配分	评分标准	考核记录	得分
2	正确使用听诊法诊断	实听	10	方法、位置，一次扣2分 操作错误，扣10分		
		虚听	10	方法、位置，一次扣2分 操作错误，扣10分		
3	正确使用断油法诊断		10	操作不熟练，一次扣3分 操作错误，扣5分		
4	正确使用抖节气门法诊断		10	操作不熟练，一次扣3分 操作错误，扣5分		
5	准确诊断异响故障类型		40	诊断不准确，一次扣5分 不能诊断故障类型，扣40分		
6	整理工具、清理现场		10	违章每项扣2分		
	安全操作方面			因操作不当发生事故，记0分		
7	分数合计		100			

七、练习与思考

1. 发动机异响产生的原因是什么？
2. 诊断发动机机械系统异响故障的一般方法是什么？
3. 发动机常见异响故障有哪些？

参考文献

[1] 陈家瑞. 汽车构造(上、下册)[M]. 3版. 北京：机械工业出版社，2009.
[2] 张西振，韩梅. 汽车发动机构造与维修[M]. 2版. 北京：机械工业出版社，2014.
[3] 樊久铭. 汽车发动机结构与修理[M]. 北京：国防工业出版社，1998.
[4] 马强俊. 高级汽车维修工培训教材[M]. 北京：电子工业出版社，2003.
[5] 关文达，蒋兴阁，李卓森，马淑芝. 轿车维修手册[M]. 北京：机械工业出版社，2000.
[6] 张大成，戴波南. 上海桑塔纳2000系列轿车维修手册[M]. 北京：北京理工大学出版社，2001.
[7] 贺展开. 汽车维修工实训教程[M]. 北京：机械工业出版社，2005.
[8] 蔡兴旺，付晓光. 汽车构造与原理实训[M]. 3版. 北京：机械工业出版社，2015.
[9] 司传胜. 汽车维修工程实习指导[M]. 北京：机械工业出版社，2005.
[10] 徐家龙. 柴油机电控喷油技术[M]. 2版. 北京：人民交通出版社，2011.